북한 개발협력과 SDGs

- SDGs 프레임워크의 북한 개발협력 적용 방안 모색

북한 개발협력과 SDGs

- SDGs 프레임워크의 북한 개발협력 적용 방안 모색

대북협력민간단체협의회 지음

인간사랑

• 이 저서는 2021년 한국국제기아대책기구의 후원을 받아 수행된 연구 결과를 내용으로 담고 있음.

차례

인사말

안녕하십니까?

대북협력민간단체협의회(이하 북민협) 회장 방인성입니다.

『북한 개발협력과 SDGs–SDGs 프레임워크의 북한 개발협력 방안 모색』을 통해 독자분들에게 인사를 드립니다.

1990년대 극심한 자연재해와 식량난을 맞은 북한이 국제사회에 인도적 지원을 요청하면서 시작된 국내 민간단체들의 인도적 대북지원 활동은 2000년대 초중반을 거치면서 점차 개발협력의 성격을 띤 사업으로 전환되었습니다. 이는 북측 파트너들의 개발 수요에 기반, 이를 반영해 보다 장기적이고 순환적인 발전 기반을 마련하기 위한 자연스러운 변화였습니다.

지난해 7월 북한이 자국의 지속가능개발 목표(SDGs) 이행 현황에 대한 자발적 국가 검토(VNR) 보고서를 발간, 국제사회에 공개한 것에서도 볼 수 있듯이, 북한 또한 국제개발협력의 규준을 중요시하고 있으며, 지속가능한 개발에 우선순위를 부여하고 있습니다.

이러한 대북협력의 패러다임 변화에 따라 국내 대북협력 민간단체들의 협의체인 북민협에서는 대북협력사업의 투명성과 성과 검증 기능을 강화하고, 후원자와 국제기구에 대한 책무성 또한 강화함으로써 우리 민간단체들이 스스로 질적 성장을 이루어내는 계기를 만들기 위해 노력하고 있습니다.

이 노력의 일환으로 북민협에서는 지속가능개발 목표와 의제에 관한 이해에 기반, 실제 대북 사업 현장에서 적용할 수 있는 성과지표를 만들어보고자 한국국제기아대책기구의 후원으로 〈북한개발 SDGs 성과지표의 개발 및 적용〉 연구과제를 추진하였습니다. 『북한 개발협력과 SDGs—SDGs 프레임워크의 북한 개발협력 방안 모색』은 해당 연구 결과를 갈무리한 것으로, 개발협력 전문가들과 25년여간 현장에서 사업을 수행하며 경험적 지식을 축적한 활동가들이 머리를 맞대고 지혜를 모아 만들어낸 결과물입니다.

이 책은 개발협력 전문가 5인의 사업 분야별 5개 장을 주 내용으로 하고 있습니다. 긴급구호, 보건의료복지, 농축산, 환경산림 분야 사업 SDGs 성과지표 적용 방안에 대해 문경연 교수, 권구순 교수, 양영란 교수, 이효정 박사, 구자춘 박사가 저술을 담당하였습니다.

저술 과정에 참여하신 모든 연구진께 감사드리며, 연구과제 추진 시기부터 이 책의 출판에 이르기까지 아낌없는 후원을 해주신 한국국제기아대책기구에도 진심 어린 감사 인사를 드립니다.

이 책의 발간을 계기로 앞으로는 우리가 북한과 '지속가능개발 목표'라는 공동의 언어를 사용할 수 있게 되기를 희망합니다. 인도적 대북협력 사업의 미래를 구상하는 데 이 책이 쉽고 유용한 참고자료가 되었으면 하는 바람입니다.

감사합니다.

2022년 4월

대북협력민간단체협의회 방인성 회장

서론

이 책은 과거 26년에 걸친 남북 교류협력 사업의 성과와 한계를 확인하고, 과거 남북 교류협력 사업의 한계를 극복하기 위한 대안적 접근법으로써 SDGs의 가능성과 의미에 대해서 고찰하였다. 특히 SDGs 프레임워크를 적용함에 있어 고려되어야 할 기술적 요소들이 두엇인지에 대해서 설명하고자 하였다. SDGs 프레임워크는 재원 공여자와 사업 수혜자 모두에 대한 책무성을 강조하고 있는 프레임워크로서 체계이고 과학적인 그리고 효율적인 사업의 형성, 추진, 평가를 가능하게 하는 기술적 요소들을 수반하고 있다. 물론 이러한 기술적 요소들은 2015년 SDGs의 채택과 함께 새롭게 제시된 것들이라기보다는 과거 반세기에 걸친 국제개발협력의 성공과 실패에 대한 분석을 통해 도출된 것들이나, 2015년 SDGs의 채택과 함께 이러한 프레임워크 요소가 더욱 강조되고 있다는 점에서 학습이 필요한 요소라고 하겠다. 여러 기술적 요소가 있겠으나 이 책에서는 대북사업에 있어 가장 기본적인 프레임워크라고 할 수 있는 사업설계매트릭스(PDM), 변화이론(TOC), 성과중심관리(RBM), 모니터링과 평가(M&E), 인권기반접근법(HRBA)을 소개하였다.

이어서 3, 4, 5, 6장에서는 주요 대북지원 분야를 인도적협력, 보건의료협력, 농업협력, 산림협력으로 구분하여 어떻게 SDGs 프레임워크에 기반하여 사업을 형성할 수 있을지에 대한 가능성을 탐색하였다. 각 장에서는 해당 섹터에 대한 국제 논의 동향, SDGs 분석을 시도함으로써 향후 대북지원 민간단체가 북한을 대상으로 하는 사업 발굴 시 고려되어야 할 요소는 무엇인지 이해하고자 하였다. 이어서 해당 섹터에 대한 북한 내부의 현황과 이슈 그리고 2021년 7월 북한이 UN에 제출한 자발적국가검토(VNR)에 보고된 북한의 노력과 주요 지표 현황을 분석하였다. 마지막 절에서는 SDGs 프레임워크의 북한 적용 가능성을 탐색하였다. 특히 SDGs 프레임워크의 북한 적용의 현실성을 높이기 위해서 과거 주된 대북사업을 시나리오화하여 해당 사업 시나리오를 바탕으로 PDM 작성, 모니터링&평가(M&E), 기초선 및 지표 제시 및 도출 방안 그리고 사업의 성과관리에 있어 고려되어야 할 요소는 무엇인지 살펴보았다.

끝으로, 여타 북한 연구의 딜레마와 같이 이 책의 저자들 역시 북한에 대한 자료 접근의 제약성으로 인해 완결성 있는 섹터별 프레임워크 및 모델 제시의 한계를 경험하였고, 이는 대북지원 사업의 주체인 민간단체들이 과거에도 그리고 향후에 대북지원 사업 재개시 또다시 직면하게 될 도전과제임을 확인하였다. 하지만 자료와 데이터 접근의 한계는 비단 북한만의 문제가 아님은 이 책의 저자로 참석한 국제개발협력 전문가들의 공통된 인식이며, 따라서 부족한 자료와 현장 접근의 제약 가능한 최대한 체계적이며, 논리적이고 객관적인 프레임워크를 도출할 수 있는 방안이 무엇인지 제시하고자 하였다.

이 책은 북한에 대한 기존의 접근법과 국제사회가 추구하고 있는 보편적인 접근법을 어떻게 접목할 수 있는지 탐색한 최초의 연구라고 자평할 수 있다. 따라서 이 책은 새로운 논의를 위한 출발점이지 종착점이 아니라는 것이며, 이러한 노력을 바탕으로 민간단체와 한국 정부의 남북 교류협력 및 구체적으로는 대북지원(대북협력) 사업 담당자들이 납세자인 대한민국 국민을 설득하고, 수혜자인 북한 주민의 인도주의 상황 개선 및 지속가능한 발전의 기반 조성에 기여하며, 국제사회와 협력할 수 있는 사업 발굴에 기여할 수 있기를 기대해 본다.

아울러, 코로나라는 어려운환경 속에서 이 책의 저자로 참여해준 연구진에게 감사드린다. 인도적협력 분야를 집필해 주신 서울사이버대 권구순 교수, 보건의료협력 분야의 전북대학교 간호대학 양영란 교수, 농업협력 분야의 한국농촌경제연구원 이효정 박사, 산림협력 분야의 한국농촌경제연구원 구자춘 박사님께 감사드린다. 무엇보다도 북한에 대한 새로운 접근법을 모색하기 위한 노력을 가능하게 해준 이 책의 발간자 대북협력민간단체협의회와 후원자 한국국제기아대책기구에 감사드린다.

Ⅰ. 들어가며

1995년, 북한이 국제사회로 하여금 인도적 지원을 요청해옴에 따라 김영삼 정부가 같은 민족인 북한에 가장 먼저 지원한 주체가 되어야 한다는 판단하에 당시 대규모 식량지원을 계획하고 있던 일본 및 국제기구에 앞서 쌀 15만 톤을 지원하면서 역사적인 대북지원이 시작되었다.

이후, 2000년 남북정상회담의 역사적 개최와 함께 정부 차원의 대규모 식량 및 비료지원이 본격화되었다고 평가할 수 있으나, 앞서 언급한 1995년 첫 대북지원과 2000년 정부 차원의 대규모 지원 사이에 북한에서 벌어지고 있는 인도적 참상을 완화하기 위해 대북지원에 대해 부정적일 정부와 시민사회를 설득하는 한편 인도적 지원을 위한 물자 및 후원금 모금과 시민단체의 활동을 제약하는 제도적 장치의 개선에 앞장선 것은 대북지원 민간단체였다. 또한 어려운 여건 속에서도 북한의 경제난 및 자연재해의 반복으로 인한 인도주의 실상을 파악하고 북한의 어린아이들과 노약자 여성, 산모들을 위한 긴급지원에 나선 것 역시 대북지원 민간단체였다.

2000년 남북정상회담과 함께 재개된 정부 차원의 대북지원 속에서 대북지원 민간단체들은 일회성 지원을 넘어 북한 스스로 경제 및 사회 저발전과 식량난을 극복할 수 있는 개발지원 성격의 대북지원 사업으로의 전환을 통해 북한의 역량을 강화하기 위한 활동을 1990년대 후반부터 보수정부의 출범과 함께 대북지원에 있어 암흑기에 접어든 2008년까지 전개하였다. 이러한 개발지원 성격의 대북사업은 당시 북한에서 활동하고 있던 국제 NGO나 국제기구보다 앞선 형태였으며, 이들 사업의 성공적 수행을 위해 남측의 대북지원 민간단체 담당자와 북측 당국은 끊임없는 교류와 소통을 지속하는 과정에서 상호 간 신뢰 형성이 가능하였고, 이는 같은 동포로서 민족애를 확인할 수 있는 계기가 되었다.

1. 대북지원 26년 성과와 의미

대북지원이 시작된 1995년부터 사실상 대북지원이 중단된 2008년까지 민간단체의 대북지원 사업은 다음의 성과를 달성[1]하는 데 이바지했다고 평가할 수 있다.

첫째, 대북지원 민간단체의 식량, 의약품, 긴급구호용품, 의류 지원 사업과 1990년 후반 도입된 농축산 개발협력 사업, 육아원 등 영유아 보호시설 개선 사업, 의약품 생산공장 지원 및 병원 현대화 사업 등은 북한 취약계층에 대한 영양공급 및 의약품 부족에 따른 유병률 완화에 기

1 대북지원 민간단체의 대북사업 사업 성과에 대한 평가는 저자(문경연)가 안민석 의원실의 요청으로 2020년 작성한 ‘대북지원의 효과, 한계 그리고 미래’ 보고서를 바탕으로 한 것임(비공개 자료).

여함으로써 북한 주민의 인도주의 참상을 완화하는 데 기여한 것으로 평가할 수 있다. 실제로 대북지원이 시작된 이후 첫 실시된 1998년 북한의 영양실태 조사 결과 만성 영양실조 66.4%, 저체중 55.5%, 급성 영양실조 18.7%로 매우 심각한 인도적 상황이었다. 이후 북한의 영양실태는 〈표 1-1〉에서와 같이 꾸준한 개선이 이루어졌으며, 이러한 개선은 우리 정부의 대규모 식량지원, 식량증산을 위한 비료지원과 더불어 전 국민 운동으로 진행된 대북지원 민간단체들의 북한 취약계층 지원, 농축산 개발협력, 보건의료지원 사업의 총체적 효과로 해석할 수 있다.

〈표 1-1〉 북한의 영양실태 변화 추이

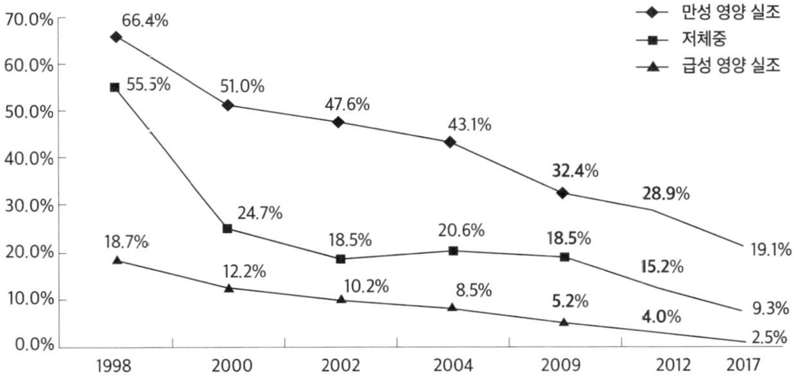

자료: UN website, 2017년 값은 임형준, "WFP의 북한 인도적 지원 현황: 취약계층 영양지원 사업." 2018년 11월 30일, 서울대학교 국제대학원 주최 '북한개발협력 전문가 집담회' 발표 자료 인용.

둘째, 대북지원 사업의 추진 과정에서 남북 양측의 시민사회 및 주민, 당국자 간의 폭넓은 참여는 남북 접촉면 확대를 가능하게 하였고, 이러한 접촉면의 확대는 상호 이해의 폭을 넓힘으로써 남북 간 민족공동체의식 형성에 기여하였다고 평가할 수 있다. 실제로 1995년 이후 지속된 대북지원 운동과 그 과정에서 대북지원 민간단체들은 북한 주민들을 적대 세력이 아닌 동포이자 인도적 지원의 대상이라는 인식을 확산하기 위한 운동을 전개하였다. 그 결과 북한에 대한 남한 시민사회 내 인식변화의 지표로 사용할 수 있는 대북지원에 대한 여론 추이조사 결과, 김영삼 정부인 1995년 당시 대북지원에 대한 조선일보 여론조사에서 '조건 없이 지원하여야 한다'는 20.3%에 불과하였으나, 이후 대북지원 운동이 전국적 규모로 확산된 이후 KBS의 1999년 여론조사 결과는 동 항목에 대한 여론의 입장이 25%로 증가하였다.[2] 특히 2000년 남북관계의 긴장 완화와 함께 김대중 정부가 민간단체들의 대북 직접사업 및 교류협력 사업을 촉진하는 제도적 장치를 마련하면서 남북교류협력기금을 활용한 시민사회단체의 남북교류협력 사업이 급속도로 확대되었다.

〈그림 1-1〉 남북 인적왕래 현황

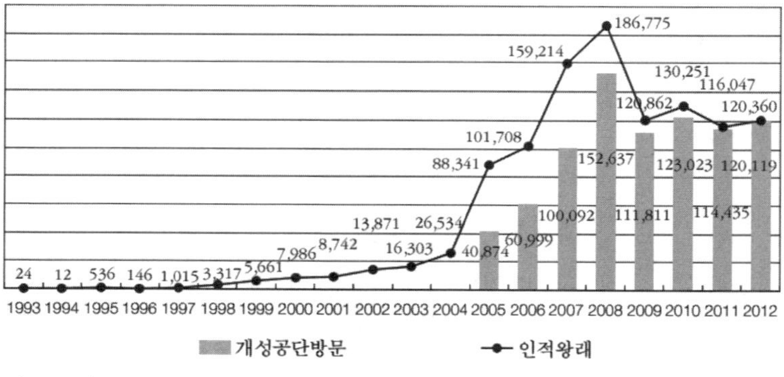

*자료: 통일부, 웹사이트, http://www.unikorea.go.kr/index.do?menuCd=DOM_000000105006000000 (검색일: 2013년 12월 16일)

2 이주철, "대북정책에 대한 여론 변화 추이—1995년 이후를 중심으로," 『국제고려학회논문지』 제10호 (국제고려학회, 2007), p. 140.

셋째, 대북지원 사업 추진 과정에서 남북 여러 주체 간의 교류는 남북 상호가 서로를 학습하게 되는 기회의 창 기능을 하였다. 대북지원 이전인 1995년까지 북한은 '은둔 국가(hermit kingdom)'로 불리며, 북한과 국제사회는 서로를 알지도, 이해하지도 못했다. 하지만 지난 25년간의 대북지원 및 교류협력 사업 과정에서 북한은 국제사회의 규범과 원칙을 학습하는 계기를 갖게 되었다. 반대로 국제사회는 북한의 내부를 들여다보고, 그 과정에서 북한을 이해하고 북한과 대화할 기회를 얻었다. 북한에서 활동하고 있는 국제기구, 민간단체, 공여국 원조기관이 생산해 내는 다양한 보고서, 회고록, 백서자료, 정책자료, 뉴스레터 등은 Reliefweb(2020년 10월 5,528개 자료)을 통해 공유되고 있으며,[3] 이는 북한을 이해하는 학습 창구가 되고 있다. 또한 대북지원 활동에 참여하는 활동가, 연구자, 국제기구 스태프 등 다양한 분야에 걸친 대북 전문가 그룹의 경험과 그들의 분석은 북한의 행동과 정책을 이해하고 어느 정도 예측 가능하게 만들었다. 이러한 경험을 바탕으로 북한 역시 국제사회의 기술과 지식, 원칙과 규범에 대한 학습을 주저하지 않게 되었으며, 시장경제 등 과거 거부해왔던 요소들에 대해 개방적 태도로 접근하고 있다. 2016년 채택된 북한판 SDGs 이행 계획서인 'UN-북한 전략 프레임워크 2017-2021'과 2021년 7월 북한이 SDGs 이행 성과를 담은 VNR 보고서를 UN에 제출한 것도 이러한 국제화 학습의 성과로 평가할 수 있다.

3 Reliefweb address, https://reliefweb.int/updates?advanced-search=%28PC74%29.

〈그림 1-2〉 Reliefweb 북한 자료 화면

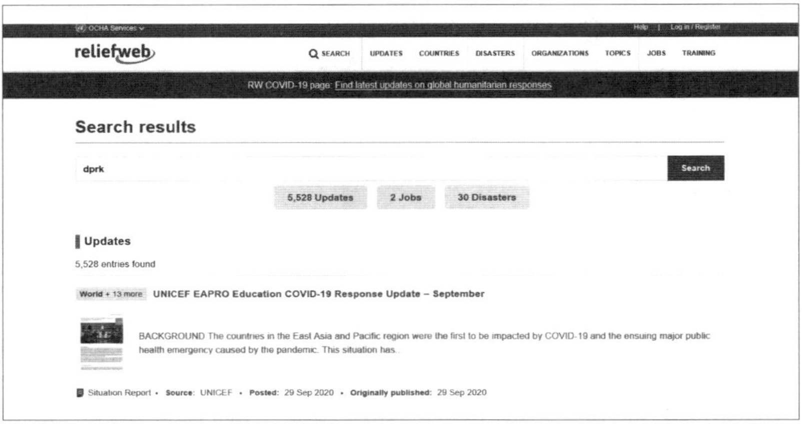

자료: Reliefweb, https://reliefweb.int/updates?advanced-search=%28PC74%29

끝으로, 대북지원 민간단체들은 긴급구호성 인도적 지원이 한창이었던 1998년부터 북한의 농축산 분야 개발협력 사업을 전개하기 시작함으로써 북한으로 하여금 북한의 문제해결을 위해서는 국제사회의 지식과 기술협력이 필요함을 인식하게끔 하였다. 대북지원 민간단체들은 인도적 지원을 넘어 농축산 현대화 사업, GMP(국제 우수의약품 제조관리기준법) 수준의 의약품 제조 공장 준설, 현대화된 농업 생산기법 전수 및 역량 강화 사업, 지역개발 사업 등 다양한 분야, 다양한 전문기관이 참여하는 북한 개발협력 사업을 통해 북한과의 협력 분야를 확대하였다. 이렇듯 다양한 분야, 다양한 수준에서의 협력사업을 통해 북한은 선진화된 농업, 보건의료, 산림환경, 시장경제 지식 습득의 중요성을 경험하는 한편, 시장경제 원리에 기반한 경제 기술 및 지식 습득의 필요성과 자신감을 체감하게 되었다고 평가할 수 있다. 나아가 개발협력의 범위를 넘어 경제협력 및 사회적 경제 모델 도입에도 관심을 갖게 되었는데, 일례로 굿네이버스의 농축산 개발사업 모델은 2008년 문천제련소를 설립하여 여기서 생산된 연간 2,500톤의 아연을 남쪽에 수출하고, 아연 판매 금액을 남포 사료공장에 사료원료를 제공하는 비용으로 사용하는 경제협력 방식의 사업 모델을 도입하기도 하였다. 이러한 사업은 과거 대북지원 사업이 남측으로부터의 단순 지원 방식에서 발전하여 상생의 개발·경제협력 방식으로 사업 모델을 전환함으로써 지속가능성을 높였다는 점에서 의미가 있다.

2. 대북지원 26년의 한계: 새로운 접근법 모색

1995년에 시작되어 2000년을 기점으로 2008년까지 전 국민 운동으로 발전한 대북지원 민간단체의 활동은 이후 현재까지 잠정 중단 상태에 있다. 그렇다면 대북지원 활동이 활발히 이루어지던 그 시기, 그리고 이후 잠정 중단 상태에서 지금에 이르기까지 대북지원 과정에서 확인된 한계는 무엇일까? 물론 작금의 대북지원 사업의 전면 중단은 북한의 핵 개발에 따른 국제사회의 제재라는 정치적 환경에서 기인한 것이라고 할 수 있으나, 대북지원 민간단체들이 대북지원 사업을 추진해온 관행과 접근법 차원에서 확인되는 문제점은 첫째, 앞서 대북지원 사업의 성과를 가능하게 했던 요소이기는 하나 '우리 민족끼리' 접근법에 경도된 나머지 대북지원 사업을 국제적 규범 및 보편성과 연계하는 측면에서의 한계, 둘째, 인도주의 위기 상황에 처한 북한 주민들에 대한 책무성 달성에도 불구하고 정작 남측 납세자들과 시민사회에 대한 책무성 확보의 실패를 가져온 대북지원 사업에 있어서 모니터링과 평가의 부재, 셋째, 대북지원 사업에서 국제사회 여러 주체들과의 파트너십 조성에서의 한계, 끝으로 지속가능한 개발협력으로의 전환을 요구했던 북한의 수요를 의도적, 비의도적으로 반영하지 못한 공여주체들의 한계이다.

첫째, 앞서 대북지원 사업의 성과를 가능하게 했던 핵심 요소로써 남과 북이 하나라는 '우리 민족끼리' 접근법은 사실 사업 형성과 집행에 있어 편리한 요소로 작용한 면이 있었음에 틀림없다. '우리 민족끼리' 서로 돕는다는 인식에 기반한 동 접근법은 북한이 필요로 하는 사업을 남측 민간단체들이 비교적 빠르게 검토·수용하는 과정을 밟음으로써 통상적으로 국제개발협력 사업이 최소 2년 이상이 소요된다는 점을 고려할 때 분명히 효율적인 사업 발굴 메커니즘이라고 할 수 있다. 특히 인도적 상황이 현저했던 북한의 경제난을 고려할 때 이러한 신속한 사업형성 메커니즘은 성과 측면에서 효율성과 효과성을 달성하는 데 기여했을 것으로 평가할 수 있다. 하지만 사업을 형성함에 있어 지속가능성을 확보하기 위해서는 해당 국가의 국가 및 지역발전 전략, 수요 분석, 그리고 수요 분석에 근거한 장기적 사업 계획 수립 등 일련의 객관적이고 체계적인 분석이 병행될 필요가 있다. 하지만 과거 대북지원 민간단체는 '우리 민족끼리' 관점에 몰두된 나머지 사업을 형성하고 사업의 집행을 관리하는 데 감성적 접근이 이뤄진 것은 아닌지 그리고 이러한 감성적 접근이 사업의 지속가능성을 희생양으로 삼은 것은 아닌지에 대한 비판적 성찰이 필요하다. 왜냐하면 사업을 형성하고 관리하는 데 있어 국제사회가 권고하고 통상적으로 사용하는 절차와 방식은 사실 오랜 원조 사업의 성공과 실패 사례에 대한 학습을 통해 국제적 규범 및 보편적 교훈으로 자리 잡은 것이기 때문이다. 이러한 국제적 규범과 권고, 원칙 가이드라인은 성공의 열쇠는 아닐지라도 최소한 실패 가능성을 낮추는 역할을 한다. 국제개발협력 분야에서 사업의 발굴은 수원국의 요청과 인도주의적 필요성이 사업 형성의 근원적 요소라는 점에서 '우리 민족끼리'적 관점에 기반하여 북한이 필요한 사업을 요청하고 남측은 이를 수용하는 형태의 사업발굴 방식은 긍정적 측면도 인정되나, 결과적으로 이들 사업이 국제사회가 강조하는 보편적 원칙이나 가치, 절차와 부합하게 프레임되지 못할 때 정치적 이데올로기 논쟁에서 자유롭지 못하다는 사실을 대북지원 26년의 경험을 통해 확인할 수 있었다.

둘째, 대북지원 민간단체들의 활동이 인도주의 위기 상황에 처한 북한 주민들의 생명을 살리는 데 기여함으로써 북한 주민들에 대한 책무성을 달성했다고 평가한다고 하더라도, 정작 이러한 성과에 대해 객관적이고 체계적인 모니터링과 평가를 통해 남측 납세자들과 시민사회에 보고함으로써 달성할 수 있는 남한 주민들에 대한 책무성 확보에서는 긍정적인 평가가 어렵다. 대북지원 사업에 있어서 북측은 체제의 존엄성을 훼손한다는 이유로 사업에 더한 모니터링과 성과평가에 대해서 난색을 표하였고, 대북지원 민간단처 역시 사업의 결과물보다는 사업 자체의 형성과 집행이 북한 주민의 생명을 살리고 인도주의 참상을 완화하는데 기여한다는 확신에서 북한이 꺼려하는 사업 모니터링과 평가를 강행하면서 사업 자체를 위태롭게 만들 수 있는 강수를 선택하지 않았다. 하지만 대북지원에 대해 보수적 입장을 견지한 세력과 이들 세력의 지지를 받는 보수정부가 출범하면서 객관적인 성과를 제시하지 못하는 대북지원 사업은 졸지에 '퍼주기', '핵개발을 위한 지원', '북한 주민들의 인권을 억압하는 정권을 연명시키는 효과'라는 비판에 직면하였다. 앞서 밝힌 바와 같이 대북지원의 성과는 분명했다. 이러한 성과를 과학적이고 객관적으로 모니터링하고 측정하는 성과평가가 중요한 것이 아니라 남북관계의 특수성 혹은 대북지원 사업의 특수성을 반영한 어떤 식의 성과평가 결과라도 있어야 했다. 결과적으로, 사업의 모니터링과 평가(Monitoring & Evaluation, 이하 'M&E')를 소홀히 한 후폭풍은 대북지원 민간단체가 이룬 성과를 훨씬 압도하였다.

셋째, 대북지원 민간단체들은 대북지원 사업에서 국제기구, 국제 NGO, 개별 공여국의 원조기관 등 국제사회 여러 주체들과의 파트너십 조성에 있어서 한계를 보여주었고, 이러한 국제사회와 대북지원 민간단체 간 파트너십의 구축의 한계는 대북지원 사업이 남북 간 정치적 현안에 심하게 영향을 받는 결과를 초래하였다. 사실 대북지원 단체들이 국제기구 및 국제 NGO와의 공동사업 발굴에 전혀 무관심했던 것은 아니다. 대북협력민간단체협의회(이하 북민협)와 우리민족서로돕기 등은 대북지원 사업에 있어 국제사회 여러 주체들과 협력을 강화하기 위하여 대북지원과 관련한 국제회의를 지속적으로 개최하였고, 여기서 대북지원 민간단체와 국제기구 및 국제 NGO의 협력사업의 필요성이 지속적으로 제기되었다. 하지만 사실상 협력사업은 전무하였다. 근본적인 이유는 북한이 이를 원하지 않는다는 것이었다. 실제로 북한은 대북지원 단체와 국제사회의 원조 주체들을 철저히 분리시키는 정책을 취하였고, 이러한 분리정책은 남측에 어떠한 정부가 들어서느냐에 따라 대북지원 민간단체들의 사업이 큰 부침을 겪게 되는 상황을 초래하였다. 비록 근본적인 이유가 북한에 있다고 하더라도 국제사회가 추구하는 보편적 개발목표 아래 대북지원 사업을 연계하고 국제사회의 여러 주체와 공동사업을 발굴함으로써 정치적 부침에 영향을 덜 받는 지속가능한 사업을 발굴하지 못한 책임은 국제사회와 대북지원 민간단체의 근본적 한계로 지적될 수 밖에 없다.

끝으로, 지속가능한 개발협력으로의 전환을 요구했던 북한의 수요를 의도적, 비의도적으로 반영하지 못한 공여주체들의 한계 또한 지적하지 않을 수 없다. 북한은 인도적 참상이 완화 단계에 접어든 2005년경 일회성 긴급구호를 넘어 개발을 위한 지원을 국제사회에 요청하였다. 이러한 북한의 요청에 앞서 대북지원 민간단체들은 1998년 농축산 분야에서 일회성 지원에 그치지 않는 개발협력 형태의 사업을 시도하였고, 이는 2008년 이후 대북지원이 중단될 때까지 많은 대북지원 민간단체들의 주된 사업 모델이 되었으나, 몇몇 사업을 제외하고는 사업 분야가 교육, 보건 등 사회개발 분야에 국한되었다는 한계가 있었다. 사실 북한은 경제 분야를 아우르는 개발협력 사업을 요청하였으나, 북한에 대한 제재는 이를 허용하지 않았다. 반면에 북한을 제외한 타 개도국에 대한 원조에 있어 국제사회는 인도적 문제의 지속가능한 해결을 위해서는 궁극적으로 인도적 지원과 개발지원을 연계하여 추진한다는 '인도주의-개발 연계(Humanitarian-Development Nexus)'가 보편적 접근법으로 자리 잡고 있었기 때문에 세계식량계획기구(WFP)는 북한 주민을 대상으로 'Food for Work' 프로그램을 실시한 바 있으나, 이 역시 매우 초보적인 형태의 인도주의-개발 연계 사업이었다. 결론적으로 북한에 대해서 여전히 안보적 접근이 지배적인 가운데 북한이 요구한 개발협력 사업은 본격화되지 못했고, 결과적으로 여전히 북한 내 인도적 지원과 개발지원의 필요성이 존재함에도 불구하고 북한은 주민들을 볼모로 남측 및 국제사회로부터의 지원을 거부하는 벼랑 끝 전략을 선택하게 된다. 다시 말해서, 북한이 국제사회 및 남측으로부터 인도적 지원에 대한 중단을 선언하게 된 배경을 고려하면, 북한의 비인도적인 결단과 그로 인한 인도주의 참상의 책임이 북한에게만 있는 것이 아니라, 안보 패러다임에 사로잡혀 패권국의 경도된 현실주의 패러다임을 변화시키지 못하고 대안적 방안 또한 제시하지 못한 대북지원의 여러 주체들에게도 일부 책임이 있다는 것이다.

따라서 SDGs에 기반한 북한과의 개발협력 사업 발굴, 집행, 평가는 지난 26년간의 대북지원 과정에서 확인된 한계를 보완할 수 있는 일련의 가능성을 제시한다고 할 수 있다. 어떻게 SDGs와 그 프레임워크가 앞서 논의한 대북지원의 한계를 극복할 수 있는 매개체가 될 수 있는지는 2장에서 논의하도록 하겠다.

3. 이 책의 구성

대북지원 과정에서 국제사회와 한국 정부 및 대북지원 민간단체는 대북지원 사업 발굴, 집행, 평가에 있어서 서로 다른 접근법을 취하였다. 국제사회가 타 개도국에서도 통용되는 보편적 사업방식과 원칙을 바탕으로 대북사업을 수행하였다면, 우리 정부와 민간단체는 이른바 '우리 민족끼리' 식의 접근법과 남북 정치적 현안과 연계된 대북사업 방식을 선호하였다. 비록 2008년 이후 우리 정부와 민간단체의 대북지원은 중단된 상황이나 국제사회는 2015년 기존의 새천년개발목표(MDGs)를 대체하는 지속가능발전목표(SDGs)를 채택하며 규범과 원칙의 중요성을 강조해 왔다. 이러한 변화는 대북사업에 있어서 국제사회와 한국 간 협력의 필요성 확대와 한국의 대북지원 민간단체로 하여금 국제사회가 사용하는 보편적인 프레임워크의 준용을 요구하고 있다.

또한 우리 정부와 시민사회는 대북지원 및 협력에 대한 높은 수준의 투명성과 접근성을 요구하는 등의 인식 변화를 보이고 있다. 우리의 세금으로 이루어지는 대외원조나 대북지원이 체계적인 사업 발굴 메커니즘 하에 형성되고, 철저한 모니터링과 평가 방식에 의해 관리되고 있는지에 대해 납세자들의 관심이 높아지고 있다. 특히나 대북지원이 왕성하게 이루어졌던 2000년부터 2007년까지 우리 정부와 민간단체는 대북지원 사업의 아이템 발굴에 있어서 북한이 원하는 사업 중심으로 북측으로 합의서를 받아 남측에서 재원을 마련하여 지원하는 방식을 선택해왔으며, 북측의 자존심을 건드려서는 안된다는 우려에서 사업의 모니터링과 평가에 소극적이었다. 그리고 이러한 정책은 북한의 핵개발 위기가 심해지고 보수정부가 들어서면서 '퍼주기'가 아니었냐는 비판이 일었을 때 반박할 객관적인 성과를 제시하지 못함으로써 대북지원을 중단하자는 명분이 확산될 때 적절하게 대처하지 못하는 상황을 초래하였다.

이러한 문제의식에서 본서는 북한과의 인도지원 및 개발협력 프레임워크로써 국제사회가 준용하고 있는 SDGs에 대한 대북지원 민간단체들에 대한 이해를 제고하고, 북한과의 지속가능한 개발협력 프레임워크로서 UN SDGs의 가능성을 탐색하기 위한 목적에서 (사)한국국제기아대책기구의 재정적 후원과 (사)대북협력민간단체협의회(이하 '북민협') 그리고 분야별 전문성을 가진 연구진 간의 공동 노력으로 출판되었다.

구체적으로, 2장에서는 대북지원 민간단체들이 기존에 고수하였던 '우리 민족끼리' 정신에 기반한 대북사업에 대한 접근법을 개선할 수 있는 새로운 프레임워크로써 UN SDGs의 의미와 가치, 원칙, 주요 특징을 분석하였다. 또한 현장에서 SDGs에 기반하여 사업 형성, 집행, 평가에 활용하는 절차와 가이드라인, 그리고 기법들은 무엇인지 확인하였다. 또한 2장에서는 국제사회의 국제개발협력 분야에서 보편적으로 활용되는 SDGs에 대해 북한이 보여온 태도와 SDGs 적용을 위한 북한의 관심과 노력을 분석함으로써 대안적 프레임워크로써 SDGs의 가능성과 의미를 분석하고자 하였다.

이어서 이 책은 북한 개별협력 분야를 인도적 구호(3장), 보건의료(4장), 농업개발협력(5장), 산림협력(6장) 등 4개 분야로 나누고 SDGs 목표에서 북한에 적용되어야 할 세부 목표와 그 목표의 지표값 존재 여부에 대한 분석, 그리고 이를 바탕으로 향후 대북지원 재개시 고려해야 할 요소는 무엇인지에 대한 분석을 시도하였다. 각각의 장별 구성은 먼저 1절에서 (섹터별)국제 규범, 원칙, 권고 사항 등 해당 분야의 최신 논의 동향과 주요 이슈는 무엇인지 분석함으로써 향후 대북지원 사업 재개시 고려해야 할 요소는 무엇인지 확인하고자 하였다. 2절에서는 해당 섹터에 대한 SDGs 목표 및 세부 목표에 대한 분석과 설명을 시도함으로써 대북지원 민간단체들이 SDGs 프레임워크와 목표에 대한 이해를 제고하고자 하였다. 3절에서는 (섹터별)SDGs 해당 세부 목표 및 지표의 북한 상황을 분석하였다. 특히 2021년 7월 북한이 VNR을 통해 발표한 지표값의 의미와 신뢰성 문제를 검토하였다. 끝으로 4절에서는 (섹터별)SDGs 프레임워크 적용 방안을 모색하였다. 구체적으로, 국제개발협력 분야에서 사업 관리 툴로 일반적으로 사용되고 있는 Project Design Matrix-(PDM)에 기반하여 대표적인 북한개발협력 사업을 샘플로 제시함으로써 향후 대북지원 민간단체들의 활용 가능성을 제시하였다. 또한 성과관리를 위한 M&E 방안 소개 및 북한과 같이 접근이 제한된 사업 현장에서의 대안적 관리 방안에 대한 분석을 시도하였다. 이를 위해 이미 제출된 지표를 대신할 대안적 지표의 가능성과 미제출 지표에 대한 새로운 지표 도출 가능성을 모색하였다.

또한 장별 집필진으로 인도적 구호 분야는 서울사이버대학교의 권구순 교수, 보건의료 분야는 전북대학교의 양영란 교수, 농업개발협력 분야는 한국농촌경제연구원의 이효정 박사, 산림협력 분야는 한국농촌경제연구원의 구자춘 박사 등 섹터별 전문가로 구성되었다. 이들 집필진은 국제개발협력 및 북한개발협력 분야의 연구, 교육 및 실무 역량을 보유한 전문가들로 대북지원이 시작된 1995년 이래로 처음으로 시도된 UN SDGs 프레임워크의 북한개발협력 적용방안을 모색하기 위해 고군분투하였다.

이 책의 연구 및 분석 방법으로써, 저자들은 기초문헌 연구를 통해 일반구호, 보건의료, 농업개발, 산림환경 분야에 대한 SDGs 세부 목표와 지표를 확인하고, 이들 세부 목표별 지표값의 북한 존재 여부를 다양한 데이터베이스를 바탕으로 취합하고자 하였다. 특히 북한이 2021년 7월 UN에 보고한 '북한의 SDGs 자발적국가검토(Voluntary National Review, 이하 'VNR')' 보고서에 제시된 지표와 기존 지표들을 비교대조함으로써 지표의 신뢰성과 미제출 지표들에 대한 대안적 지표 개발의 가능성을 탐색하였다.

앞의 기초문헌 연구를 바탕으로 수집된 북한의 분야별 SDGs 세부 목표에 대한 지표값의 유무를 확인한 후, 분야별 민간단체 전문가 대상 FGI(Focus Group Interview) 형태로 1, 2차 인터뷰를 통해 이들 지표의 신뢰성, 적용방안, 향후 대북협력 사업 시 목표 값으로서 가능성과 현실적 목표 설정 방안에 대한 협의를 진행하였다. 또한 연구 최종 성과물을 바탕으로 북민협 회원단체 대상 공청회를 통해 왜 북한 SDGs인지, 지표 설정과 관리(성과관리), 국제개발협력에서 사용되는 원칙, 가이드라인, 프레임워크의 북한 적용이 왜 필요한지에 대해서 민간단체와의 논의의 장을 마련하고, 여기서 제기된 의견들을 반영했다.

II. 북한 개발협력과 SDGs

문경연

(전북대학교 국제인문사회학부 부교수)

이 장에서는 북한과의 인도적 지원 및 개발협력 사업을 모색함에 있어 기존의 이른바 '우리 민족끼리' 관점의 장점을 계승하고 한계를 극복함으로써 지속가능한 대북지원 및 교류협력 사업을 모색할 때 고려될 수 있는 프레임워크로써 '지속가능발전목표(Sustainable Development Goals, 이하 'SDGs')'에 대해서 논의하고자 한다.

이를 위해, 먼저 SDGs의 개념과 역사 그리고 주요 원칙은 무엇인지 설명하고, 이어서 SDGs가 기존의 '새천년개발목표(Millennium Development Goals, 이하 'MDGs')' 등과의 차이점과 특징은 무엇인지 분석한다. 이러한 분석을 바탕으로 다음 절에서는 북한 인도지원 및 개발협력 개선 방안을 모색함에 있어 SDGs가 북한 그리고 대북지원 민간단체에게 어떠한 의미인지 분석함으로써 왜 대북지원 민간단체가 새로운 대북지원의 프레임워크로서 SDGs를 이해해야 하는지 고찰하고자 한다.

1. SDGs의 개념과 특징

먼저, 이 절에서는 SDGs에 대한 일반적인 이해를 도모하고자 한다. 이를 위해서 SDGs 개념, 역사, 원칙은 무엇인지 살펴봄으로써 단순히 권고적 성격의 의미를 넘어서 보편적 규범으로서의 성격을 가지는 SDGs에 대한 이해를 통해, 왜 우리 대북지원 민간단체들에게 SDGs를 북한 개발협력 사업에 적용하기 위한 학습과 이해가 필요한지 논의하고자 한다. 다음으로 SDGs의 주요 특징을 분석한다. 왜 SDGs가 과거의 MDGs에 비해 전 지구적 차원에서 개도국뿐만 아니라 선진국의 국가 및 시민사회로부터 관심을 받고 있는지, 이것이 국제개발협력의 측면에서 어떠한 의미를 가지는지에 대한 분석을 시도하고자 한다. 끝으로, SDGs의 17개 목표, 169개 세부 목표와 232개 지표에 대한 소개로 이 절을 마무리하고자 한다.

1.1 SDGs의 개념, 역사 그리고 원칙

국제사회의 개발협력 역사에서 '지속가능발전목표(Sustainable Development Goals)'는 전에 없던 전혀 새로운 목표가 아니다. 다만 기존에 국제사회가 채택하였던 개발협력의 목표와 비교하여 협력 분야 측면에서 단순히 빈곤과 저발전의 문제를 넘어서 환경, 인권, 평화 등 매우 포괄적 이슈를 포함하고 있으며, 이행 주체적 측면에서 국가를 넘어선 다양한 비국가 행위자들의 자원과 전문성이 필요함을 강조하였으며, 빈곤퇴치와 지구적 위기 문제를 해결하기 위해 혁신적 사고와 접근법의 필요성을 제시했다는 점이 기존의 목표들과 차이를 가진다. 그리고 무엇보다도 지구온난화, 국가 간 발전 격차의 심화, 테러 등 국가 간 분쟁이 지역과 세계 평화를 위협하는 초연결 사회의 특징과 이슈들이 개도국뿐만 아니라 선진국 역시 필요한 행동과 노력을 해야 한다는 환경 변화가 SDGs를 단순히 권고적 차원의 성격을 넘어서 이행력을 가진 글로벌 발전목표로서 자리매김하게 하였다.

SDGs에 앞서 두 차례 세계대전 이후 창설된 '국제연합(United Nations, 이하 'UN')'은 인도주의 참상을 유발한 양차 세계대전을 재발을 막기 위해 평화 및 안보 관련 국제기구와 함께 경제 분야의 협력과 공동규범을 제시하기 위한 국제기구(IMF, IDRD, GATT 등)를 설립하였다. 특히 지구촌 곳곳에서 대두되는 인도주의적 위기에 대응하기 위한 국제기구의 설립과 국제협력을 강화하기 시작하였다. 그리고 1961년에 처음으로 향후 10년 동안 국제사회가 관심을 가지고 추진할 지구적인 도전과제를 목표로 삼은 'UN Development Decade'를 채택하였고, 이후 2000년 '새천년 개발목표(Millennium Development Goals)'가 채택될 때까지 매 10년의 첫해에 국제사회가 함께 노력할 개발목표를 채택하였다.

이러한 가운데 1990년, 냉전의 해체와 함께 많은 독립국가들이 탄생하게 되었고, 냉전체제 아래 이데올로기적 대립 속에서 억눌려 있었던 인권, 빈곤과 저발전, 환경, 성평등 문제 등이 관심을 끌기 시작하였다. 하지만 정작 이러한 개도국의 문제해결에 필요한 원조 규모는 감소하는 현상이 나타나기 시작하였는데, 이는 원조의 동기 가운데 하나로 작동하였던 이데올로기 대립이 종식되면서 원조를 외교안보적 수단으로 활용하였던 공여국의 정치적 원조 동기 감소에서 기인한 것이었다. 그리고 이러한 현상을 목격한 국제사회는 심화되는 지구촌 빈곤문제와 사회적 이슈들에 대한 적절한 공동 노력의 필요성을 인식하게 되었고, 그 결과 새천년이 시작된 2000년에 MDGs가 채택되었다.

이러한 문제의식에서 채택된 MDGs는 기존의 'UN Development Decade'가 매 10년 단위로 목표 기한을 설정한 것과 달리 15년을 기한으로 하여 2015년까지를 그 목표 기한으로 정했다. 이렇게 야심 차게 시작된 MDGs는 절대빈곤 및 기아퇴치, 보편적 초등교육, 양성평등, 아동사망률, 모성보건, 에이즈·말라리아 등 질병 퇴치, 지속가능한 환경과 이들 7개 목표를 달성하기 위한 국제협력 등 8개 분야의 사회개발 영역의 목표로 구성되었다. 그리고 15년의 노력 이후 MDGs에 대한 평가에서 국제사회는 절대빈곤율 등에 있어 눈에 띄는 목표를 달성하는 성과를 달성하였다.

하지만 이러한 성과에도 불구하고 MDGs의 목표가 국가별 목표가 아닌 전 지구적 차원의 빈곤율, 보편적 초등교육, 모성보건, 아동사망율 감소라는 지표를 설정함으로써 개별 국가들의 차이와 특수성을 간과한 목표였다는 비판과 함께 목표와 지표 간 연결 노력의 미미함, 목표 수립 과정에서 국가 및 다양한 행위 주체들의 의견 및 합의 수렴 절차의 부재 그리고 사회개발 영역에만 초점을 맞추었다는 비판에서 자유롭지 못하였다.

SDGs는 MDGs가 가지는 의미를 더욱 발전시키고 한계를 보완한다는 원칙하에 2012년 6월 'Rio+20' 회의에서 SDGs 수립 계획에 대해 합의한 후 긴 목표 수립의 여정을 시작하였다. 무엇보다도 개별 국가, 국제기구, 비정부기구, 기업 등 다양한 행위자들의 의견 수렴을 위한 협의를 진행함으로써 합의에 기반한 목표 수립 노력을 지속하였다. 특히 OECD DAC는 7개 'Post-2015' 의제 선정원칙을 제시하였는데, MDGs의 계승 발전, 현존하는 국제 조약과 조화, 결과에 집중, 발전에 대한 전체론적 접근, 국가들 내에서의 광범위한 일관성 확대, 목표 설정에 있어 다층적 접근법 그리고 국가 주도의 지표와 측정법을 모색하도록 함으로써 MDGs에서 노정된 한계를 극복하고자 하였다. 특히 SDGs에 대한 국가들의 참여와 주체적 목표 수립 및 성과측정을 장려함으로써 SDGs가 국제기구와 국제사회의 전유물이 아닌 개별 국가들이 주인의식을 가지고 추진하는 목표가 되도록 설계하였다.

또한 UN의 반기문 사무총장은 2012년 8월 국제사회의 학자 및 정치인 등 저명인사들로 'High-Level Panel of Eminent Persons on the Post-2015 Development Agenda'(이하 'HLP')를 구성하고 선진국 그룹과 개도국 그룹, 다양한 주체들을 대상으로 MDGs를 대체할 새로운 국제개발협력 목표가 무엇이 되어야 하는지에 대한 협의를 진행하였고, 2013년 5월에는 12개 제안 의제를 담은 최종 보고서를 반기문 사무총장에게 제출하였는데, 이 12개 의제는 기존에 MDGs의 빈곤 종식, 교육, 모성보건, 아동사망 등과 같은 사회개발 영역의 이슈만 다루었던 것과는 달리 환경, 정치 및 경제영역까지 포괄하는 광범위한 개발 의제를 포함하였다.

결과적으로 이러한 HLP의 권고는 'Post-2015' 의제에 반영된 것으로 보인다. 2015년 9월 UN 개발정상회의를 통해 소개된 SDGs는 사회개발 영역뿐만 아니라 경제발전, 정치발전, 환경보호 등 인간과 지구의 지속가능성에 초점을 맞춘 17개 목표로 2030년까지를 목표 시한으로 하는 국제사회의 개발협력 목표로 채택되었다.

또한 HLP는 'Post-2015' 의제 설정에 있어 여러 채널을 통한 협의 과정에서 SDGs가 추구해야 할 원칙이 무엇이 되어야 하는지를 제시하였다. 이러한 원칙은 SDGs 채택 이후 국제 개발협력 분야에서 가장 빈번히 그리고 지속적으로 회자되는 가치이자 SDGs의 17개 목표를 통해 이루고자 하는 방향성을 제시하고 있다는 점에서 의미가 있다. HLP는 SDGs의 원칙으로써 개별 국가의 도전과제 및 전 지구사회가 직면한 공동의 문제를 해결하기 위한 노력을 경주함에 있어 5가지 원칙을 제시하

〈그림 2-1〉 SDGs 17개 목표(2016~2030)

자료: 지속가능발전포털, https: ncsd.go.kr/ksdgs?content=4

* People(SDG 1~5), Planet (SDG 6, 12~15), Prosperity (SDG 7~11), Peace (SDG 16), Partnership (SDG 17)

였다. 5가지 변혁적 원칙은 비차별 정신에 근거한 인도주의, 지속가능한 발전의 중요성, 포용적 성장, 평화구축과 책무성 있는 공공주체 그리고 이들 원칙의 실현을 위한 새롭고 혁신적인 국제 파트너십의 중요성을 강조하고 있는데, 이러한 원칙은 국제사회가 북한을 대할 때 그리고 북한 당국이 자국의 발전을 위한 노력을 경주함에 있어 고려되어야 할 원칙이라는 점에서 의미가 있다.

〈표 2-1〉 HLP의 'Five Big Transformative Shifts' 원칙

- 어느 누구도 남겨두지 않을 것(Leave No One Behind)
- 지속가능발전을 핵심으로 둘 것(Put Sustainable Development at the Core)
- 일자리와 포괄적 성장을 동인할 경제 변혁(Transform Economies for Jobs and Inclusive Growth)
- 평화 구축과 효과적이고 개방된, 책임 있는 공공 기관(Build Peace and Effective, Open and Accountable Public Institutions)
- 새로운 글로벌 파트너십 형성(Forge a New Global Partnership)

자료: United Nations, "A NEW GLOBAL PARTNERSHIP: ERADICATE POVERTY AND TRANSFORM ECONOMIES THROUGH SUSTAINABLE DEVELOPMENT," The Report of the High-Level Panel of Eminent Persons on the Post-2015 Development Agenda(2013년 5월).

1.2 SDGs의 주요 특징

앞서 논의하였듯이 SDGs는 우리 사회가 더 이상 간과할 수 없는 사회적, 정치적, 경제적, 환경적 문제들에 대응하기 위해 변혁적 가치와 목표를 제시하고 있고, 이러한 17개 목표의 설정 과정에서 다양한 국가 및 비국가 행위자 간 협의를 통해 수립된 목표라는 점에서 기존의 발전목표와 달리 이행력을 가진다고 평가하였다. 하지만 SDGs의 수립 과정상의 특징과 국제협력의 필요성을 묵과하지 못하게 만드는 환경적 변화요소 외에도 SDGs가 가지는 주요 특징은 북한 당국이 SDGs에 관심을 표명하는 이유이며, 북한에 대한 개발협력 사업 모색에 있어 우리 대북지원 민간단체가 SDGs 학습에 적극적이어야 하는 이유이기도 하다. 이러한 SDGs의 특징은 첫째, SDGs는 '5P' 즉, 사람(People), 번영(Prosperity), 지구(Planet), 평화(Peace), 파트너십(Partnership)을 통해 인간과 지구의 조화로운 발전을 모색하는 프레임워크라는 특징, 둘째, SDGs는 발전과 인권증진의 연계를 강조한다는 점, 셋째, SDGs는 과거 정부 중심주의가 아닌 비국가 행위자의 전문성과 역할을 존중하며 이들과의 파트너십을 강조하는 프레임워크라는 점, 끝으로 SDGs는 '자발적 국가검토(Voluntary National Review) 메커니즘을 통해 국가들의 이행상황을 점검하는 제도를 도입함으로써 규범적 권고 이상의 이행력을 갖추고 있다는 점이다.

가. 인간과 지구의 조화로운 발전목표로써 SDGs

먼저, SDGs는 '5P' 즉, 사람(People), 번영(Prosperity), 지구(Planet), 평화(Peace), 파트너십(Partnership)을 통해 인간과 지구의 조화로운 발전을 모색하는 프레임워크라는 특징을 가진다. 과거 MDGs는 기아, 보건, 교육, 성평등과 같이 인간 중심의 사회개발 분야에 초점을 맞추었다. MDG 7번이 지속가능한 환경 분야를 다루고 있었으나, 사실 이 목표마저도 인간의 깨끗한 식수 접근권에 초점을 맞춤으로써 사실상 지구와 환경보호에 관한 내용이라고 보기 어려웠다.

반면에 SDGs는 개도국의 극심한 빈곤 문제를 넘어서 이러한 근본적인 문제의 해결을 위한 지속가능한 발전 영역을 포함하고 있으며, 이러한 발전을 추구함에 있어 지구와 환경 보존을 통해 인류의 다음 세대가 지속가능한 깨끗하고 안전한 지구에서의 삶을 영위할 수 있도록 해야 한다는 목표를 포함하고 있다는 특징을 가진다.

이러한 다양한 분야의 목표를 포함한 SDGs는 국가별 차이는 존재하나 국제사회의 대부분의 국가들이 자국에 해당하는 목표가 SDGs에 포함되어 있음을 인식하게 만들었다. 일반적으로 최빈국과 저발전 국가들은 빈곤문제해결과 경제발전에 관심을 보이며 '사람(People)' 영역과 '번영(Prosperity)' 영역의 목표들에 관심을 보일 수밖에 없다. 반면에 빈곤문제에서 자유로운 선진국은 후손에게 깨끗한 지구를 물려주어야 한다는 생각에 '지구(Planet)' 영역의 목표들에 더 많은 관심을 보일 것이며, '번영(Prosperity)' 영역에서는 앞의 목표와 함께 발전과 환경보호 간의 조화로운 추구를 강조한 목표에 집중하여 이를 위한 구체적인 노력을 전개할 것이다. 또한 분쟁이나 갈등상태에 있는 국가, 비민주적 권위주의 국가들과 자유권적 인권 문제가 있는 국가들의 경우 '평화(Peace)' 영역의 목표가 해당 사항이 된다.

〈그림 2-2〉 SDGs의 ‘5P’

자료: 5p and SDGs

이처럼 인간과 지구, 전 영역을 다루는 SDGs는 국가별 차이는 있으나 모든 국제사회 국가들에 해당하는 목표들을 포함하고 있다는 점에서 전 지구적 관심을 이끌어내기에 충분하였다. 특히 북한은 2005년 극심한 인도적 위기상황에서 벗어났다고 판단하면서 경제발전을 위한 국제사회의 지원을 요청해왔는데 당시 MDGs 시대에는 기아문제의 해결과 같은 사회개발 영역의 목표가 주를 이루었기 때문에 북한의 발전권 실현에 필요한 국제사회의 지원을 요청할 국제적 근거 목표가 부재하였다. 하지만 SDGs는 ‘번영(Prosperity)’ 영역을 통해 국제사회로부터 개도국의 경제발전에 필요한 지원을 명시하고 있고, 실제로 북한은 지속적으로 경제발전을 위한 내부적 노력과 국제사회의 지원을 요청해왔다는 점에서 SDGs는 북한이 국제사회가 채택한 전 지구적 발전목표로써 SDGs에 기반하여 북한의 경제발전에 필요한 국제사회의 지원을 요청할 수 있는 근거를 가지게 되었다.

나. 발전과 인권을 연계하는 SDGs

SDGs는 국제 인권 규범을 준수하며 이들 다양한 규범과의 연계를 추구한다는 목표를 밝히고 있다. UN의 SDGs 최상위 거버넌스 플랫폼인 'UN Sustainable Development Group'을 통해 SDGs는 '아무도 뒤에 남겨두지 않는다(Leave no one behind)', '양성평등과 여성역량 강화(Gender Equality and Women's Empowerment)'와 함께 '인권에 기초한 발전(Human rights-based approach)' 등 3대 원칙 하에 이들 원칙의 이행 현장에서 '국제 인권 규범 및 기준과 SDGs와의 조화(alignment with international norms and standards)', '평등과 비차별적 접근(equality and non-discrimination)', '적극적이고 의미 있는 참여의 보장(active and meaningful participation)' 그리고 '견고한 책무성 메커니즘(robust accountability mechanism)' 하에 17개 목표의 이행을 권고한다고 밝히고 있다.[4]

같은 맥락에서 덴마크인권연구소(Danish Institute for Human Rights)는 유엔 SDGs가 국제 인권 규범과 어떠한 연계성이 있는지 분석하였는데, 연구소에 따르면 세계인권선언을 포함한 9개 핵심 인권기준(core UN Human Rights instruments)[5]이 SDGs 1-17의 전반에서 세부적으로 연계되

---

4 UN SDG, "Universal Values," 〈https://unsdg.un.org/2030-agenda/universal-values〉 (접속일: 2021.6.29.).

5 ① Universal Declaration of Human Rights(UDHR, 세계인권선언), ② International Covenant on Civil and Political Rights(ICCPR, 시민적 및 정치적 권리에 관한 국제규약), ③ International Covenant on Economic, Social and Cultural Rights(ICESCR, 경제적·사회적 및 문화적 권리에 관한 국제규약), ④ International Convention on the Elimination of All Forms of Racial Discrimination(ICERD, 모든 형태의 인종차별철폐에 관한 국제협약), ⑤ Convention on the

어 있다고 평가하였다.[6]

〈표 2-2〉 SDGs 핵심 인권기준 반영 현황

UN 핵심 인권기준	0	1	2	3	4	5	6	7	8	9	합계
세부 목표	22	27	33	16	11	21	23	6	9	1	169
비중(%)	13.0	16.0	19.5	9.5	6.5	12.4	13.6	3.6	5.3	0.6	100

자료: 최규빈, "인권 기반 개발과 북한의 수용 가능성: SDGs를 중심으로," 북한인권전략포럼 발제문(2021.11.12.~13), p. 92.

이외에도 SDGs는 인권증진과 밀접하게 연계되어 있기 때문에 SDGs의 이행은 인권증진에 긍정적인 영향을 미친다는 것이 보편적인 평가이다. 이 때문에 2015년 세계 국가인권기구 총회에서 채택된 Merida 선언은 SDGs 이행을 위한 국가인권기구의 역할을 강조하면서, 첫째, 국내 SDGs 이행계획 수립에 있어 인권의 주류화, 둘째, SDGs 이행에 있어서

Rights of the Child(CRC, 아동권리에 관한 협약), ⑥ Convention on the Elimination of All Forms of Discrimination Against Women(CEDAW, 여성에 대한 모든 형태의 차별철폐에 관한 협약), ⑦ Convention on the Rights of Persons with Disabilities(CRPD, 장애인의 권리에 관한 협약), ⑧ Convention against Torture and Other Cruel, Inhuman or Degrading Treatment or Punishment(CAT, 고문 및 그 밖의 잔혹한, 비인도적인 또는 굴욕적인 대우나 처벌의 방지에 관한 협약), ⑨ International Convention on the Protection of the Rights of All Migrant Workers and Members of Their Families(ICRMW, 모든 이주노동자와 그 가족의 권리 보호를 위한 국제협약).

6 최규빈, "인권 기반 개발과 북한의 수용 가능성: SDGs를 중심으로," 북한인권전략포럼 발제문(2021.11.12.~13), 원출처: 김수진, "SDGs 세부 목표와 인권 연계 수준 분석: 인권기준 및 취약그룹별접근을 중심으로," 『국제개발협력』 제2권 (2018), pp. 109-170 참고.

인권기반접근법의 적용, 셋째 인권기반 모니터링, 국제협력 및 연대의 중요성을 다시 확인하였다. 아래는 SDGs 17개 목표와 주요 인권 국제협력 간 연계성을 분석한 표이다.

〈표 2-3〉 SDGs와 국제 인권기준과 연계[7]

핵심단어	지속가능발전목표(SDGs)	국제 인권기준(예시)
1. 빈곤	목표 1. 모든 형태의 빈곤을 모든 지역에서 종식시킨다.	세계인권선언 22, 25 / 사회권 규약
2. 기아	목표 2. 기아를 종식하고, 식량 안보를 확보하여 영양상태를 개선하며 지속가능 농업을 증진한다.	세계인권선언 25, 28 / 사회권 규약 (ICESCR)
3. 건강	목표 3. 모든 사람의 건강한 삶을 보장하고 웰빙(well-being)을 증진한다.	세계인권선언 3, 25, 27, 28 / 사회권 규약
4. 교육	목표 4. 모든 사람을 위한 포용적이고 형평성 있는 양질의 교육 보장 및 평생교육 기회를 증진한다.	세계인권선언 26, 28 사회권 규약
5. 성평등	목표 5. 성평등 달성 및 여성, 여아의 역량을 강화한다.	세계인권선언 2, 사회권 규약, 여성차별철폐협약(CEDAW), 아동권리협약(CRC)
6. 물	목표 6. 모든 사람을 위한 식수와 위생시설 접근성 및 지속가능한 관리를 확립한다.	세계인권선언 25 / 사회권 규약 / 물에 대한 권리 선언
7. 에너지	목표 7. 모든 사람을 위한 저렴하고 신뢰할 수 있으며 지속가능한 현대적인 에너지에의 접근을 확립한다.	세계인권선언 25, 27 /사회권 규약
8. 일자리	목표 8. 지속적, 포괄적, 지속가능한 경제성장을 촉진하며 생산적인 완전고용과 모두를 위한 양질의 일자리를 증진한다.	세계인권선언 4, / 사회권 규약 / ILO 핵심노동기준
9. 산업화	목표 9. 복원력이 있는 인프라시설을 구축하고, 포용적이고 지속가능한 산업화를 진흥시키며 혁신을 장려한다.	세계인권선언 19, 25, 27 / 사회권 규약
10. 불평등	목표 10. 국가 내, 국가 간 불평등을 완화한다.	세계인권선언 2, 21, 22 / 사회권 규약 / 발전권 선언
11. 도시	목표 11. 포용적이고 안전하며 복원력 있고 지속가능한 도시와 인간 거주지를 조성한다.	세계인권선언 25 / 사회권 규약 / UN HABITAT 신도시 이제(New Urban Agenda, NUA)
12. 생산소비	목표 12. 지속가능한 소비 및 생산 양식을 확립한다.	세계인권선언 25(1) / 사회권 규약
13. 기후변화	목표 13. 기후변화와 그 영향에 대처하는 긴급 행동을 시행한다*	세계인권선언 25(1) / 사회권 규약 / UN 기후변화협약(UNFCCC)
14. 해양	목표 14. 지속가능한 발전을 위한 해양, 바다, 해양자원을 보존하고 지속가능하게 사용한다.	세계인권선언 25(1) / 사회권 규약
15. 육상	목표 15. 육상 생태계를 보호, 복원 및 지속가능하게 이용하고, 산림을 지속가능하게 관리하며, 사막화를 방지하고, 토지 황폐화를 막고 생물 다양성 감소를 억제한다.	세계인권선언 25(1) / 사회권 규약
16. 거버넌스	목표 16. 지속가능발전을 위해 평화롭고 포용적인 사회를 건설하고, 사법정의에 대한 접근성을 제공하며, 모든 차원에서 효과적이고 신뢰할 수 있는 포용적인 제도를 구축한다.	세계인권선언 3, 5, 6, 8, 19, 21 / 자유권 규약 (ICCPR) / 아동권리협약 (CRC) / 고문방지협약 (CAT) / 인종차별철폐협약(ICERD) / 장애인권리협약(CRPD) / 부패방지협약 (UNCAC)
17. 이행수단	목표 17. 이행수단 강화 및 지속가능발전을 위한 글로벌 파트너십을 확대한다.	세계인권선언 12, 27(1), 28 / 발전권 선언

자료: 이성훈 (2017), "지속가능발전목표(SDGs)와 인권기반접근," (2017.12.13.) 제

7 SDGs와 다양한 국제 인권 규범과의 연계에 관한 더욱 구체적인 자료는 Ohchr의 웹사이트(https://www.ohchr.org/Documents/Issues/MDGs/Post2015/SDG_HR_Table.pdf) 참조.

37회 개발협력포럼 발표 자료.

북한 역시 이러한 SDGs의 의미를 충분히 인식하고 있는 것으로 보인다. 북한 외무성과 유엔북한팀은 2016년 기존의 '유엔전략계획 2011-2015'를 대체하는 '유엔전략계획 2017-2021(이하 '전략계획')'[8]에 서명하였다. 동 문서는 2015년, 국제사회가 지구촌 발전목표로 제시한 SDGs와 북한의 국내외 환경 변화를 반영하여 작성된 북한과 국제사회 간 협력 로드맵으로 평가할 수 있다. '유엔전략계획 2017-2021'이 기존 유엔전략계획('유엔전략계획 2007-2010,' '유엔전략계획 2011-2015')과 보이는 가장 큰 차이는 전략계획(2017-2021)은 북한 정부와 유엔기구 간 협력사업 전반에 걸친 '사업 원칙(Programming Principles)'을 포함하고 있다는 점이다. 중요한 것은 여기에 포함된 7가지 원칙 중에서 북한은 인권중심접근법(HRBA), 성평등과 여성권리 강화를 포함하였는데 북한이 이 두 접근법을 아무리 협소하게 해석[9] 및 적용한다고 하더라도 두 원칙의 핵심은 인간개발과 인간안보를 포함하는 인권적 개념으로, 북한이 그동안 부정해왔던 인권 요소를 사업에 반영하겠다는 것이다. 같은 맥락에서 북한은 보편정례검토(Universal Periodic Review, 이하 UPR) 3주기에 들어서 국제사회의 북한 SDGs 이행 노력 촉구(109, 100, 108)에 대해 수용 입장을 채택하기도 하였다.

8 '유엔전략계획 2017-2021'의 공식 영문명은 'Strategic Framework for Cooperation Between the United Nations and the Government of the Democratic People's Republic of Korea 2017-2021'.

9 북한 내 개발협력 사업의 이행주체 및 수혜자를 국한하거나 정치시민적 권리를 배제한 경제사회문화적 권리에 국한하는 등.

다. VNR 메커니즘을 통한 각 국가의 이행을 독려하는 SDGs

SDGs가 기존의 MDGs와 비교했을 때 가지는 가장 큰 차이 중 하나는 개도국, 선진국을 떠나 국제사회의 모든 국가가 자국의 SDGs 이행상황을 국제사회와 공유하는 자발적 메커니즘, 즉 '자발적국가검토'('Voluntary National Review on the implementation of the 2030 Agenda') 제출을 권고함으로써 SDGs가 단순히 국제사회의 수사적 목표가 아니라 개별 국가의 발전 정책 및 전략과 조화되도록 함으로써 그 이행력을 높이고자 하였다는 점이다.

VNR은 SDGs 이행을 가속화하기 위해 각 국가가 습득한 성공, 도전 및 교훈과 경험을 공유하기 위한 제도적 장치로서, 정부의 정책과 제도를 강화하고 지속가능발전목표의 이행을 위해 이해당사자의 지원과 파트너십을 모색하고자 2015년 제70차 UN 총회결의에 따라 채택되었다. VNR은 SDGs 2030 어젠다의 후속 검토 프레임워크를 위한 가장 기본적인 절차로, 회원국들로 하여금 "국가의 주도하에 SDGs의 진행 상황을 정기적이고 포괄적으로 검토"하도록 권장하고 있다.[10] 이러한 국가적 검토는 UN 경제사회이사회(ECOSOC)가 주관하는 '고위급 정치 포럼(HLPF)'의 기초자료로 활용되며, '2030 지속가능발전 의제' 84항에 명시된 바와 같이 HLPF의 정기검토 외에 선진국과 개도국뿐만 아니라 여러 이해당사자가 참여하여 각국의 VNR을 검토하게 된다.

VNR 작성을 위한 공통의 지침[11]은 2015년 사무총장의 지시로 마련되었으며, SDGs 어젠다 74항은 회원국들이 후속 검토를 위한 VNR을 작

10 https://sustainabledevelopment.un.org/vnrs/.

11 UN, Voluntary common reporting guidelines for voluntary national reviews at the High-Level Political Forum on Sustainable Development(HLPF).

성할 때 검토해야 할 원칙을 소개하고 있다. VNR은 개별국가 단위에서 1) 추진체계(National Task Force for Sustainable Development, 이하 'NTF' 혹은 '국가지속가능발전위원회'), 2) 이행 현황(통계자료), 및 3) 당면 과제 및 향후 추진계획(정책)에 이르는 구체적 내용을 4년 혹은 5년 주기로 UN총회에 제출하도록 권고하고 있으며, VNR의 작성의 구체적인 구조와 지침은 〈표 2-4〉와 같다.

〈표 2-4〉 VNR 구성 목차

구성		내용
1	개회선언	◆ 국가 원수 또는 정부, 장관 또는 기타 고위 공직자의 개회사를 통해 SDG 진행 현황 및 2030 지속가능발전 의제의 변화적 성격에 대한 정부의 대응 방안 등을 강조할 수 있다. 부문별 정책과 구체적인 행동 및 재무 계획을 포함한 관련 문서
2	요약	◆ 한 두 페이지 길이의 요약
3	서론	◆ 검토의 주요 결론, 맥락, 목표를 간결하게 제시, 보고서 상 중요한 요소들을 강조
4	방법론 및 절차	◆ 보고서 검토에 채택된 방법론, 범위 한계 등 ◆ 의제 74항을 포함한 안건의 후속 조치 및 검토에 관한 원칙이 사용
5	정책 및 지원환경	◆ 검토 이전에 시행된 노력들, 정책들 ◆ 검토 이후의 변화와 공약들의 구현
6	SDGs 목표의 진행 상항 및 정책과 평가	◆ 모든 지속가능개발목표의 진행 상황과 상태에 대한 정보
7	당면 과제	◆ 더 나은 회복을 위한 계획과 구체적인 조치
8	이행 수단	◆ 검토의 후속 조치를 위해 자금 조달, 기술, 역량 구축이 어떻게 동원되는가
9	결론 및 과제	◆ 검토의 결과를 바탕으로 SDGs 어젠다 이행을 강화하고 가속하기 위한 단계적 계획 설명

자료: UN, Voluntary common reporting guidelines for voluntary national reviews at the High-Level Political Forum on Sustainable Development(HLPF).

이러한 맥락에서 한국은 2016년 VNR을 보고하였으며, 2021년 3월에는 2020년까지 통계자료를 바탕으로 그동안의 이행성과를 담은 '한국의 SDGs 이행보고서 2021(SDGs in the Republic of Korea: Progress Report 2021)'을 제출하였다. 북한 역시 2021년에 7월 VNR 보고서를 유엔에 제출하였으며, 현재 동 VNR에 대한 다양한 분석적 시도가 진행되고 있다.[12]

라. 비국가 행위자의 전문성 존중과 파트너십을 강조하는 SDGs

MDGs를 대체하는 SDGs가 채택되면서 매우 포괄적인 주제를 포괄하고 있는 SDGs의 17개 목표와 구체적인 이행수단 및 개도국의 발전목표로서뿐만 아니라 선진국의 발전목표로서도 역할을 한다는 특징으로 인해 그 차별성에 대한 분석이 분주하게 이루어졌다.

무엇보다도 MDGs와 SDGs의 가장 큰 차이는 첫째, 개발협력의 주체로서 MDGs가 국가 행위자에 집중했던 것과 달리 SDGs는 시민사회, 학계, 민간기업 등 다양한 비국가행위자들이 가진 자원과 역량 그리고 전문성을 SDGs 이행의 중요한 자원이자 주체로 인식하고, 이들 다양한 주체 간의 파트너십을 강조하고 있다는 점이다.

〈표 2-5〉 MDGs와 SDGs의 비교

구분	MDGs(2001~2015)	SDGs(2016~2030)
구성	8개 목표 + 21개 세부목표	17개 목표 + 169개 세부목표
대상	개발도상국	(보편성) 개발도상국 중심이나, 선진국도 대상
분야	빈곤·의료·교육 등 사회분야 중심	(변혁성) 경제성장, 기후변화 등 경제·사회·환경 통합 고려

12 북한이 2021년 7월에 처음으로 제출한 VNR에 대해서는 각 장에서 구체적으로 다룰 예정이다.

참여	정부 중심	(포용성) 정부, 시민사회, 민간기업 등 모든 이해관계자 참여

자료: 이재완. 2015. "SDGs 이미와 수립과정에서 한국 정부의 역할," 『2030 개발의제 시대의 지속가능발전목표(SDGs)와 이행 전략』 국제개발협력학회 세미나 자료집.

둘째, SDGs는 그 타겟에 있어 MDGs가 개도국의 사회개발 영역에 대한 목표를 중심으로 하여 개도국의 문제를 어떻게 해결할 것인가에 초점을 맞추었다면, SDGs는 지속가능한 경제적 번영, 평화구축, 지구환경보호 등 개도국뿐만 아니라 선진국의 발전목표로서도 의미를 가지도록 설계되었다. 따라서 선진국의 경우 국내 이행 메커니즘과 거버넌스를 구축함으로써 SDGs 이행을 위한 노력을 경주함과 동시에 위에서 설명한 VNR 메커니즘을 통해 자국의 이행 성과를 국제사회와 공유하도록 하였다.

따라서 SDGs 메커니즘 하에서 대북지원 민간단체는 수동적 행위자가 아니라 공식적이며 정부가 가지지 못한 전문성과 역량 그리고 자원을 바탕으로 국제사회가 채택한 SDGs의 이행을 위해서 국가 및 국제기구와의 파트너십 그리고 민간영역, 학계 등과 다양한 형태의 전문성과 자원 동원을 통해서 국제개발협력에 있어 주체적인 행위자로 활동이 가능해졌다. 특히 MDGs 목표를 이행하는 과정에서 정부 중심 접근법의 한계와 지구촌 도전과제의 해결에 있어 정부 재원의 한계를 인식한 SDGs는 비국가 행위자의 전문성과 자원 그리고 경험에 더 높은 가치를 두고 있다고 할 수 있다.

1.3 SDGs의 구성 소개

SDGs는 17개의 목표와 169개의 세부 목표로 구성되어 있으며 이전의 MDGs가 사회개발 영역에 초점을 맞춘 8개 목표와 21개 세부 목표를 구성한 데 비해 5P(사람, 번영, 환경, 평화, 파트너십) 영역에 걸친 포괄적인 발전목표를 담고 있다. SDGs의 17개 목표 항목의 주요 내용은 <표 2-6>과 같다.

〈표 2-6〉 SDGs 17개 목표

No	목표	내용
1	빈곤 종식	모든 곳에서 모든 빈곤을 근절하는 것 이 목표는 절대적 빈곤 종식과 모든 사람을 위한 사회보장제도를 구축
2	기아종식	빈곤층, 영유아 등 취약계층에게 충분한 영양 공급과 지속가능한 식량생산 체계를 구축하여 식량안보를 확립해야 함
3	건강/질병	질병의 예방 가능성을 높여 이로 인한 어린이 사망자 수를 감소시키며, 필수적인 보건서비스를 모두에게 제공하는 것과 의료 보장시스템의 보편성을 구축하는 것이 포함
4	양질의 교육	모든 사람이 보편적인 교육을 받고 자신에게 필요한 교육을 원하는 대로 받을 수 있도록 하는 것
5	양성평등	인류의 절반인 여성 문제에 관한 것 여성 차별을 없애고, 정치, 경제, 공공 부문 등 모든 영역에서 여성의 참여 기회를 동등하게 보장하는 것을 의미 여성에 대한 폭력과 잘못된 관행을 근절하여 여권을 신장하는 것도 포함
6	깨끗한 물 위생	모든 사람이 깨끗한 물과 위생을 보장받아야 함 세부 목표로 수질 오염 감소와 수자원 관리 등이 있음
7	에너지	모두를 위한 지속가능한 에너지를 공급하는 것 에너지 공급의 지속가능성을 위해, 적절한 가격, 공신력, 현대적 에너지의 보편적 공급이 필요
8	일자리, 경제성장	모든 사람이 좋은 일자리를 제공받을 수 있어야 함 소규모 창업 지원, 노동자 권리 보호, 관광 등의 세부 목표가 이행되어야 함

9	혁신과 인프라	사회기반시설 구축과 산업화 안전한 인프라 구축, 환경친화적 공법의 적용 확대, R&D 강화 등이 필요
10	불평등 완화	국가 내, 국가 간 불평등을 줄인다는 것 이를 위해서는 모든 차별 철폐, 기회균등, 결과의 불평등을 해소해야 하며 국제사회에서도 개발도상국이 제 목소리를 낼 수 있도록 배려
11	지속가능한 도시	지속가능한 도시와 공동체를 구축하는 것이다. 이 목표는 적당한 가격의 주택을 충분히 공급하고, 취약계층에게도 대중교통의 편의성 확산, 세계 문화와 자연 유산의 보존 등
12	지속가능한 소비, 생산 달성	선진국이 앞장서서 음식쓰레기와 폐기물 발생을 대폭 감소해야 한다는 내용이 포함
13	기후변화 대응	기후변화로 인한 자연재해를 감소시키고, 개발도상국에서는 자연재해로 인한 피해 복구 능력을 강화해야 함
14	해양생태계 보존	해양 오염 방지, 어류 자원 보존, 어업과 양식업의 지속가능성 제고 등이 필요
15	육상생태계 보호	이 목표는 모든 육상 생태계 보호, 생물의 다양성 보존, 사막화 방지
16	정의, 평화, 효과적인 제도 구축	지속가능한 발전을 위한 사회를 촉진하고 모든 사람의 정의에 대한 접근성 향상 및 책임 있고 포용적인 제도를 구축
17	글로벌 파트너쉽	이행수단 강화와 지속가능한 발전을 위한 글로벌 파트너십 강화

자료: 환경부. (2018. 09. 07). 2030 지속가능발전목표_국문본, 환경부 홍보자료(pp. 44-87).

SDGs 17개 목표 하에 169개 세부 목표가 제시되었다. SDGs는 MDGs가 국가별 차이를 무시한 채 전 지구적 목표를 설정하고 이의 달성을 위해 노력하기는 하였으나, 국가별 차이와 문제를 등한시했다는 비판을 고려하여 성과측정을 위한 지표 개발에 많은 노력을 기울이고 있다. 현재 시점에도 UN은 SDGs의 성과를 측정하기 위한 지표 개발을 지속하고 있는 가운데, 모든 국가에 획일적이고 공통적으로 적용될 수 있는 지표를 고집하는 것이 아니라 국가별 특성을 고려한 자체 지표 개발을 허용하고 있다. 아울러 241개에 대한 지표가 모두 명확하게 제시되고 있는 것도 아니다. UN은 SDG 지표를 데이터 수집 가능성을 바탕으로 Tier 1~4로 구분하고 있는데, 먼저 Tier Ⅰ은 '수집 방법론이 이미 존재하며 일정 수의 국가로부터 데이터 수집이 가능'한 지표 그룹으로 총 93개 지표가 여기에 해당한다. Tier Ⅱ는 '수집 방법론은 존재하나 실제 수집되지 못하는 지표'로서 72개 지표가 있으며, Tier Ⅲ는 '지표 측정 방법론 및 표준이 없으며, 현재 개발단계에 있는 지표' 그룹으로 이들 지표는 총 62개에 달한다. 끝으로 Multi-Tier는 '지표의 하위 구성요소 간에 Tier 유형이 다른 경우'로 총 5개의 지표가 여기에 해당한다.

〈표 2-7〉 SDGs 지표 현황

목표	세부 목표(개수)	지표(개수)
1. 빈곤 종식	7	12
2. 기아해소와 지속가능 농업	8	14
3. 건강과 웰빙	13	26
4. 양질의 교육	10	11
5. 양성평등	9	14
6. 물과 위생	8	11
7. 에너지	5	6
8. 양질의 일자리와 경제성장	12	17
9. 혁신과 인프라	8	12
10. 불평등 완화	10	11
11. 지속가능한 도시	10	15
12. 지속가능한 소비, 생산	11	13
13. 기후변화 대응	5	7
14. 해양 생태계	10	10
15. 육상 생태계	12	14
16. 평화와 정의, 제도	12	23
17. 글로벌 파트너십	19	25
합계	169	241

자료: 환경부. (2020). UN 지속가능발전목표(UN-SDGs) 세부 목표 및 지표.

SDGs 169개 세부 목표와 241개 지표는 〈표 2-8〉과 같으며, 지표들 중에는 중복지표가 존재함으로써 이들 중복 지표 수를 제외하면 실제 지표 수는 232개이다.[13]

2. 왜 SDGs인가: 북한에 대한 SDGs 적용의 가능성

앞서 논의한 SDGs 목표와 프레임워크에 대해 북한은 지속적으로 긍정적인 반응과 관심을 보여 왔으며, 급기야 2021년 7월 UN에 VNR 보고서를 제출함으로써 남한을 비롯한 국제사회를 놀라게 했다. 앞서 논의한 SDGs의 수립과정과 배경 그리고 주요 특징으로 인해 국제사회는 SDGs를 국제개발협력 영역에서 보편적 규범이자 목표로서 인식하고 있다. 하지만 북한은 특수성을 내세우며 이러한 보편적 규범이나 목표, 원칙, 가치, 절차와 프레임워크의 수용에 대해서 부정적인 입장을 고수해왔다. 하지만 SDGs에 대해서 북한이 과거에 다른 모습을 보이고 있다. 우리 민족끼리 관점에서 남북관계의 특수성을 고려한 사업의 형성과 집행 그리고 평가를 고집해왔던 대북지원 민간단체 역시 시민사회의 달라진 눈높이에 과거 접근법의 한계를 개선할 수 있는 새로운 접근법을 모색해야 하는 상황에 직면하였다. 무엇보다도 2008년 이래로 지속된 대북지원 및 교류협력 중단을 재개할 수 있는 이렇다 할 명분을 찾지 못하고 있는 우리 정부와 대북지원 민단단체 입장에서는 비핵화 협상이 타결되면 대북지원도 가능해질 것이라는 수동적 태도에서 벗어나 스스로 새로운 돌파구나 명분 혹은 대안적 프레임워크를 모색해야 하는 실정이

13 〈표 2-8〉은 본고 말미에 부록으로 첨부.

다. 이 절에서는 북한이 국제사회의 SDGs에 관심을 보이는 이유는 무엇이며, 우리 정부 및 대북지원 민간단체에게 있어 SDGs는 어떠한 의미와 가능성을 제시할 수 있는지 논의하고자 한다.

2.1 북한의 SDGs에 대한 관심 및 수요 분석

MDGs와 달리 SDGs에 대한 북한의 높은 관심은 여러 측면에서 관측되고 있다.

첫째, 2015년 SDGs 채택 이후, 북한의 고위급 관료들은 공식 채널을 통한 SDGs 이행에 대한 북한의 의지를 표명하였다. 2016년 4월 리수용은 '유엔 지속개발목표 달성 고위급 토의 연설에서 "조선반도에 조성된 엄혹한 환경 속에서도 지속개발목표 달성을 위한 세계적인 노력에 적극 합류해나갈 것을 확인한다"고 발언하였으며, 2019년 9월 김성 유엔주재 북한대사는 "북한이 자립의 기치를 유지하면서 강력한 사회주의 국가를 건설하기 위한 격렬한 투쟁을 통해 지속가능한 개발목표(SDGs)를 달성하기 위해 노력하고 있다"고 하였다. 바로 이어서 9월 23일 유엔 보편적 의료보장 고위급회의 북한 대표 연설에서 북한 당국자는 "북한 정부는 인민들의 건강을 전적으로 책임지고 돌보는 것을 변함없는 국책으로 삼고 사회주의보건사업에 계속 큰 힘을 넣어 유엔 지속개발보건목표 실현을 위한 국제적 노력에 적극 기여할 것이다"라고 하였다. 이렇듯 북한은 공식 석상에서 SDGs에 대한 지지와 북한 당국의 이행 의지를 표명하는데 주저하지 않았다.

둘째, 북한은 유엔기구와의 협력 전략 문서인 전략프레임워크에 SDGs 이행 의지를 피력하였다. 북한 외무성과 13개 유엔기구로 구성된 유엔북한팀[14]은 2016년 기존의 '유엔전략계획 2011-2015'를[15] 대체하는

'유엔전략계획 2017-2021'[16]을 채택하였다. '유엔전략계획 2017-2021'과 이전 두 버전과의 가장 큰 차이는 '유엔전략계획 2017-2021 계획'이 SDGs 목표와 원칙 그리고 SDGs 이행에 적용되는 프레임워크에 대한 지지와 학습을 천명하고 있다는 점이다. 실제로 동 전략문서의 소개에서 "유엔은 우선, 북한만의 특수한 지역 현실에 맞게 지속가능발전목표(Sustainable Development Goals)를 적용한다"고 명시함으로써 유엔과 북한 당국이 SDGs 이행에 관심이 있음을 확인하였다.

특히 '유엔전략계획 2011-2015'가 구체적인 사업 목록을 제시하고 필요한 지표와 검증수단, 재원을 명시하고 있는 것과 달리 '유엔전략 2017-2021'은 우선순위 내 해당 사업의 방향성과 이행방안, 모니터링과 평가방안 등 거시적인 방향성과 추진체계를 제시하고 있다는 점에서 차이를 가진다. 구체적으로 북한은 '유엔전략계획 2017-2021' 문서의 첫 섹션인 '공동의 헌신을 위한 선언'에 "북한 정부와 주민들은 새로운 지속가능발전목표의 원칙과 목표, 대상과의 일관성을 유지하고 국제적인 협약과 조약을 존중하면서…"를 명시하며 국제협약을 존중할 것을 밝히고 있는 바,[17] 이러한 적극적인 문구의 포함은 과거 폐쇄적 이미지의 북한이 SDGs로 대변되는 국제사회의 규범과 원칙, 가치들에 대한 적극적인 수용과 학습에 적극적으로 임하겠다는 전향적 정책을 표명한 것으로 해

14 유엔북한팀은 평양 상주 유엔기구(FAO, UNDP, UNFPA, UNICEF, WFP, WHO)와 비상주기구인 UNEP, UN ESCAP, UNESCO, UNIDO, UNISDR, UN OCHA, UNOPS 등 13개 기구로 이루어져 있음.

15 유엔전략계획 2011-2015는 '유엔전략계획 2007-2010'을 대체함.

16 '유엔전략계획 2011-2015'의 영문명칭은 'Strategic Framework for Cooperation Between the United Nations and the Government of the Democratic People's Republic of Korea 2011-2015'임.

17 유엔북한팀 (2016), p. 4.

석할 수 있다.[18]

셋째, 북한은 SDGs를 '국가발전목표(National Development Goals, 이하 'NDGs')'와 적극적으로 연계하며 자국의 국가 발전 전략을 정당화하는 기제로 활용하고 있다. 실제로 북한은 VNR에서 NDGs의 4개 목표 인민정권강화와 인민대중제일주의, 과학 교육 기반 발전, 자립 및 지시기반 구축, 사회주의 문화 건설 하에 SDGs의 목표를 매칭시켜 보여주었는데, 구체적인 내용은 〈표 2-9〉과 같다.

〈표 2-9〉 북한 NDGs와 SDGs 연계

SDGs	UN SDGs	북한 SDGs
NDG 1: 인민정부 강화, 인민대중제일주의 실천		
4. 양질의 교육	포용적이고 평등한 양질의 교육 보장, 모든 사람을 위한 평생 학습 기회를 촉진	지식인 양성
9. 혁신과 인프라	인프라 구축, 지속가능한 산업화 촉진 및 혁신 촉진	인민경제 주체화·현대화·기반시설 현대화
16. 정의·평화·효과적인 제도 구축	지속가능한 발전을 위한 사회를 촉진하고 모든 사람의 정의에 대한 접근성 향상 및 책임 있고 포용적인 제도를 구축	사회주의 체제 공고화
NDG 2: 과학·교육에 근거하여 국가 개발		
4. 양질의 교육	포용적이고 평등한 양질의 교육 보장, 모든 사람을 위한 평생 학습 기회를 촉진	지식인 양성

18 이 외에도 'IV. 관리(Management)' 파트에서 "사업을 지원하는 유엔기구들은 모든 해당 부처, 단체, 정부기관, 수혜자들과의 접촉을 보장받을 것이다"(p. 22), "(타당성 검증 및 확인과 관련하여)… 접근 없이는 지원도 없다(no access, no assistance)는 실행 원칙에 따라, 자금의 출처와 관계없이 모든 사업에서 수혜자 등에 대한 접근이 허용될 것이다"(p. 25)라고 밝히고 있다. 출처: 유엔북한팀(2016).

5. 양성평등	양성평등 달성 및 여권 신장	양성평등 및 여권 신장
9. 혁신과 인프라	인프라 구축, 지속가능한 산업화 촉진 및 혁신 촉진	인민경제 주체화·현대화·기반시설 현대화
12. 지속가능한 소비·생산 달성	지속가능한 소비 및 생산 패턴 보장	지속가능한 소비 및 생산 보장
14. 해양생태계 보존	지속가능한 해양 및 해양자원 보존	지속가능한 연안 및 해양 자원 보존
17. 글로벌 파트너십	이행수단 강화와 지속가능한 발전을 위한 글로벌 파트너십 활성화	글로벌 파트너십
NDG 3: 자력갱생·지식경제강국 건설		
빈곤 종식	모든 종류의 빈곤 종식	북한 주민들의 삶의 질 개선
2. 기아 종식	기아 종식, 식량 안보 달성 및 개선, 영양 공급 및 지속가능한 농업 촉진	지속가능한 농업 발전 및 식량자급 실현
3. 건강·질병	건강항 삶 보장, 모든 연령대에서의 웰빙 증진	건강한 삶 보장, 모든 인민의 웰빙 증진
4. 양질의 교육	포용적이고 평등한 양질의 교육 보장, 모든 사람을 위한 평생 학습 기회를 촉진	지식인 양성
6. 깨끗한 물 위생	물 접근성 보장, 지속가능한 물관리와 위생 보장	지속가능한 물접근성 및 위생 보장
7. 에너지	안정적이고 현대적인 에너지 접근성 보장	지속가능한, 현대적 에너지 접근성 보장
8 일자리·경제성장	지속가능한 경제성장 촉진, 고용과 양질의 일자리 보장	자력갱생, 지식경제강국 건설, 고용보장
9. 혁신과 인프라	인프라 구축, 지속가능한 산업화 촉진 및 혁신 촉진	인민경제 주체화, 현대화, 기반시설 현대화
10. 불평등 완화	국내 및 국가 간 불평등 감소	모든 인민대중의 국가와 사회의 주인으로서의 지위와 역할 강화
11. 지속가능한 도시	안전하고 지속가능한 도시와 거주지 건설	풍요로운 삶의 질과 거주환경 보장
12. 지속가능한 소비·생산 달성	지속가능한 소비 및 생활 패턴 보장	지속가능한 소비 및 생산 보장
13. 기후변화 대응	기후변화 대응을 위한 긴급조치 시행	기후변화 대응 및 영향 감소 조치
14. 해양생태계 보존	지속가능한 해양 및 해양자원 보존	지속가능한 연안 및 해양자원 보존

15. 육상생태계 보호	육상생태계 보호 및 복원, 지속가능한 산림 관리, 토지 황폐화 관리 및 생물다양성 악화 방지	지속가능한 산림 관리, 토지 비옥도 회복 및 생물다양성 유지
NDG 4: 사회주의 강국 건설		
빈곤 종식	모든 종류의 빈곤 종식	북한 주민들의 삶의 질 개선
3. 건강·질병	건강한 삶 보장, 모든 연령대에서의 웰빙 증진	건강한 삶 보장, 모든 인민의 웰빙 증진
4. 양질의 교육	포용적이고 평등한 양질의 교육 보장, 모든 사람을 위한 평생 학습 기회를 촉진	지식인 양성
9. 혁신과 인프라	인프라 구축, 지속가능한 산업화 촉진 및 혁신 촉진	인민경제 주체화, 현대화, 기반시설 현대화
13. 기후변화 대응	기후변화 대응을 위한 긴급조치 시행	기후변화 대응 및 영향 감소 조치
14. 해양생태계 보존	지속가능한 해양 및 해양자원 보존	지속가능한 연안 및 해양자원 보존
모든 NDG와 연계된 공통의 목표		
4. 양질의 교육	포용적이고 평등한 양질의 교육 보장, 모든 사람을 위한 평생 학습 기회를 촉진	지식인 양성
5. 양성평등	양성평등 달성 및 여권 신장	양성평등 및 여권 신장
9. 혁신과 인프라	인프라 구축, 지속가능한 산업화 촉진 및 혁신 촉진	인민경제 주체화, 현대화, 기반시설 현대화
17. 글로벌 파트너십	이행수단 강화와 지속가능한 발전을 위한 글로벌 파트너십 재성화	글로벌 파트너십

자료: DPRK Voluntary National Review on the Implementation of the 2030 Agenda, 2021, pp. 8-10.

넷째, 2021년 7월 북한이 SDGs 이행 메커니즘의 핵심인 VNR를 제출함으로써 2015년 SDGs 채택 이후 북한의 SDGs 이행 성과를 국제사회와 공유하려고 하였다는 점이다. 물론 북한이 VNR 서두에서 밝힌 것처럼 2015년 이래로 북한의 발전권 이행을 가로막은 대북제재를 비판하기 위한 목적에서 VNR을 발표한 것일 수도 있으나, 북한이 VNR 보고서를 작성하기 위해 국제사회와 꾸준히 준비한 노력을 고려할 때 북한의

SDGs에 대한 관심을 짐작할 수 있게 한다. 무엇보다도 북한은 국제사회에서 비교적 빨리 VNR을 제출한 국가에 속한다. 실제로 북한은 2015년 SDGs 이행을 본격화한 이후, 국제사회와의 꾸준한 협력을 통해 VNR 보고서를 준비한 것으로 알려져 있다. 이러한 준비과정에서 국제사회의 지원이 중요한 역할을 하였다. 〈표 2-10〉에서 알 수 있듯이 UN ESCAP은 북한에 SDGs 관련 통계 교육 및 VNR 준비에 필요한 기술협력을 실시하였다.[19]

〈표 2-10〉 북한의 SDGs 이행 점검 및 VNR 준비 이벤트 현황

Date	Place	Title	Organizer
2021.7	미국 뉴욕 (온라인)	자발적 국가별 리뷰 Voluntary National Review	ECOSOC
2020.3	태국 방콕 (온라인)	아시아태평양 지속가능발전 포럼 Asia-Pacific Forum on Sustainable Development	UNESCAP
2019.10	러시아 블라디보스토크	지속가능발전목표에 관한 동북아이해관계자 포럼 North-East Asian Multistakeholder Forum on Sustainable Development Goals	UNESCAP
2019.10	베트남 다낭	SDG 지표에 관한 지역 워크숍 Regional Workshop on SDG indicators	UNESCAP
2019.4	태국 방콕	VNR 준비에 관한 지역 워크숍 Regional Workshop on VNR	UNESCAP
2019.3	태국 방콕	아시아태평양 지속가능발전 포럼 Asia-Pacific Forum on Sustainable Development	UNESCAP
2018.3	태국 방콕	아시아태평양 지속가능발전 포럼 Asia-Pacific Forum on Sustainable Development	UNESCAP

19 최규빈, "북한 VNR의 의미와 특징," 『북한 자발적 국가별 검토(VNR) 관련 전문가 화상 좌담회』(서울: 통일연구원, 2021) p. 7.

2017.10	중국 북경	지속가능발전목표에 관한 동북아이해관계자 포럼 North-East Asian Multistakeholder Forum on Sustainable Development Goals	UNESCAP
2016.4	태국 방콕	아시아태평양 지속가능발전 포럼 Asia-Pacific Forum on Sustainable Development	UNESCAP
2015.9	북한 평양	지속가능발전목표 착수 회의 Sustainable Development Goals Launched in DPRK	UN Resident Coordinator
2015.5	태국 방콕	아시아태평양 지속가능발전 포럼 Asia-Pacific Forum on Sustainable Development	UNESCAP
2015.4	필리핀 마닐라	통계 및 지속가능발전 역량 강화 훈련 프로그램 Statistics and Sustainable Development Capacity Building Training Program	UNSIAP UNESCAP

자료: 최규빈, 통일연구원 VNR 좌담회, "북한 VNR의 의미와 특징", p. 7.
주: 북한이 2015년~2021년(2017년 제외)까지 참여한 UN ESCAP 총회는 제외.

넷째, 북한은 SDGs의 이행을 위한 국내 거버넌스 체계를 구축 운영하고 있는 것으로 알려져 있는데, 이 역시 북한이 SDGs를 어떻게 인식하고 있는지 보여주는 중요한 요소이다. 북한은 2016년 SDGs에 대한 적극적인 참여 의사를 밝힌 이후, 2018년에 8월에 SDGs 이행을 위한 '국가 태스크포스'를 구축하였으며, 의장에 박정근 국가계획위원회(SPC) 위원장을 부의장에는 중앙통계국(CBS) 부국장을 임명하였다. '국가 테스크포스'는 북한의 SDGs 목표 설정 및 개선을 담당하는 한편 최고인민회의와 내각 및 관련부처들 간의 정책을 조율하고 감독하도록 하였다.[20] 기술위원회(TC)는 중앙통계국 관계자들을 중심으로 사회인구통계, 과학·교육, 공중위생·물, 경제·에너지, 환경·생태계, 재난관리 등 6개 위원회로

20 DPRK, 『Democratic People's Republic of Korea Voluntary National Review On the Implementation of the 2030 Agenda』(Pyeongyang, 2021), p. 11.

구성되었으며, SDGs 이행 현황을 평가하고 국가 태스크포스에 보고할 의무를 갖도록 하였다.

〈그림 2-3〉 북한의 SDGs 이행 체계

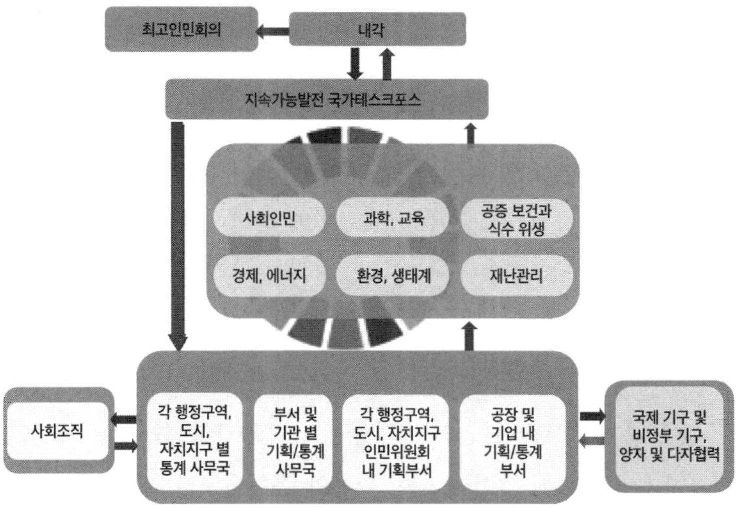

자료: DPRK(2021), DPRK VNR on the Implementation of the 2030 Agenda, p. 12.

앞서 북한의 SDGs에 대한 동참과 지지 표명 그리고 이행을 위한 국내 거버넌스 체계의 정비 그리고 실제로 2021년 UN에 VNR을 보고함으로써 북한의 SDGs가 수사에 그치지 않고 있음을 보여주었다. 그렇다면 북한은 왜 SDGs에 관심을 보이는 것일까?

첫째, MDGs와 달리 SDGs는 북한이 2005년 이후 지속적으로 국제사회에 요청해온 개발협력을 위한 지원과 맥락을 같이한다는 점에서 북한의 발전권 요구에 부응하는 프레임워크라는 점이다. 특히 북한이 금번 VNR에서 밝힌 바와 같이 '우리식 SDGs'를 천명하며, 북한의 '국가경제발전 5개년 전략'을 정당화하는 한편, '사회주의 강국건설'을 위한 국제적 담론으로 SDGs를 활용하고 있다. 실제로 앞서 분석한 바와 같이 북한은 SDGs를 NDGs와 연계하며 SDGs를 바탕으로 국제무대에서 북한 당국이 주민의 삶의 질 개선에 적극적이라는 점을 피력하는 한편, 국내적으로는 북한 주민들로 하여금 당국의 NDGs가 국제사회의 개발협력 규범과도 조응한다고 선전하고 있다.

또한 북한 당국은 향후 대북지원이 재개될 경우 SDGs가 북한의 주요 파트너인 국제기구, 공여국의 원조기관, 국제 NGO와의 협력에서 필수적인 프레임워크라는 점을 인식하고 있다. 북한이 '유엔전략프레임워크 2017-2021'에서 밝히 바와 같이 SDGs에 기반하여 사업을 형성하고, 프레이밍 하며, 이행기제로서 사업의 원칙, 성과관리, 모니터링&평가 등을 준수할 것이라고 밝히고 있다. 이는 수사적 언사가 아니라 북한이 지난 26년간에 걸친 국제화 학습의 결과물이라고 평가할 수 있다. 즉, 북한은 국제사회와의 협력에 있어 그들의 언어와 규칙을 사용해야 함을 터득했다. 따라서 북한은 SDGs의 기저에 있는 기본적인 정신과 원칙으로서 수원국으로서 사업에 대한 책무성(accountability), 주인의식(ownership), 지속가능성(sustainability)을 확보해야 함을 인식하고 있다고 평가할 수 있다.

둘째, 북한은 국제사회의 구성원이자 정상국가라는 이미지 구축을 위한 전략으로써 SDGs를 활용하고 있는 것으로 보인다. 북한은 비핵화 협상과정에서 정상국가의 이미지를 구축하려는 노력을 기울이고 있으며, 이러한 맥락에서 UN과 국제사회의 언어인 SDGs를 거부할 이유가 없다고 할 수 있다. 실제로 북한은 SDGs가 채택된 2015년 이후 2016년에 '유엔전략 프레임워크 2017-2021'을 수립하면서 이전의 전략프레임워크에서 북한이 거부하였던 SDGs의 이행 준수와 인권기반 접근법, 성과관리 등 SDGs 프레임워크를 구성하는 원칙과 가치, 접근법 등을 대거 수용하면서 국제사회를 놀라게 하였다. 이에 대해서 일부 연구자들은 북한이 핵 무력을 완성했다고 자신한 2016년 시점에 국제정치 무대에서 정상국가의 이미지 구축을 위한 노력을 시작하였다고 평가하기도 한다. 무엇보다도 이번 VNR의 제출은 UN 회원국들로 하여금 SDGs 이행 여부를 공유하도록 하는 자발적이지만 보편적인 이행 메커니즘으로 정상국가를 지향하는 북한에게 있어 매우 효과적인 어필 기제였다고 평가할 수 있다.

셋째, 북한은 SDGs 이행 노력을 적극적으로 피력하는 한편 SDGs 이행을 위한 평화로운 환경조성을 강조하면서 이러한 북한의 노력에도 불구하고 국제사회의 제재의 불합리성으로 인해 이행 성과를 달성하는 데 어려움이 있다고 호소하고 있다. 즉 국제사회의 대북제재를 비판하기 위한 기제로서 SDGs를 활용하고 있는 것이다. 또한 북한은 국가경제발전 5개년 전략과 같은 북한의 발전 전략과 SDGs 목표가 다르지 않음을 강조하며, SDGs가 이행되기 위한 조건으로써 '영토 보존(territorial integrity)', '자주(Political Independence)', '완전한 주권(sovereignty)'에 대한 존중이 필요하다고 주장한다.[21] 이처럼 북한은 국제사회로 하여금 북한에 대한 적대적 정책의 포기의 근거로 SDGs를 활용하고 있으며, 또한 북한의 경제발전의 실패를 내부적 문제가 아닌 외부적 요소(제재)로 돌리는 데 SDGs를 활용하고 있다고 볼 수 있다.

넷째, SDGs 17개 목표, 169개 세부 목표와 232개 지표 중에서 북한이 우려하는 정치·시민적 권리보다 주민들의 삶의 질 개선, 즉 사회권 영역과 관련된 목표와 지표가 많기 때문에 실익적 관점에서 SDGs는 북한에게 정치적 부담을 지우는 목표라기보다 북한이 국제사회로부터 지원을

21 《로동신문》 2017.5.30.

받는 데 유리한 프레임워크라는 점이다. 실제로 북한이 민감한 평화, 정의, 제도 분야인 SDG 16은 23개 지표이며, 개도국보다는 원조 공여국의 의무와 역할을 담은 SDG 17은 25개로 이를 제외하면 대부분의 목표와 지표가 북한이 명시적으로 NDGs나 '사회주의 강국건설'이라는 국가발전전략 하에 강조하고 있는 목표들로 거부감이 낮다고 하겠다.

2.2 우리 정부 및 대북지원 민간단체의 SDGs에 대한 수요

이 절에서는 우리 정부와 대북지원 민간단체가 대북지원 방안을 모색함에 있어 새로운 프레임워크로써 왜 SDGs가 의미를 가질 수 있는지 살펴보고자 한다. 여러 요소가 있을 수 있으나, 우리 정부 및 민간단체가 북한과의 협력을 모색함에 있어 SDGs 프레임워크를 고민해야 하는 3가지 이유로 첫째, SDGs는 한반도가 봉착한 인도주의 문제해결, 지속가능한 발전 문제의 해결 그리고 평화구축이라는 세 가지 과제의 연계적 접근을 가능하게 하는 접근법이라는 점이다. 둘째, 북한의 인권문제를 풀어냄에 있어 자유권과 사회권을 분리 접근하였던 기존의 한계를 극복하는 프레임워크로써 SDGs의 가치이다. 셋째, 남한의 시민사회 내에 북한에 대한 감성적 접근이 아닌 객관적, 계산적 접근이 확대되는 가운데 SDGs 프레임워크는 책무성을 강조하는 메커니즘으로서 시민사회의 눈높이를 맞추는데 기여할 수 있다. 이러한 세 가지 SDGs의 가치에 대해서 논하고자 한다.

가. 인도주의-개발-평화 연계(HDP Nexus) 접근법의 확산

통합적 접근을 통해 지속가능성을 강조하고 있는 SDGSs 채택과 함께 국제사회는 여러 분쟁 및 갈등 지역에서 인도적 지원 및 개발협력과 지역 평화를 연계하는 통합적 접근을 강조하고 있다. 실제로 UN은 'Transforming Our World: The 2030 Agenda For Sustainable Development'를 통해 "평화가 없이는 지속가능한 개발이 있을 수 없으며, 지속가능한 개발이 없으면 평화도 있을 수 없다."[22]라고 천명하였는데, 이러한 맥락에서 고안된 'HDP Nexus'는 국제사회의 인도주의(Humanitarian), 발전(Development), 평화(Peace)의 통합적 접근법을 의미한다.[23] HDP Nexus는 국제사회가 지난 10년간 인도적 지원과 국제개발협력을 위한 비용을 늘려왔으나 이러한 노력에도 불구하고 지속적으로 인도주의 위기가 발생했다는 반성에서 출발하였다. UN의 SDGs 달성을 위한 전략 중 하나로 인식되고 있는 HDP Nexus는 인도주의, 발전, 평화 분야의 분야별 상이한 활동 방식을 연계하여 공동의 목표를 달성하고자 하는 통합적 접근방식이라고 할 수 있다.[24]

'HDP Nexus'는 2016년 5월 '세계 인도주의 정상회의(World Humanitarian Summit)'에서 UN사무총장이 제출한 'One Humanity, Shared Responsibility' 보고서를 통해 처음 등장하였으며, 동 정상회의를 계기로 UN 시스템 내 인도적 지원, 발전, 평화 간 연계를 위한 논의가 본격적으로 진행되었다. 이후 2016년 12월 세계은행(World Bank)의 최빈국 지원

22 "There can be no sustainable development without peace and no peace without sustainable development." 출처: United Nations, "Transforming Our World: The 2030 Agenda For Sustainable Development," 검색일: 2018. 5. 20, available at: https://sustainabledevelopment.un.org/post2015/transformingourworld.

23 'HDP Nexus'에 대한 소개는 저자의 2020년 통일연구원 일반 과제 "적극적 평화체제 수립을 향한 복합 전략" 과제의 세부 내용을 본 저술을 위해 새로 수정·보완하였음.

24 홍석훈·김주리·조원빈·박지연, 『남북한 인도협력 방안과 과제: 인도·개발·평화의 트리플 넥서스』, KNU 연구총서 19-11 (서울: 통일연구원, 2019), 61.

메커니즘인 '국제개발협회(International Development Association, 이하 IDA)는 최빈개도국 지원을 위해 사상 최대 규모인 750억 달러의 지원 계획을 발표하였다. 이후 개발협력 현장에서 인도주의·개발·평화 분야 간 연계 활동이 본격화되었다. 이러한 배경 속에서, 2019년 2월 OECD DAC 고위급회의에서 'HDP Nexus'에 관한 OECD DAC 권고안이 채택되었고, 이를 통해 DAC 회원국을 비롯해 국제사회가 분쟁 및 취약 상황에서 인도적 지원, 개발, 평화의 연계된 활동을 구현할 수 있는 포괄적 틀이 마련되었다.[25]

'HDP Nexus'는 위기의 전 과정에서 주민들의 취약성을 개선하기 위해 일관된 협력을 강조하며, 각 분야 간의 상이한 활동방식 및 재원조달방식으로 인해 주민들의 취약성 개선을 저해하는 구조적 문제의 해결에 초점을 맞추고 있다. 구체적으로 'HDP Nexus'의 연계 구조를 살펴보면, 인도주의 지원은 발전의 선행조건으로써 인도적 지원을 제공하여 분쟁으로 이어질 수 있는 취약성을 낮추는 역할을 하며, 발전을 위한 개발협력성 지원은 지속가능한 평화에 필수적인 토대를 마련하는 데 기여한다고 본다. 동시에 평화는 지속가능한 발전이 가능한 평화적 상황을 제공하는 역할을 한다고 본다. 아울러 인도주의 지원은 평화구축을 위해 필요한 조건을 충족하는 활동을 지원하고, 평화구축 활동은 인도주의 위기가 재발하지 않도록 지원하는 평화구축 활동을 담당하게 된다. 따라서 지속적인 발전과 항구적인 해결을 도모하기 위해서는 개발협력과 함께 평화구축 및 유지가 필수적이라는 것이다. 다시 말해, 'HDP Nexus'는 개발협력 및 평화 유지와 구축 활동이 더 이상 순차적인 과정이 아니

---

25 한국국제협력단,『한국 ODA 이행에 있어 인도적 지원-개발-평화간 연계(HDP Nexus) 실행 방안 연구』, (성남: 한국국제협력단, 2020), 1.

라 동시에 설계되어 이행되어야 한다는 인식을 반영하고 있다.[26]

〈그림 2-4〉 HDP Nexus 도식화

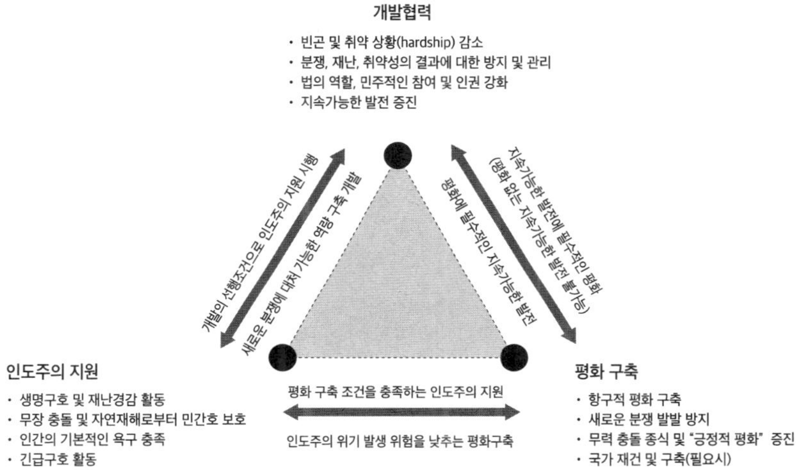

자료: Alfonso Medinilla, Lidet Tadesse Shiferw and Paulin Veron,"Think local. Governance, humanitarian aid, development and peacebuilding in Somalia,"-ECDPM 246 (2019), 2를 바탕으로 저자 작성.

이러한 관점에서 북한에 대한 남한 및 국제사회의 지원은 여타 개도국에 대한 지원과 다른 딜레마적 요소를 내포해 왔다.[27] 비록 북한과 남한 및 국제사회 간 물리적 분쟁이 존재하지는 않았으나 첨예한 군사적 대립으로 평화가 언제 깨질지 모르는 상황이 지속된 가운데, 1995년 인

---

26 한국국제협력단,『한국 ODA 이행에 있어 인도적 지원-개발-평화 간 연계(HDP Nexus) 실행 방안 연구』, 12.

27 이 파트는 유네스코한국위원회가 2018년 실시한 'SDGs와 한반도 평화'의 보고서에서 저자의 '유엔 북한협력 전략의 의미 및 SDGs에 초점을 맞춘 남북 개발협력이 한반도 평화에 주는 함의' 부분을 편집한 것임을 밝힘.

도적 재난이 발생한 북한에 대한 국제사회의 지원은 북한 내 인도적 상황에 대한 대처와 불안한 한반도 분쟁 위기를 관리하기 위한 관여(engagement) 정책 아래 이루어져 왔다.[28] 특히 대북지원 민간단체들은 대북지원 및 교류협력 운동을 북한에 대한 단순 물자 지원을 넘어 평화와 통일 운동으로 프레임하면서 북한 당국 및 주민과의 다양한 접촉을 통해 한반도 민족공동체 회복이 가능하다고 보았고, 실제로 대북지원 및 교류협력이 활발하게 이루어졌던 2000년, 2007년 당시 남북한 당국 간 신뢰와 민족공동체 의식에 대한 남측 시민사회의 여론은 어느 때보다도 높았다.[29]

'HDP Nexus' 접근법은 사실상 대북지원 민간단체와 우리 정부가 대북지원을 추진함에 있어 북한의 인도주의 위기 해소, 개발협력성 지원으로의 전환 모색 그리고 이러한 지원을 한반도 평화 구축의 수단으로 인식하였다는 점에서 일견 1995년 이래로 이미 대북지원 영역에서 존재해 왔다고 평가해도 무리가 아니다. 남북관계 변화를 위한 정책기조로 관여(engagement) 정책을 통해 북한과의 신뢰를 형성하고 이를 통해 정치

28 국제사회 및 국제기구의 대북지원 사업이 어떠한 배경과 목적을 가지고 이루어진 것인지에 대한 실증연구가 현재까지 부재하다. 다만 소위 불량국가로 묘사되어 왔고, 북한 내 사업 수행의 어려움에도 불구하고 북한이 국제사회를 비롯하여 다양한 국제기구로부터 이례적으로 많은 지원을 받을 수 있었던 데에는 북한 내 인도적 상황과 별도로 비인도적 이슈가 대북지원의 결정요소로 작용하였다는 합리적 추정이 가능하게 만든다.

29 민족공동체의식에 대한 직접적인 여론조사가 부재한 가운데 햇볕정책에 대한 여론조사 결과를 분석한 이주철 (2007), "대북정책에 대한 여론 변화 추이-1995년 이후를 중심으로," 『국제고려학회논문지』, 10호, p. 140의 연구는 70% 이상이 비록 햇볕정책상의 수정은 필요하나 동 정책이 지지되어야 한다고 밝혔다.

군사적 대립을 완화함으로써 평화통일을 달성할 수 있다는 기능주의적 접근법에 기반한 '햇볕정책'이 그것이다.

이 정책하에 다양한 형태의 대북지원 및 사회문화교류협력이 이루어져 왔으나, 남한 내 보수정부의 출범과 함께 다시 남북관계 및 한반도 상황은 살얼음판 상황이 전개되었으며, 북한 내 민주주의와 인권 및 굿거버넌스적 측면의 변화를 관측하기 어려운 가운데 일촉즉발의 전쟁 위기 상황이 2018년 6월 12일 싱가폴에서 개최된 북미정상회담 이전까지 지속되었다. 이는 남한이 1995년부터 2007년까지 적극적으로 추진해온 개발협력[30]이 평화구축으로 연결되는 데 있어 한계가 있었다고 해석할 수 있는 가운데, 평화무드는 개발협력을 촉진시키는 여건으로 작용하였다고 평가할 수 있다.

여기서 우리의 과제는 여전히 평화가 구축되지 않은 한반도 상황을 고려함에 있어 UN이 평화는 개발을 촉진시킨다는 명제 하에 향후 북미정상회담의 성과로 조성된 평화무드 가운데 개발협력 사업이 활성화될 때, 개발협력이 어떻게 평화구축을 더욱 공고화하며 더 가속화할 수 있을 것인가에 대한 방안을 강구해야 하는 과제를 안게 된다. 이러한 한반도 딜레마에 대해 김동진[31]은 평화를 다루는 행위자는 개발협력을 어떻게 평화기반을 공고히 하는 데 활용할 수 있을지에 대한 '전략적 접근법(strategic approach)'을, 개발협력을 다루는 행위자는 개발협력이 어떻게 평화를 공고히 할 수 있을지에 대한 '분쟁민감접근법(conflict sensitive ap-

30 북한에 대한 남한 정부 및 민간단체의 대북지원은 인도적 지원이 대부분으로 이를 '개발협력'으로 지칭하는 것은 모순일 수 있으나, 광의의 '개발협력'이 인도지원 포괄한다는 점에서 이 명칭으로 사용하고자 함.

31 Kim, Dong Jin (2015), "Aid to the enemy: linking development and peacebuilding on the Korean peninsula," (The Pacific Review, Mar 2015).

proach)'을 문제해결의 시작점으로 제시하기도 하였다. 김동진은 SDGs 이전인 2015년 3월 "Aid to the enemy: linking development and peace-building on the Korean peninsula"(The Pacific Review, Mar 2015)에서 인도지원 및 개발협력과 평화구축 간 결합 방안에 대한 이론적 연구를 통해 한반도 안보 딜레마 상황 속에서 대북지원과 평화구축이 어떻게 결합될 수 있는지에 대한 이론적 프레임워크를 제시하였다. 이 프레임워크의 핵심은 인도지원이 북한의 비핵화를 유도할 수 있어야 하며, 인도지원이 개발지원으로 발전하기 위해서는 비핵화와 함께 종전협정을 평화협정으로 대체해야 한다고 보았다.

이러한 맥락에서 SDGs가 내포하고 있는 'HDP Nexus' 접근법은 과거 햇볕정책 및 대북 관여정책과 맥락을 같이 한다는 점에서 국제사회 역시 과거에 우리 정부 및 민간단체가 기반으로 하였던 대북 접근법이 유효하다는 것을 인정하고 있다고 평가할 수 있다. 그리고 여전히 인도적 문제, 발전의 문제, 평화구축의 문제가 상존하고 있는 한반도 상황을 고려할 때 SDGs가 바탕하고 있는 'HDP Nexus'는 한반도의 특수성을 국제사회의 개발협력 담론 속에서 풀어낼 수 있게 한다는 점에서 의미가 있다고 하겠다.

나. 남한의 통합적 인권기반 접근을 가능하게 하는 SDGs

대북사업은 이데올로기적 요소가 작용하는 영역으로 북한의 자유권에 초점을 맞춘 북한인권 운동 단체와 사회권에 초점을 맞춘 대북지원 민간단체의 활동이 분리 접근되어 왔다. 진보정부에서는 대북지원 단체들이 북한의 사회권에 초점을 맞춘 대북지원 사업이 적극적으로 수행된 반면, 대북지원에 회의적이었던 보수정부 하에서는 북한의 자유권을 강조하는 북한인권 단체들의 활동이 적극적이었다. 즉, 국제인권레짐은 자유권과 사회권이 분리될 수 없는 권리임을 강조하고 있으나, 한반도에서는 분리되어 접근되어 온 것이다.

이러한 가운데, SDGs는 자유권과 사회권 모두를 아우르는 프레임워크로서 가능성을 가진다. 물론 SDGs의 많은 도표가 사회권적 인권과 직결되는 사업이 지배적이며, 자유권적 영역의 도표는 SDG 5번과 16번에 국한되기는 하나, 하나의 프레임워크에 두 개의 권리를 포괄하고 있다는 점에서 분열된 대북 접근법을 연계 추진 가능하게 만드는 단초를 제공한다고 하겠다. 하지만 유엔의 주요 기구들은 2003년 5월 인권에 기반한 발전에 관한 문서를 채택하고 개발협력 프로그램을 추진하는 데 있어 인권과의 연계를 강조한 바 있는데, SDGs는 이를 계승하였다는 점에서 SDGs와 인권은 긴밀히 연계되어 있다고 할 수 있다. 이 문서에서 유엔의 주요 기구들은 첫째, 모든 개발협력 프로그램, 정책, 기술협력은 세계인권선언 및 기타 국제인권규범에 명시된 인권의 실현을 촉진시켜야 하며, 둘째, 유엔인권선언 및 기타 국제인권규범에 포함되며, 여기서 유래된 인권의 기준과 원칙은 모든 개발협력 프로그램에서 준수되어야 하고, 셋째, 개발협력은 의무담지자로 하여금 그들의 의무를 다하고 권리 보유자들이 그들의 권리를 주장할 수 있는 역량 발전에 기여해야 한다고 보았다.[32] 같은 맥락에서 SDGs의 북한 이행전략인 '유엔전략프레임워크 2017~2021'에서 인권기반접근법과 양성평등 등 인권과 개발의 조화를 강조하고 있다는 점에서 SDGs는 우리 정부와 대북지원 민간단체 및 인권단체들 간의 협력을 가능하게 하는 프레임워크로서 역할

32 UNSDG, "The Human Rights Based Approach to Development Cooperation Towards a Common Understanding Among UN Agencies," September 2003.<=https://unsdg.un.org/resources/human-rights-based-approach-development-cooperation-towards-common-understanding-among-un> (접속일: 2021.7.1.).

이 가능하다는 의의를 가진다.

다. 사업의 투명성과 책무성 확보를 강조하는 SDGs

대북지원 사업은 여러 가지 의미를 가진다. 북한 주민들의 인도주의 참상을 완화함으로써 생명을 살리는 사업이며, 남북 주민 및 당국 간 접촉면을 넓혀 상호 이해와 신뢰를 구축하는 평화운동이자 통일운동이라고 평가할 수 있다. 하지만 이러한 대북지원 사업이 과거 투명성과 남측 시민사회에 대한 책무성 확보의 실패로 퍼주기 논란에 직면하였고, 결과적으로 대북지원 사업 중단의 한 구실이 되었다.

〈그림 2-5〉 사업 투명성과 책무성 확보의 기대효과

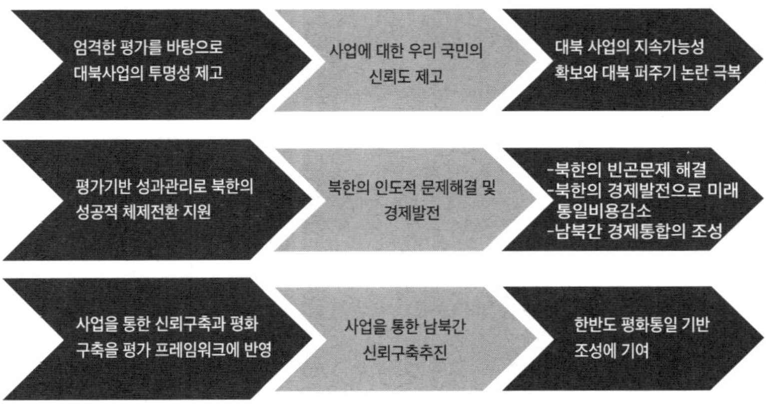

자료: 저자 작성

〈그림 2-5〉와 같이 투명성과 책무성 확보를 기본 전제로 하는 SDGs 프레임워크를 통한 대북지원 사업의 추진은 여러 긍정적 효과를 기대할 수 있게 한다. 첫째, 체계적이고 혁신적인 평가방법에 기반한 사업의 투명성 제고는 대북지원 사업에 대한 우리 국민의 신뢰도를 제고함으로써 대북 퍼주기 논란을 극복하여 사업의 지속가능성을 확보할 수 있게 한

다. 둘째, 모니터링 및 평가기반 성과관리를 통해 사업의 효과성을 증대함으로써 북한의 인도주의 문제해결과 북한의 경제발전 전략 이행에 기여할 수 있다. 이는 궁극적으로 인도주의 정신의 실현이며, 북한의 경제성장을 가능하게 함으로써 미래 통일비용을 낮추는 긍정적인 효과와 남북 경제통합의 비용을 낮추는 효과 또한 기대할 수 있게 한다. 셋째, 대북지원 사업은 평화통일의 한 수단으로 인식되고 있는 만큼 평가 프레임워크의 개발에서 이러한 정치적 요소나 동기가 평가될 수 있도록 할 필요가 있다. 궁극적으로 이러한 대북지원 사업은 남북한 신뢰형성의 기반이 될 것이고 평화와 통일로 가는 디딤돌이 될 것이기 때문이다. 이러한 긍정적 선순환은 SDGs 프레임워크를 적용함으로써 가능하다는 점에서 우리 정부와 대북지원 민간단체가 적극 활용할 가치가 있는 것이다.

라. 국제협력을 촉진하는 프레임워크로서 SDGs

대북지원에 있어 우리 민족끼리의 관점도 중요하나 국제사회와의 협력은 많은 가능성을 제공하는 프레임워크로서 SDGs는 대북지원 민간단체와 국제사회의 여러 행위 주체 간 협력을 가능하게 하는 공동의 언어와도 같다. 과거의 대북지원 사업은 북한의 거부로 인해 대북지원 민간단체와 국제사회 행위자 간 협력 사업 추진이 어려웠다. 북한의 부정적 입장에서 기인한 것이기는 하나 사업의 발굴과 집행, 평가 방식이 이들 두 주체가 매우 상이한 점도 부정할 수 없는 이유이다.

하지만 국제개발협력 분야에서 여러 사업 주체 간 파트너십에 기반한 협력사업은 매우 일반적이다. 서로의 장점과 재원, 전문성을 결합함으로써 사업 효율성 및 효과 제고 효과와 위험 분담의 효과를 기대할 수 있기 때문이다. 북한을 대상으로 하는 대북지원 사업에 있어서도 이러한 국제협력을 모색할 때가 되었다. 북한의 부정적 태도를 극복하는 것이 관건이나, 이제는 새로운 협력방식을 모색해야 할 때이며, 이러한 노력의 가운데 SDGs가 있다. 더욱이 경제위기, 코로나 사태 등 한국과 국제사회의 개발재원 부족 상황 속에서 국제사회와의 협력 필요성이 강조되는 가운데 SDGs는 효과적인 접점이 될 것이다.

2.3 북한에 대한 SDGs 적용의 기술적 이해

이 절에서는 북한에 대한 지원 및 협력이 공적개발원조(ODA)의 대상이냐 아니냐는 논쟁을 넘어서 대북지원이 대외원조 및 국제개발협력의 한 형태라는 가정 아래에 국제사회가 국제 개발협력의 효과성을 제고하기 위한 원조 효과성(Aid Effectiveness) 메커니즘에서 주로 논의되고 있는 기술적 방안들에 대해서 검토하고자 한다. 이들 기술적 방안들은 SDGs라는 보편적 목표를 이행하고 달성하기 위해 수행되는 다양한 종류의 원조 및 개발협력 사업에 준용되는 기술적 방안이자 접근법으로써 고려의 가치가 있음을 강조하고자 한다. 아울러 SDGs 목표와 이 절에서 논의되는 기술적 방안들을 북한에 적용함에 있어서 목표와 지표와의 연계, 성과 모니터링과 평가에 있어 제한이 있다고 하더라도, 이들 기술적 방안들을 적용하기 위한 노력은 사업에 대한 책무성과 지속가능성을 강조하고 있는 최근 경향을 고려할 때 필요하다는 점에서 적극 고려되어야 할 요소임이 틀림없다. 이를 위해 사업의 논리적 구조를 한눈에 파악할 수 있도록 한 '사업설계 매트릭스(Project Design Matrix, 이하 'PDM'),' 사업에 대한 투입요소와 활동 그리고 성과 간 논리적 인과관계의 추적 툴로 '변화이론(Theory of Change, 이하 'TOC'),' 사업의 과정에 대한 관리를 넘어 수혜자들의 삶의 변화라는 결과 중심의 관리기법으로써 '성과중심관리(Result Based Management, 이하 'RBM'),' 사업의 효과성을 확인함으로써 책무성과 지속가능성을 확보하기 위한 기본적인 수단으로써 '모니터링 & 평가(Monitoring & Evaluation, 이하 'M&E'),' 그리고 발전을 수혜자의 인권보호 및 증진 연계하기 위한 국제사회의 노력으로써 '인권기반접근법(Human Rights Based Approach, 이하 'HRBA')'에 대해서 살펴보고자 한다.

3. SDGs 프레임워크 소개

3.1 사업설계매트릭스(Project Design Matrix, PDM)의 이해

PDM에 대한 합의된 정의는 부재하다. 따라서 개발협력 현장에서 '논리적 프레임워크 접근법,' '논리 모형,' 혹은 영문 약자인 PDM을 그대로 사용하기도 한다. '논리적 프레임워크 접근법'이라는 명칭이 PDM을 지칭하는 우리말 용어로 사용된 것은 미국 원조청인 USAID가 원조 사업에 있어 사업 주기(Project Cycle)에 걸쳐 논리적인 계획과 절차에 기반하여 사업을 기획하고 발굴하며 평가하기 위한 사업 관리 툴로 'Logical Framework Approach'을 사용해 왔는데, 이에 반해 일본의 JICA가 PDM이라는 용어로 쓴 것을 한국의 원조 기관인 KOICA가 차용하면서 'PDM'이라고 쓰고, 우리말로는 영어를 번역한 '논리적 프레임워크 접근법'이라고 부르고 있는 것으로 보인다. 따라서 필자는 영어식 표현인 'Project Design Matrix'를 우리말로 번역한 '사업설계매트릭스'로 사용하고자 한다. 매트릭스는 일반적으로 '표' 혹은 '틀'로 번역될 수 있겠으나 통상적으로 영문 발음 그대로 사용되기도 한다는 점에서 직역하였다.

〈표 2-11〉과 같이 PDM은 세로축 4개(영향, 성과, 산출물, 활동), 가로축 3개(객관적 검증지표, 검증수단, 중요가정)로 구성된 사업의 논리체계라고 할 수 있다. 먼저, 세로축은 최상위에 어떠한 '영향(Impact)'은 종종 '목표(Goal)'로 표현되기도 하며, 사업을 통해 궁극적으로 어떠한 변화를 목표로 하는지를 쓰게 된다. 일반적으로 사업을 통해 분야, 지역 및 국가 단위 등 사업의 주제, 공간, 시간적 범주 안에서 달성하고자 하는 목표를 기술하게 되는데, 특정 사업이 국가라는 공간적 범주를 대상으로 할 경우 그 국가 내에서 사업을 통해 어떠한 변화 즉 영향을 의도하는지 쓰게 된다. 예를 들어, 국가 단위에서는 공여국의 노력을 평가하는 UN 메커니즘이 있고, 이 평가 메커니즘에서 SDGs가 중요하기 때문에 한국이라는 국가가 대외원조 사업을 통해 SDGs의 몇 번 목표에 기여하는지 쓰고 있으나, 대북지원 민간단체의 경우 마을이나 지역 단위의 사업을 주로 할 가능성이 높기 때문에 대북지원 단체의 사업이 SDGs 몇 번에 기여한다고 쓰는 것은 사실상 그 인과관계를 증명하고 측정하는 데 너무 많은 변수가 개입할 수 있고, 그 인과관계를 측정하고 증명하는 데에도 어려움이 있다. 따라서 낮은 수준으로 현실화된 '목표(Goal)' 지표를 설정하고 이에 조응하는 지표를 제시하는 것이 바람직하다고 하겠다.

〈표 2-11〉 사업설계매트릭스(PDM)의 구성

프로그램 요약 (Narrative Summary)	객관적 검증지표 (OVI: Objectively Verifiable Indicators)	검증 수단 (Means of Verification)	중요 가정 (Important Assumption)
영향(Impact) 프로젝트가 기여하는 섹터수준 또는 국가 수준의 장기적 개발목표	상위수준 파급효과 즉 목표수준을 측정하기 위한 질문이나 지표 등의 방법(수량, 질, 시간 포함)	필요정보 수집 방법: 데이터 수집, 주체, 빈도, 정보 수집원(source) 기입	프로젝트의 장기적 지속 가능성을 위해 충족되어야 할 가정
성과(Outcome) 프로젝트의 직접적 목적, 프로젝트의 행동, 태도, 자원 등 측면의 통합적이며 측정 가능한 변화	각각의 목적 달성도를 측정하기 위한 질문이나 지표 등의 방법 (수량, 질, 시간 포함)	필요정보 수집 방법: 데이터 수집 주체, 빈도, 정보 수집원(source) 기입	사업목표에서 상위목표로 연계되기 위해 충족되어야 할 가정

산출물(Outputs) 목적달성을 위해 프로젝트가 산출해야 하는 결과물, 서비스 또는 생산물	산출물 생산 정도를 측정하기 위한 질문이나 지표 등의 방법. 일반적으로 개발행위의 결과물임. (수량, 질, 시간 포함)	필요정보 수집 방법: 데이터 수집 주체, 빈도, 정보 수집원(source) 기입	산출물에서 사업목표로 연계되기 위해 충족되어야 할 가정
활동(Activities)	투입 (Inputs)		전제조건 (Pre-conditions)
산출물 생산을 위해 프로젝트 중 실행해야 하는 활동들	활동결과는 산출물 수준에서 측정되므로 이 칸에는 투입 요소를 기입		활동에서 산출물로 연계되기 위해 충족되어야 할 가정

자료: 린다 G.모라 이마스·레이 C. 리스트, "개발협력 프로그램 평가의 설계와 실행," 한국국제협력단 옮김, 한울 아카데미.

'성과' 혹은 '목적'으로 표현되는 'Outcome'은 사업의 궁극적 목표 실현에 기여하는 요소이자 활동의 결과로써 얻어지는 '산출물(Output)'이 달성될 경우 기대할 수 있는 효과를 의미한다. PDM의 최상위에 있는 '영향(Impact)'이 사실상 측정에 어려움이 있고, 초기 활동의 궁극적 결과로써 '영향(Impact)'으로 연결되기까지 시간적, 인과적 거리가 있는 반면, 활동의 결과인 '산출물(Output)'과 '성과(Outcome)'는 시간적, 인과적 거리가 짧기 때문에 사실상 '성과(Outcome)'가 사업을 통해 현실적으로 달성하고자 하는 측정 가능한 목표라고 이해할 수 있다.

'산출물(Output)'은 사업의 '투입요소(Input)'를 바탕으로 이행된 '활동(Activity)'의 1차적 결과물을 의미한다. 끝으로, '활동(Activity)'은 '투입(Input)'과 함께 PDM의 가장 하단에 기재하게 되며, 해당 활동의 이행에 영향을 미치거나 이들 활동이 수행될 수 있는 환경적 요소는 무엇인지를 고려하게 하는 '전제조건(Pre-condition)'을 고려하도록 요구하고 있다. 예를 들어, '학교급식 지원 사업(School Feeding)'을 실시한다고 했을 때 투입요소는 학교급식 사업을 수행하는 데 필요한 예산, 인력 및 물적자원이 될 것이며, 이를 통해 제공된 학교급식은 '활동(Activity)'에 해당한다. 그리고 이러한 활동의 1차적 결과물로써 '산출물(Output)'은 몇 명의 학생들이 학교급식의 수혜를 받았는지가 된다. 따라서 산출물은 상위 레벨의 성과(Outcome)나 영향(Impact)에 비해 측정이 용이하며 인과관계 또한 명확하다고 할 수 있다.

영향, 성과, 산출물은 가로축에 '객관적 검증지표(Objectively Verifiable Indicators)[33]'와 '검증수단(Means of Verification)' 그리고 '중요가정(Important Assumption)'을 기록하도록 하고 있다. 쉽게 말해, 객관적 검증지표는 PDM의 맨 왼쪽에 제시한 영향, 성과, 산출물 등 각 목표들을 어떻게 측정할 것인가에 관한 것으로, 지표를 설정하고 측정하는 데는 과학적이며, 논리적이어야 하고, 또한 창의성을 필요로 한다고 하겠다. 특히 물리적 접근성이 제한된 지역이나 집단을 대상으로 하는 사업의 경우 검증지표의 제시나 검증수단의 제시의 생략이 아닌 대안적 방법이나 사업의 성과를 어떠한 방식으로든 측정함으로써 사업의 수혜자나 원조 제공자에 대한 책무성을 확보해야 하는 국제 개발협력 분야에서의 경향이 강화되고 있기에 이들 검증지표와 검증수단 제시는 창의력을 요구한다고 하겠다. 끝으로, '중요가정(Important Assumption)'은 이들 영향, 성과, 산출물 목표를 달성하는 데 고려되거나 영향을 미치는 직간접 요소들을 사전에 파악하여 PDM 상에 기재함으로써 사업 수행 단계에서 이들 가정 및 위험 요소를 통제하거나 관리하기 위한 차원에서 고민하도록 한 것이다.

특히 PDM의 작성의 핵심이자 세로축 '영향(Impact)', '성과(Outcome)', '산출물(Output)', '활동(Activity)'을 제시함에 있어 가장 중요한 요소는 이들 수직적 목표들 사이의 '논리적 연계성'을 확보하는 것이다. 이러한 논

33 지표를 제시함에 있어 'SMART' 접근법을 지표의 기본적 요건으로 논의하는 경향이 있다. 'SMART'의 구체적인 특징에 대해서는 2.3.4 모니터링 & 평가(Monitoring & Evaluation, M&E)의 적용'에서 설명하겠다.

리적 연결의 중요성 때문에 미국의 원조기관인 USAID가 PDM이 아닌 'Logical Framework Approach'이라는 명칭을 사용한 것처럼, 사업의 가장 밑단의 원조, 지원, 개발협력 '활동(Activity)'(그 명칭이 무엇이든지 간에)을 통해 산출하고자 하는 것이 무엇이며, 그러한 '산출물(Output)'을 통해 어떠한 '성과(Outcome)'를 달성하고자 하는지, 그리고 이러한 성과의 달성이 궁극적으로 어떠한 변화와 '영향(Impact)'을 초래할 것인지 논리적으로 보여주는 것이 PDM의 핵심이라고 하겠다.

3.2 변화이론(Theory of Change, TOC) 적용

PDM 작성 지침을 얘기할 때 가장 빈번하게 언급되는 것이 '변화이론(TOC)'이다. 변화이론은 다양한 정의로 사용되고 있는데, 통상적으로 "변화를 목적으로 하는 사업을 설계하고 평가를 하는 것에 있어서 주요 요소들 간의 상관관계나 인과관계를 보여주는 청사진"으로 이해할 수 있다. 따라서 변화이론은 PDM의 요소 간의 논리적 상관관계나 인과관계를 시각적으로 표현한 논리체계도로 이해할 수 있는데, 특히 변화이론은 '시각화'를 기본 양식으로 작성되는데, 〈그림 2-6〉과 같은 형태를 기본으로 하여 투입 및 개별활동과 산출물, 성과 그리고 영향이 복수의 활동과 결과물로 구성되는 일반적인 사업의 성격상 변화이론을 적용한 그림은 〈그림 2-7〉과 같은 형태를 띠게 된다.

〈그림 2-6〉 변화이론(TOC)의 논리 체계

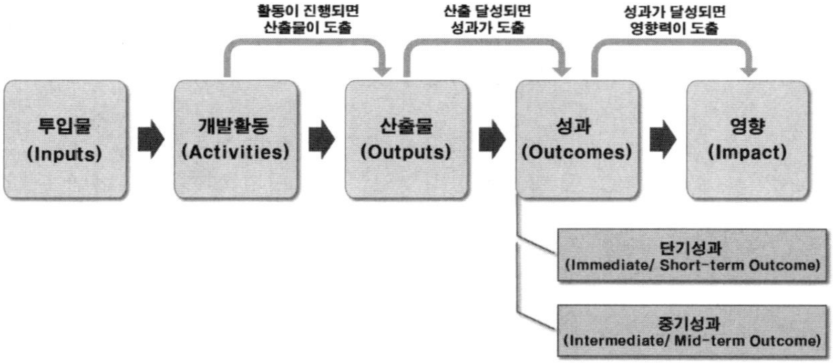

자료: 린다 G.모라 이마스·레이 C. 리스트, "개발협력 프로그램 평가의 설계와 실행," 한국국제협력단 옮김, 한울 아카데미.

변화이론은 사업에 투입되는 주요 요소와 성과물 간의 상관관계나 인과관계를 보여주는 논리차트로서 의미를 가지기 때문에 사업을 시작할 때 그리고 사업이 종료된 이후에 사업을 평가하는 중요한 툴로 이용되고 있다. 사업을 시작하는 단계에서 변화이론에 기반한 순서도를 작성하도록 하고 있는데, 이때 1) 프로젝트, 프로그램 또는 정책에 투입될 자원, 해당 투입자원이 지원할 활동 및 산출물, 결과, 영향력 등을 순서대로 이해하고 있는가?, 2) 프로젝트의 결과에 영향을 미칠 수 있는 사건 또는 조건을 파악하였는가?, 3) 원인과 결과에 대해 해당 프로젝트가 근거하는 가정을 이해하고 있는가?, 4) 정책 또한 환경적 맥락을 파악하고 문헌조사에 의거해 중요한 가정을 파악하고 있는가?를 검토하도록 하고 있다.[34]

34 린다 G.모라 이마스·레이 C. 리스트, "개발협력 프로그램 평가의 설계와 실행," 한국국제협력단 옮김, 한울 아카데미, p. 185.

〈그림 2-7〉 가정을 강조한 변화이론 순서도

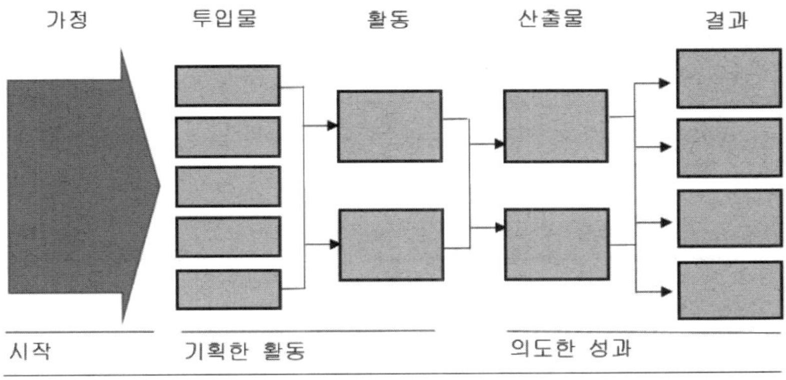

자료: 린다 G.모라 이마스·레이 C. 리스트, "개발협력 프로그램 평가의 설계와 실행," 한국국제협력단 옮김, 한울 아카데미, 원자료 Kellogg Foundation 2004.

변화이론은 프로젝트의 성공에 영향을 미치는 요소를 파악할 수 있게 하며, 프로젝트에 대한 이해관계자들 간 지식과 이해를 공유하는 효과적인 프레임워크로서의 가치를 가진다. 또한 중요한 평가 자료로 활용되며, 프로젝트 성과에 영향을 미치는 요인의 변화와 진행 상황을 파악할 수 있는 장점도 있다.[35] 하지만 실제 적용은 〈그림 2-6〉이나 〈그림 2-7〉의 샘플처럼 간단하지 않다. 〈그림 2-8〉과 같이 실제 사업에 적용된 변화이론도는 훨씬 복잡한 형태로 표현된다. 〈그림 2-8〉에서 화살표는 변수들 간의 영향의 방향을 나타내며, 따라서 하나의 변수에서 복수의 화살표가 타 변수로 연결되기도 하며, 방향 역시 일방적으로 상향 혹은 하향이 아닌 변수 간 상관관계에 기반하여 화살표 방향을 정함으로써 변수 간 평행 혹은 역방향 등 자유로운 연결이 가능하다는 특징을 가

35 린다 G.모라 이마스·레이 C. 리스트, "개발협력 프로그램 평가의 설계와 실행," 한국국제협력단 옮김, 한울 아카데미, p. 189.

진다.

〈그림 2-8〉 실제 변화이론을 적용한 순서도의 예

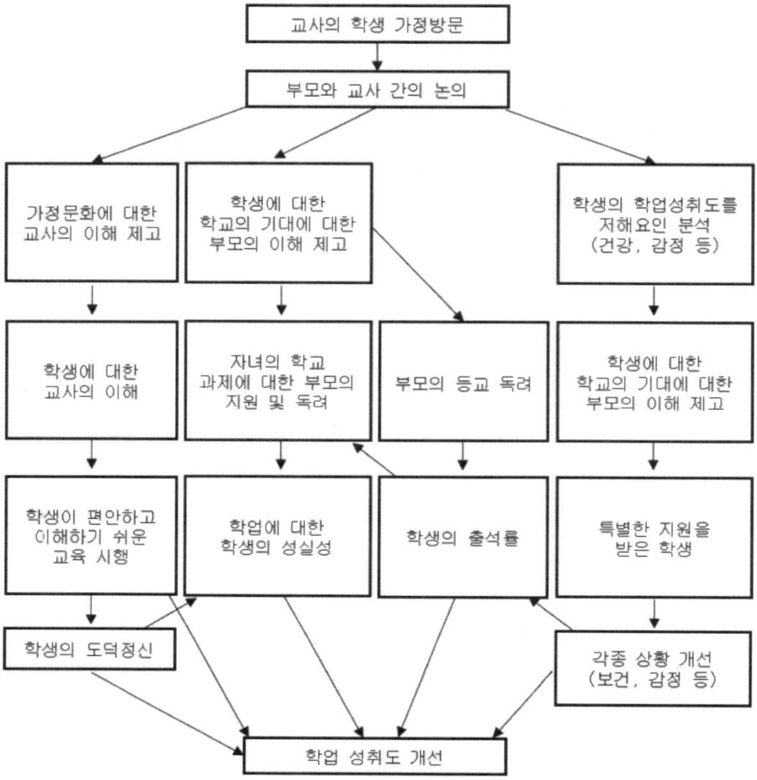

자료: 린다 G.모라 이마스, 레이 C. 리스트, "개발협력 프로그램 평가의 설계와 실행," 한국국제협력단 옮김, 한울 아카데미, p. 199.

3.3 성과 중심 관리(Result Based Management, RBM) 적용

UNDP는 2009년 출판한 "HANDBOOK ON PLANNING, MONITORING AND EVALUATING FOR DEVELOPMENT RESULTS"에서 RBM을 '향상된 성과와 입증 가능한 결과 달성을 목표로 하는 광범위한 관리 전략'으로 정의하고 있으며,[36] 많은 국제 개발기구, 각국 원조기관 및 개발협력 NGO 등에서 사업 관리를 위한 핵심적인 사업관리 프레임워크로 채택하고 있다. 최근에는 일부 기관들이 사업 수행기관 측면에서의 결과(Organizational results)보다 발전이라는 성과를 강조하기 위해서 '개발성과를 위한 관리'(Managing for Development Result, MfDR)로 부르기도 한다.

RBM은 계획(Planing), 모니터링(Monitoring) 그리고 평가(Evaluation)의 유기적 연계와 순환을 강조하는 성과관리 기법으로 이해할 수 있으며, 사업이 특정 시점이나 종료 시점에 행하는 일시적 모니터링이나 평가가 아닌 사업의 전 과정에서 지속되어야 하는 절차이자 과정으로 본다. 즉 지속적인 환류(feedback), 학습(learning) 그리고 개선(improving)을 위한 노력이 RBM이라는 것이다. 특히 RBM은 지속적인 모니터링(Monitoring)을 강조하는데 이는 모니터링을 통해 교훈을 도출할 수 있고, 도출된 교훈을 주기적으로 검토하고 논의함으로써 의사결정과 사업 투입 및 활동에 정확한 정보를 제공하는 역할을 하기 때문이라고 본다. 같은 맥락에서 평가(Evaluation)도 현재 진행되고 있는 사업의 개선에 기여하며, 새로운 사업의 형성에 있어서도 유용한 정보를 제공한다는 점에서 중요하다고 본다.

36 UNDP, "HANDBOOK ON PLANNING, MONITORING AND EVALUATING FOR DEVELOPMENT RESULTS," 2009, p. 11.

〈그림 2-9〉 RBM 주기 접근법

Note: Planning, monitoring and evaluation should not necessarily be approached in a sequential manner. The conduct of an evaluation does not always take place at the end of the cycle. Evaluations can take place at any point in time during the programming cycle. This figure aims to illustrate the inter-connected nature of planning, monitoring and evaluation to support MfDR. Planning for monitoring and evaluation must take place at the planning stage. 자료: UNDP, "HANDBOOK ON PLANNING, MONITORING AND EVALUATING FOR DEVELOPMENT RESULTS," 2009. p. 10.

자료: UNDP, Handbook on Planning, Monitoring and Evaluationg for Development Results, 2009.

UNDP는 사업의 계획(Planing), 모니터링(Monitoring) 그리고 평가(Evaluation) 간 유기적 연계를 강조한 핸드북에서 RBM은 관리자 혹은 실무자들로 하여금 사업의 위험요소와 기회를 더 잘 관리할 수 있게 하며, 사업에 대한 책무성과 책임감을 가지게 하며, 사업 개선의 관점에서 문제를 해결하기 위한 행동/활동의 수정을 가능하게 하며, 경험으로부터 교훈을 도출하고 정보와 데이터에 기반한 결정을 가능하게 하는 데 있다고 본다.[37] 같은 맥락에서 RBM의 주요 목적은 사업에 관계되는 모든 이해관계자(공여국, 수원국, 파트너 등)로 하여금 책무성을 가지게 하는 것이며, (문제 파악을 통해) 행동 및 활동의 정정을 가능하게 하며, 데이터에 기반한 의사결정을 보장하며, 위험 요소를 관리 가능하게 하며, 기관 및 개인의 사업에 대한 학습적 기능에 있다고 보았다.

〈그림 2-10〉 RBM의 목적

자료: UNDP, "HANDBOOK ON PLANNING, MONITORING AND EVALUATING FOR DEVELOPMENT RESULTS," 2009. pp. 11-12.

3.4 모니터링 & 평가(Monitoring & Evaluation, M&E)의 적용

앞서 성과 중심 관리에서 가장 중요한 요소는 산출물(Output), 성과

---

37 UNDP, "HANDBOOK ON PLANNING, MONITORING AND EVALUATING FOR DEVELOPMENT RESULTS," 2009. pp. 11-12.

(Outcome) 및 영향(Impact)의 달성 여부를 모니터링하고 평가함으로써 사업이 계획한 대로 이행되고 있는지에 대한 여부를 점검하는 한편, 사업의 중간 및 종료 시점 그리고 사업 끝난 이후에 사후적 관점에서 사업이 어떠한 성과를 달성했는지 평가함으로써 사업의 성공과 실패를 통한 교훈의 도출, 사업 수행자에 대한 인센티브 및 패널티 제공,[38] 후속 사업 발굴의 기초자료, 사업의 지속가능성 확보, 사업에 대한 책무성 확보를 가능하게 한다는 점에서 M&E는 중요한 의미를 가진다. M&E의 필요성에 대한 이런 다양한 이유 중에서 사업에 대한 적절한 모니터링과 평가(M&E)는 사업을 가능하게 하는 재원 제공자에 대한 책무성이자 사업의 수혜자에 대한 책무성의 관점에서 중요하며, 이 두 대상에 대한 책무성이 확보되어야 사업의 지속성 또한 가능하다는 점에서 M&E는 중요하다고 하겠다.

〈표 2-12〉 M&E 결과의 의미

① 대국민 책임성 확보
② 예산 요구서 수립 및 정당화
③ 운영 자원 배분을 결정
④ (변화이론이나 실행상) 성과에 어떤 문제가 있는지, 어떤 수정이 필요한지에 대한 심층 조사를 시행
⑤ 프로그램을 지속적으로 향상시키도록 관리자를 동기부여
⑥ 도급업체와 양수인의 성과를 모니터링
⑦ 특별하고 상세한 프로그램 평가를 위해 데이터를 제공
⑧ 특정 목표를 달성하기 위한 이행상황을 추적
⑨ 전략적이고 장기적인 계획 수립
⑩ 대중의 신뢰를 확보하기 위해 대중과 커뮤니케이션

38 상벌을 목적으로 하는 모니터링&평가(M&E)는 주된 목적이 아니며, 이러한 접근 또한 지양하는 추세이다. 대신 M&E는 사업의 교훈을 도출함으로써 사업의 효과성을 제고하는 차원에서 그 필요성을 강조하고 있다.

자료: 린다 G.모라 이마스, 레이 C. 리스트, "개발협력 프로그램 평가의 설계와 실행," 한국국제협력단 옮김, 한울 아카데미, p. 164.

M&E의 체계적인 설계와 이행은 사실 많은 노력과 예산 그리고 전문성을 필요로 한다. 따라서 교과서적으로 M&E를 설계하고 수립 승인하는 절차를 따르기는 어렵다고 할 수 있다. 하지만 참고용으로 전문가들이 권고하고 있는 M&E 표준 절차를 살펴보면 아래와 같다.

〈그림 2-11〉 성과 중심 M&E 설계, 수립, 승인의 10단계

우선 모니터링&평가(M&E)를 구체적으로 논의하기에 앞서 이 둘을 간단히 구분하고자 한다. 일반적으로 M&E에는 '성과 중심(Result Based)'과 함께 쓰인다. 따라서 '성과 중심 모니터링'(Result Based Monitoring)은 지속적으로 사업 관련 주요 지표에 대한 정보를 수집하고 분석하여 프로젝트 및 프로그램이 계획 대비 어떻게 이행되고 있는지 측정하여 실제 결과를 예측 결과와 비교하는 과정으로 이해한다. 반면 '성과 중심 평가'(Result Based Evaluation)는 사업 수행의 적절성, 효율성, 효과성, 영향, 지속가능성, 정책일관성을 판단하기 위한 계획, 진행, 종료된 프로젝트나 프로그램을 평가하는 것으로 이해된다.[39]

먼저, 〈그림 2-12〉와 같이 모니터링은 성과 모니터링과 실행 모니터링

으로 구분할 수 있으며, 성과 모니터링은 PDM 상의 요소 중에서 성과에 해당하는 결과(Output)와 영향(Impact)의 달성 여부를 관찰하는 것이며, 실행 모니터링은 사업의 실행단계로 평가되는 산출물(Output), 활동(Activity), 투입(Input) 단계에서 수단과 전략을 모니터링 하는 것이다.

〈그림 2-12〉 모니터링의 구분

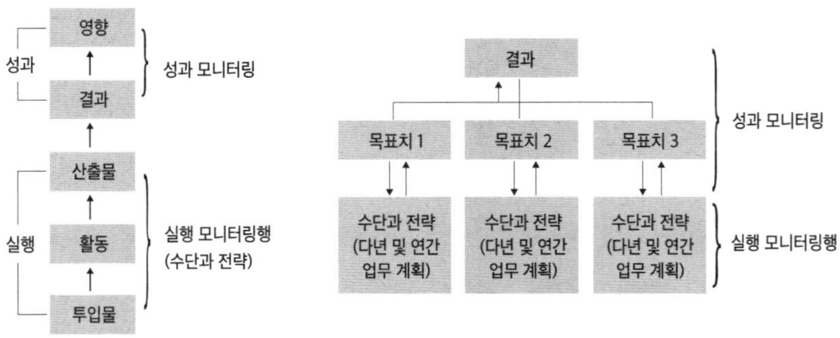

평가(Evaluation)는 실시방법, 시기, 평가 주체 등에 따라 매우 다양한 종류의 평가유형이 존재한다. 사업의 절차 및 과정 그리고 성과관리 차원에서 다양한 방식 및 시기에 따른 평가를 수행하면 좋겠으나, 사실 예산 및 인력의 부족으로 다양한 방법 및 시기에 따른 평가를 수행하기란 사실상 역부족인 것이 현실이다. 따라서 가장 일반적으로 혹은 최소한 시기에 따라 중간평가와 종료평가를 강조하고 있다. 이는 사전평가의 경우 사업의 기획조사 과정에서 유사한 평가가 이루어지며, 사후평가는 사업이 종료된 후 일정 기간 뒤에 사업의 영향력을 측정하는 평가로 관

39 린다 G.모라 이마스·레이 C. 리스트, "개발협력 프로그램 평가의 설계와 실행," 한국국제협력단 옮김, 한울 아카데미, p. 138. 주: 최근 OECD는 기존의 5개 지표에 '정책일관성' 지표를 추가하였다.

련 예산과 기관의 의지 등이 뒷받침되어야 가능하다는 점에서 일반적으로 예산과 인력이 뒷받침되는 정부 원조기관이나 대형 NGO 등의 원조사업에 적용되는 경향이 있다.

〈표 2-13〉 평가의 종류

실시 방법	내부평가	- ODA사업수행기관이 수행사업에 대하여 직접 평가 - 자기평가라고도 함
	외부평가	- 사업수행기관이 외부전문기관 또는 전문가에 위탁하여 평가 실시
	공동평가	- 한 사업에 참여한 다수의 공여국과 기관이 하나의 평가방식을 적용하여 공동으로 평가 실시
시기	사전평가	- 사업 기획단계에서부터 성과평가 지표 개발 등 평가계획을 포함하여 사업계획을 수립하는 것
	중간평가	- 사업 진행 중에 이루어지는 평가 - 점검 등의 형식으로 선별적 실시
	종료평가	- 사업 종료 시점에서 이루어지는 평가 - 평가관련 보고서 및 사업종료 보고서에 대한 서면 점검 또는 현지조사 통해 실시
	사후평가	- 사업이 종료된 후 일정 기간 뒤에 수행하는 평가 - 선별적 실시, 단일사업 혹은 여러 사업을 묶어 수행 가능

자료: 린다 G.모라 이마스·레이 C. 리스트, "개발협력 프로그램 평가의 설계와 실행," 한국국제협력단 옮김, 한울 아카데미.

평가에 있어 가장 일반적으로 적용되는 지표는 OECD DAC에서 제시한 적절성, 효과성, 효율성, 영향력, 지속가능성 그리고 최근 추가된 일관성이다. 이 프레임워크와 해당 지표는 국제기구, 공여국의 원조기관 그리고 한국의 원조기관이 사용하는 공통된 가이드라인으로 세부 평가내용은 주요 질문과 같다.

<표 2-14> OECD DAC 평가 프레임워크 및 지표

기준	주요 질문
적절성 (Relevance)	- 평가대상이 협력대상국의 개발필요, 개발목표, 국가개발전략, 정책 및 우선순위에 부합하는 정도 - 평가대상이 우리 정부의 정책 및 우선순위에 부합하는 정도 - 평가대상의 내용이 문제의 주요원인을 해결할 수 있는 방향으로 구성되었는지, 이에 비추어 관련 계획 및 추진 방법은 적절하였는지 여부
효과성 (Effectiveness)	- 평가대상이 의도한 산출물(output), 결과물(outcome)을 달성한 정도 - 의도한 목표 달성의 성공 혹은 실패 이유
효율성 (Efficiency)	- 평가대상이 달성한 성과를 다른 방법으로, 더 적은 예산으로 수행할 수 있는가 - 동일한 자원으로 보다 많은 성과를 낼 수 있었겠는가 - 평가대상이 당초 계획한 기간 이내에 완료되었는가
영향력 (Impact)	- 평가대상이 지역, 사회, 경제, 환경, 문화 등에 끼친 영향이 무엇인가 - 평가대상의 직·간접적 수혜자들이 동 사업의 영향에 대해 어떻게 평가하는가
지속가능성 (Sustainability)	- 평가대상이 여전히 협력대상국 수요와 우선순위에 부합하는가 - 협력대상국이 평가대상에 대해 주인의식을 가지고 있는가 - 협력대상국의 사회·문화적 조건이 평가대상과 잘 조화되는가
일관성 (Coherence)	- (내적 일관성) 한국 정부, 국내 타 기관, KOICA 타 사업, 주요 규제규범 및 기준과의 상호보완성, 조화 및 조율, 부가 가치를 고려하여 사업을 추진했는가 - (외적 일관성) 현재 내 타 주체의 개입과 상호보완성, 조화 및 조율, 부가 가치를 고려하여 사업을 추진했는가

자료: OECD DAC.

일반적으로 적절성과 일관성은 사업의 투입 및 착수 단계에 초점을 맞추며 수요분석, 사업형태, 사업내용, 사업선정 과정의 적절성을 평가하게 된다. 효율성은 사업의 과정 및 추진 단계에 초점을 맞추며 사업의 이행체계, 네트워크, 예산운용, 투명성, 과정효율성을 평가한다. 효과성과 영향력은 사업의 산출물과 성과를 평가하는 것으로 세부적으로 추진기관의 발전, 만족도, 목적달성, 예산운용의 효과성을 평가한다. 끝으로 지속가능성은 사업의 확산 및 지속성을 평가하고 이 결과를 다시 환류하는 것을 강조한다.

〈표 2-15〉 OECD DAC 평가 프레임워크 차트

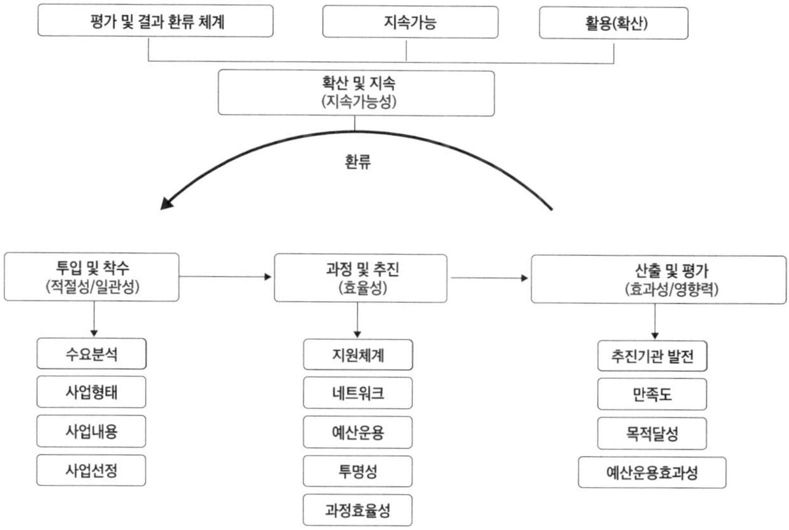

자료: 저자 작성.

아래 〈표 2-16〉은 실제 사업현장에서 작성 사용되는 성과관리를 위한 M&E의 예이다. 필수적 요소로 성과를 기술하고 이들 성과를 지표화하여 제시하게 된다. 지표는 기준치 혹은 기초선 자료를 파악하도록 하고 있으며, 목표 칸에 성과 목표치를 기술하고 달성 여부를 표시할 수 있는 추가 칸을 넣기도 한다. 또한 M&E 양식에서 중요한 요소 중 하나는 지표를 어떻게 파악 및 측정하였는지 자료 출처와 자료수집 방법을 기술하도록 하고 있으며, 빈도와 측정 주체를 명시하도록 함으로써 M&E가 실제 집행되도록 하고 있다.

〈표 2-16〉 M&E 양식 및 작성 예

<table>
<tr><th>성과</th><th>지표</th><th colspan="2">기준치 자료</th><th colspan="2">목표</th><th>자료 출처</th><th>자료 수집 방법</th><th>빈도</th><th>책임(담당)</th></tr>
<tr><td rowspan="2">중장기 결과를 주민 생활환경 개선</td><td rowspan="2">지역주민의 삶의 만족도</td><td>동</td><td>N/A</td><td colspan="2" rowspan="2"></td><td rowspan="2">수혜자 만족도 직접정기조사 (DA협조)</td><td rowspan="2">군 당 300명 기준, 삶의 만족도 (psychological wellbeing) 모델에 근거한 직접 표본설문조사 및 표적집단면접(Focus Group Interview)</td><td rowspan="2">기준치, 사업종료 시점</td><td rowspan="2">PMC, DA</td></tr>
<tr><td>서</td><td>N/A</td></tr>
<tr><td rowspan="6">기생충 및 수인성 질병 발병을 감소</td><td rowspan="2">주혈흡충 양성률</td><td>동</td><td>76%</td><td colspan="2" rowspan="6">기준치 대비1/3 이하</td><td rowspan="6">직접정기조사 (GHS 협조)</td><td rowspan="6">1)기준치: 군당 300명 기준
-대변검사(가토가츠법), 소변검사(침전법)
2)모니터링: 군당 300명 기준
3)추적: 동, 서크라치 600명 기준</td><td rowspan="6">1) 기준치: 연2회 (건기, 운기)
2)모니터링: 사업 시행1년 경과 후 1회
3)추적: 사업종료 1년 경과 후 1회</td><td rowspan="6">PMC, GHS</td></tr>
<tr><td>서</td><td>N/A</td></tr>
<tr><td rowspan="2">장내기생충 양성률</td><td>동</td><td>20%</td></tr>
<tr><td>서</td><td>N/A</td></tr>
<tr><td rowspan="2">설사질환 환자수</td><td>동</td><td>N/A</td></tr>
<tr><td>서</td><td>N/A</td></tr>
<tr><td rowspan="6">결과를 주민 식수 및 위생 환경 개선</td><td rowspan="2">식수보급률</td><td>동</td><td>42.99%</td><td>동</td><td>50%</td><td rowspan="2">DA 통계자료, PMC 보고서</td><td rowspan="2">문헌조사</td><td rowspan="2">기준치, 사업종료 시점</td><td rowspan="2">PMC, DA</td></tr>
<tr><td>서</td><td>71.99%</td><td>서</td><td>85%</td></tr>
<tr><td rowspan="2">식수시설 사용률</td><td>동</td><td>N/A</td><td>동</td><td></td><td rowspan="2">직접정기조사, PMC 보고서</td><td rowspan="2">기계식 펌프에 계량기를 설치하여 식수시설 사용률을 직접 점검</td><td rowspan="2">기준치, 분기별 조사</td><td rowspan="2">PMC, DA</td></tr>
<tr><td>서</td><td>N/A</td><td>서</td><td></td></tr>
<tr><td rowspan="2">위생시설 보급율</td><td>동</td><td>N/A</td><td>동</td><td></td><td rowspan="2">DA 통계자료, PMC 보고서</td><td rowspan="2">문헌조사</td><td rowspan="2">기준치, 사업종료 시점</td><td rowspan="2">PMC, DA</td></tr>
<tr><td>서</td><td>N/A</td><td>서</td><td></td></tr>
<tr><td rowspan="4">주민역량 강화</td><td rowspan="2">보건위생의식 향상</td><td>동</td><td>N/A</td><td colspan="2" rowspan="2">보건위생의식 자가진단 80% 이상 비율 70% 이상 달성</td><td rowspan="2">직접정기조사 (DA 협조)</td><td rowspan="2">군당 200명 기준*** 역량에 대한 자가진단(capacity selfassessment)</td><td rowspan="2">기준치, 사업 중간 및 종료평가 시점</td><td rowspan="2">PMC, DA</td></tr>
<tr><td>서</td><td>N/A</td></tr>
<tr><td rowspan="2">WSB(water and sanitation boards) 활동</td><td>동</td><td>N/A</td><td colspan="2" rowspan="2"></td><td rowspan="2">WSB 미팅 기록</td><td rowspan="2">문헌조사</td><td rowspan="2">기준치, 사업 중간 및 종료평가 시점</td><td rowspan="2">PMC, DA</td></tr>
<tr><td>서</td><td>N/A</td></tr>
<tr><td rowspan="4">기생충 질환·관리 질병관·리 향상</td><td rowspan="2">충란양성율 40% 이상 지역 중 집단 투약 마을 비율</td><td>동</td><td>N/A</td><td colspan="2" rowspan="2"></td><td rowspan="2">GHS, DA 통계 자료</td><td rowspan="2">사업 보고 자료</td><td rowspan="2">기준치, 사업 중간 및 종료평가 시점</td><td rowspan="2">PMC, GHS, DA</td></tr>
<tr><td>서</td><td>N/A</td></tr>
<tr><td rowspan="2">기생충 질환 검사 시행 마을 비율</td><td>동</td><td>N/A</td><td colspan="2" rowspan="2"></td><td rowspan="2">GHS, DA 통계 자료</td><td rowspan="2">사업 보고 자료</td><td rowspan="2">기준치, 사업 중간 및 종료평가 시점</td><td rowspan="2">PMC, GHS, DA</td></tr>
<tr><td>서</td><td>N/A</td></tr>
</table>

자료: 박숙현·조정명, " KOICA 프로젝트 사업의 성과관리 방안과 사례," KOICA, 국제개발협력, p. 198.

M&E 상의 지표 설정에 있어서 흔히 'SMART(Specific, Measurable, Achievable, Relevant, Timely)' 원칙이 거론된다. 국제개발협력 분야의 지표에 있어서도 'SMART' 원칙은 일련의 의미를 가진다. 먼저 지표는 정확히 무엇을 측정하려고 하는지 구체적(Specific)으로 명확하게 제시되어야 한다. 둘째, 측정 가능한(Measurable) 지표여야 한다. 측정에는 시간, 예산, 인력, 전문성 등 여러 요소가 투입되는 행위로 측정할 수 없는 지표는

지표로서의 의미를 가지기 어렵다. 정성적 지표의 경우가 아닌 한 정량 지표 측정 가능 여부에 대한 판단이 매우 중요하다. 셋째, 달성 가능한 지표(Achievable)여야 한다. 즉 목표로서 지표값을 설정할 때 사업의 기간, 대상, 환경 및 전제조건 등 제반 요소를 고려하여 실현 가능한 목표치를 설정해야 한다. 넷째, 적실성 있는 지표(Realistic)는 활동 및 성과와 이를 측정하는 지표의 상관관계 혹은 인과관계에 기반하여 연결 고리가 논리적으로 존재해야 한다. 끝으로, 지표는 정해진 시간 혹은 기간(Timely)과 연계되어야 한다. 어느 시점 구간의 활동 및 성과를 측정하고자 하는 것인지, 그리고 언제 측정할 것인지 그리고 얼마 동안 측정할 것인지 고려되어야 한다.

3.5 인권기반접근법(Human Rights Based Approach, HRBA)의 적용

인권과 개발을 접목하기 위한 PANEL 접근법이 도입된 2005년 이전까지 국제사회의 인권레짐과 국제개발협력레짐은 각자 평행한 길을 걸어왔다고 해도 과언이 아니다. 국제인권레짐은 인간의 인권 보호를 위해 국제 규약 및 국제법을 제정해 왔으며, 국제개발협력레짐 역시 국제개발협력이 인권 증진과 보호에 기여한다는 막연하지만 강한 신념 하에 국제개발협력 발전에 전념하였다.

이러한 가운데 1986년 국제개발협력의 주요 이슈인 '발전'이 인권적 관점에서 접근을 위한 시도가 이뤄졌는데, 발전권 선언이 그것이다. UN은 '발전권 선언(Declaration of Right to Development)'에서 발전을 인간이 가진 권리로 공론화하기 시작하였다. "발전권은 모든 인간과 모든 국민이 경제적, 사회적, 문화적, 정치적 발전에 참여하고, 공헌하고, 향유할 권리가 있으며, 모든 인권과 근본적인 자유가 완전히 실현될 수 있는 양도할 수 없는 인권이다."라고 발전권 선언 1조 제1항에 명시하였으며, 2021년 12월 현재 발전권을 국제규약으로 채택하기 위한 초안이 수립된 상태이다.

특히 2005년 'UN인권최고대표사무소'는 '빈곤감소 전략에 대한 인권적 접근-원칙과 가이드라인'을 채택하며 인권 보호를 위한 노력과 국제개발협력 사업을 연계하기 위한 접근법을 제시하였다. PANEL은 참여(Participation), 책무성(Accountability), 비차별(Non-discrimination), 역량 강화(Empowerment), 인권기준과 연계(Linkage to HR standard)의 줄임말로 개발협력 사업의 발굴, 집행, 평가의 전 과정에서 인권을 접목하기 위한 가이드라인으로서 의미를 가진다.

〈그림 2-13〉 PANEL 접근법

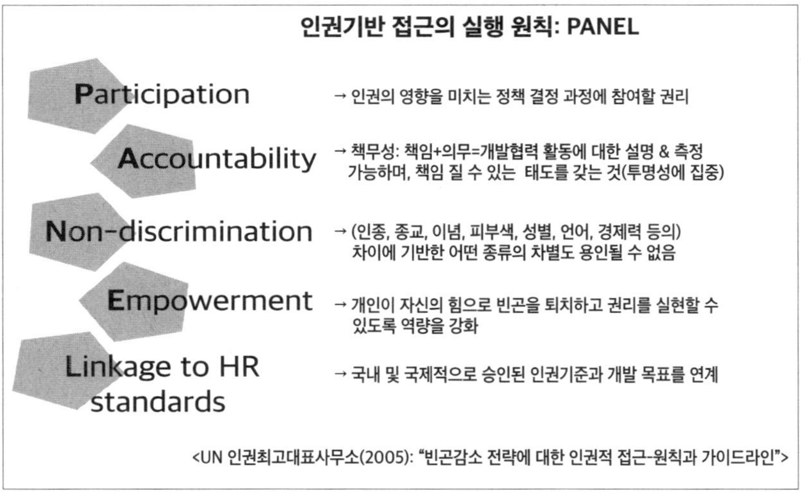

자료: UN인권최고대표사무소 2005. "빈곤감소 전략에 대한 인권적 접근-원칙과 가이드라인"

이러한 개발과 인권을 접목하기 위한 PANEL 접근법에 기반하여 사업을 발굴하고 평가하기 위한 프레임워크를 제시하면 아래와 같다.

〈표 2-17〉 인권에 기반한 사업 발굴 프레임워크 예

단계	주요과제	주요내용
1단계: 사업준비 및 기획	- 사업지역 및 대상 선정 - 현지 사전 조사	인권적 관점에서 취약 국가, 지역, 대상 선정(공신력 있는 자료에 근거)
2단계: 상황분석	- 문제규명	가장 취약한 집단 및 문제의 파악
	- 원인분석	직접적, 배경적, 구조적, 근본적 원인의 분석
	- 행위자 파악(identification)	권리 보유자, 의무 부담자, 인권 옹호자(aid agency), 기타 이해관계자
	- (행위자) 역량분석	행위자가 자신의 권리 및 의무를 수행하지 못하게 만드는 데 기여한 역량 파악
3단계: 사업설계	- 목표, 세무목표 및 지표 설정	명확하고 구체적, 측정가능, 정해진 기간 내에 달성 가능한 현실성 있고 합의된 목표와 지표의 설정
	- 실행전략 및 활동 계획	설정한 지표를 사업으로 연결시키는 전략 및 활동계획 수립

자료: 저자 작성

〈표 2-18〉 인권에 기반한 사업 평가 프레임워크 예

▶ 사업을 통한 권리 보유자의 삶의 변화
- 권리 보유자의 어떤 권리가 실현되었는가?
- 권리 보유자의 어떤 권리가 더는 침해 당하지 않는가?
- 권리 보유자와 의무 부담자의 삶과 행동에 어떤 변화가 있는가?
- 의무 부담자의 의무 이행에 어떤 변화가 있는가?

▶ 정책과 관행의 변화
- 의무 부담자가 목표 그룹의 권리 존중, 보호, 실현에 대한 책무성이 향상되었는가?
- 정책이 개발되어 실행되고 있는가?
- 참여에 어떤 변화가 있으며, 참여의 기회가 보장되는가?
- 목표 그룹은 자신의 권리를 주장할 수 있는가?

▶ 권리 보유자의 권리 실현을 지원하는 시민사회단체의 역량의 변화
- 시민사회단체 간 네트워킹과 연대가 활발히 일어나는가?
- 인권의 실현을 위해 더 큰 힘과 영향력이 효과적으로 동원되는가?
- 주창(advocacy)의 프로세스가 강화되었는가?

Ⅲ. 인도적협력 분야 SDGs 목표와 북한 적용

권구순

(서울사이버대 국제협력-북한전공 교수, KOICA 평화/인도적 지원 전문위원)

1. 인도적협력 분야 국제 논의 동향

1.1 인도적 구호 국제규범

가. 국제인도법

국제인도법은 무력충돌에 적용되는 국제규범으로서 이탈리아 통일전쟁 이후 전상자 구호과정에서 창시된 적십자운동에 기원을 두고 있다. 1864년 '육전에서의 전상자 보호'를 위한 최초의 제네바 협약을 시작으로 1899년 헤이그협약(해전), 1929년 제네바협약(포로대우)이 순차적으로 제정되었으나 제2차 세계대전 과정에서 협약의 미비점에 대해 보완요구가 있었고 특히 민간인 보호에 대한 필요성이 제기되었다. 이에 수탁기관인 국제적십자위원회(ICRC)에서 보완작업을 실시하여 1949년에 4개의 제네바협약(Geneva Convention)이 제정되었다.

국제법으로서 국제인도법은 무력충돌로 인해 발생하는 폭력적·부정적 파급효과를 제한하는 관습적 규범으로 보편성을 갖고 있으며 주로 전쟁법(Law of war) 혹은 무력충돌법(Law of armed conflict)으로 알려져 있다. 국제인도법은 무력충돌에만 적용되고 전투능력을 상실하였거나 적대행위에 가담하지 않은 사람(전투원, 비전투원)을 보호하며 교전의 수단과 방법을 제한한다. 무력충돌 상황 아래에 있는 피해자들의 생명보호와 존엄성을 보장하며 모든 무력충돌 당사자에게 적용된다.

국제인도법의 보호대상은 크게 사람과 시설 및 물자로 구분된다. 전자는 ① 육전 및 해전의 부상자, 상병자, 조난자 ② 전쟁포로 및 억류자 ③ 민간인 ④ 난민 및 국내실향민(IDP) ⑤ 구호(의료)요원 및 종교요원 등이고 후자는 ① 의무대 ② 구호(의료)물자수송수단 및 자재 ③ 주요시설 및 문화유산 등이다.

〈표 3-1〉 국제인도법 주요 조약[40]

연 도	조약	조약국 수
1949	제1협약: 육전에 있어서의 군대의 부상자 및 병자의 상태 개선에 관한 제네바협약 제2협약: 해상에 있어서의 군대의 부상자, 병자 및 조난자의 상태개선에 관한 제네바협약 제3협약: 포로의 대우에 관한 제네바협약 제4협약: 전시에 있어서의 민간인 보호에 관한 제네바협약	193개국 (남한: 1966, 북한: 1957)
1997	제1부속의정서: 제네바 제 협약에 대한 추가 및 국제적 무력충돌 희생자 보호에 관한 의정서 제2부속의정서: 제네바 제 협약에 대한 추가 및 비국제적 무력충돌 희생자 보호에 관한 의정서	171개국 (남한: 1982, 북한: 1988)

40 https://www.redcross.or.kr/redcross_rcmovement/redcross_rcmovement_humanitariallaw_introduce.do를 토대로 저자 재구성.

1980	특정재래식무기 금지협약	125개국 (남한: 2001, 북한: 미가입)
1997	대인지뢰금지협약	164개국 (남.북한: 미가입)
1998	국제형사재판소 로마규정	123개국 (남한: 2000, 북한: 미가입)
2008	집속탄 금지협약	110개국 (남.북한: 미가입)

나. 국제인권법

국제인권운동은 1948년 세계인권선언이 유엔총회에서 채택되고 '시민적·정치적·경제적·사회적·문화적 권리'의 향유가 인간의 보편적 권리로 수용되면서 지속적으로 확산되었다. 세계인권선언과 더불어 1966년 '시민적·정치적 권리에 관한 국제규약'과 '경제적·사회적·문화적 권리에 관한 국제규약'을 포함하여 국제권리장전으로 정의된다. 이후에도 인종차별금지, 여성차별금지, 고문금지, 아동권리, 이주노동자권리, 장애인, 강제실종 등의 인권협약이 제정되었다. 국제인권법은 인도적 위기 상황 하에서도 국가에 대한 인권보장의 책무를 강조하고 무력충돌 시 당사국 정부 이외에 무장단체의 인권보호 책임 부여와 함께 인도적 지원의 접근성을 허용하도록 촉구한다.

인도적 위기상황은 예외 없이 피해당사자들에게 고통과 위협을 초래하고 궁극적으로 인권의 위반으로 귀결된다. 특히 인권보호 책무의 불이행 자체가 위기상황을 촉발하거나 악화시킬 수 있다는 점을 고려할 때 국제인권법은 무력충돌, 폭력소요와 치안불안 상황, 자연재난과 인재에 노출된 피해당사자들의 인권을 보호하는 확고한 법적 기반을 제시하고 있다. 유엔과 회원국들은 인도적 위기상황 하에서 국제사회가 추진하는 구호대응의 근원적 토대로서 피해당사자의 권리를 위반하는 행위를 근절하고자 하는 노력의 차원에서 국제인권법의 준수, 보호체계의 강화, 인권기반의 인도적 지원 체제를 개편해왔다.

국제인권법은 보편성을 기반으로 전인적 보호를 목적으로 하지만, 현장에서는 여성·청소년·장애인·노인 및 난민과 국내 실향민 등 특정피해계층에 대해 관심과 지원이 촉구되고 있다. 특히 유엔은 2005년 인도주의 개혁 조치 이후, 글로벌 단위와 현장 단위의 보호클러스터(Protection Cluster)를 조직하여 인도적 지원이 보호 성과를 달성할 수 있도록 전략 수립과 함께 다양한 인도적 지원기구의 보호활동을 조정하는 역할을 부여하였다 (GPC, 2019).

〈표 3-2〉 국제인권법 주요 조약[41]

연 도	조약	조약국 수
1965	인종차별철폐협약	182개국 (남한: 1978, 북한: 미 가입)
1966	시민적 · 정치적 권리에 관한 국제규약	173개국 (남한: 1990, 북한: 1981)
	경제적·사회적·문화적 권리에 관한 국제규약	171개국 (남한: 1990, 북한: 1981)
1979	여성차별철폐협약	189개국 (남한: 1984, 북한: 2001)
1987	고문방지협약	171개국 (남한: 1995, 북한: 미 가입)
1989	아동권리협약	196개국 (남한: 1991, 북한: 1990)

41 자료: https://www.ohchr.org/EN/HRBodies/Pages/Overview.aspx 를 토대로 저자 재구성.

1998	이주노동자권리협약	56개국 (남.북한: 미 가입)
2007	강제실종보호협약	63개국 (남.북한: 미 가입)
2008	장애인권리협약	182개국 (남한: 2008, 북한: 2016)

다. 난민법

난민보호에 대한 국제법 체계의 핵심은 1951년에 체결된 '난민지위에 대한 협약'과 관련된 의정서(1967년)이고 난민인권을 다루는 지역단위 조약 및 선언과 밀접한 연계성을 갖는다. 제2차 세계대전 직후 유럽의 난민문제에 중점을 둔 난민협약의 제정 이후 타 대륙에서도 새로운 난민위기 상황이 발생함에 따라, 의정서를 통해 일시적·지역적 한계를 폐지함으로써 적용범위가 확대되었다. 따라서 난민협약과 의정서는 수세기에 걸쳐 형성된 비호(asylum)제도가 현대적으로 형상화된 것으로 보편적이고 비차별적이며 기본적 가치를 내포한다. 또한 난민이 발생하는 정황을 고려할 때, 국제인도법과 함께 세계인권선언과 결부해서 이해할 필요가 있다.

국가의 책무는 강제이주의 근원을 파악하고 이를 방지하기 위해 법치와 국민에 대한 안전과 사법정의, 평등한 기회보장을 강화함으로써 폭력과 학대 차별의 순환 체계를 제거해야 한다. 한편, 난민조약과 의정서의 조약국은 법적 관할권이 있는 영토 내 거주 중인 난민을 보호해야 할 의무가 있고 인권법에 의해 비차별적으로 난민의 권리와 존엄성을 인정해야 한다. 비 조약국이라 할지라도 국제관습법의 규범으로 공인된 송환금지(non-refoulement) 원칙을 준수해야 한다. 결론적으로 국가는 난민에 대한 보호와 지원, 장기적인 해결책에 기반한 비호체계를 구축하고 유지할 책임이 있다. 또한 유엔난민기구는 난민 관련 국내법제화를 지원하고 총회결의에 의거 제한적 보호를 받는 위임난민에 대한 인도적 지원활동을 담당한다.

대체로 난민과 비호신청자는 모두 보호를 받게 되나 연령과 성, 장애 기타 요인에 의해 부가적인 보호가 요구된다. 대표적으로 아동, 소녀와 여성, 장애인, 특정요구가 수반되는 사람이다. 특정요구에는 노약자, 고문 혹은 성과 젠더 기반 폭력 생존자, 인신매매 피해자, 성소수자, 국가·민족·종교·언어적 소수자 등이 해당된다.

〈표 3-3〉 난민법 주요 조약

연 도	조약	조약국 수
1951	난민조약	146개국 (남한: 1992, 북한: 미 가입)
1966	난민지위에 대한 의정서	147개국 (남한: 1992, 북한: 미 가입)

자료: UNHCR 2017.

1.2 인도적 구호의 정의와 원칙

자연재난과 인재, 무력충돌 등의 위기상황 하에서 인간은 생존과 직결되는 기본적 욕구가 충족되지 못하는 상황에 노출됨으로써 심각한 생명을 위협을 받고 특히 인권과 인도주의적 보호기제가 제대로 작동하지 않는 환경이 만연할 경우, 피해당사자는 존엄성이 훼손되는 위기에 직면하게 된다. 이에 인도적 지원은 협의적으로 위기상황에 있는 피해이재민의 생존에 요구되는 물자와 서비스를 제공하는 것으로 인식되어 중장기적인 사회경제적 개발을 목적으로 하는 개발협력과 개념적으로 구분되어왔다.

그러나 위기상황의 다면성과 피해정도의 심각성, 대응의 복잡성 등의 다층적 요인으로 지원의 범위와 내용이 확대됨에 따라, 현재 국제사회에서 보편적으로 이해되는 정의는 "인재와 자연재해에 의한 재난 당시 및 직후 피해이재민의 생명을 구호하고 고통을 경감시키며 존엄성을 유지할 뿐만 아니라 그러한 상황의 발생을 억제하고 대비를 강화할 목적의 제반활동(GHD, 2003; OECD, 2012; GHA, 2019)"이라고 할 수 있다.

인도적 구호활동은 국제 적십자·적신월사 운동조직의 기본원칙인 '인도주의(humanity), 공평(impartiality), 중립(neutrality), 독립(independence)'에 근거하여 수행되는데 동 원칙은 1991년과 2004년 유엔총회 결의안(46/182, 58/114)으로 채택됨으로써 인도적 구호기구 및 단체들이 준수해야 할 규범으로 공인되었다.

인도주의는 구호에 있어 피해당사자의 신분적·정치적·군사적 고려와 무관하게 오직 인간으로서 직면한 조건에 근거하여 고통을 예방하거나 경감시키고 생명과 건강을 보호함으로써 존엄성을 보장하는 것이다. 이에 인도적 구호는 위기상황 하에 있는 모든 이들을 차별 없이 지원할 필요가 있다.

공평은 3가지 관점에서 볼 수 있는데 첫째, 비차별성으로서 인종, 피부색, 종교 혹은 신앙, 성, 출생 혹은 부 등 유사한 기준에 의거 객관적 특성에 의한 차별을 지양하고 둘째, 비례성으로 필요에 근거하여 지원이 이뤄져야 하며 셋째, 선과 악, 유무죄와 같은 주관적 특성을 반영하지 않는 것이다.

중립은 먼저 이념적 중립성으로 구두 혹은 행위를 통한 입장표현을 금지하고 개입의 중립성은 직간접적으로 어떠한 적대행위에도 가담하지 않는 것을 말한다. 특히 후자는 인도적 구호활동에 있어 핵심적 가치인데 구호활동을 적대그룹이 유용함으로써 구호단체나 요원이 분쟁에 간접적으로 개입하는 것으로 간주될 수 있기 때문에 주의를 요한다.

독립은 인도적 구호활동이 수행되는 분야와 관련, 정치, 경제, 군사 혹은 여타 목적과 무관하게 자발적이어야 한다.

또한 「세계인권선언(1948)」과 「시민적·정치적 권리에 관한 국제규약(1966년)」 등 국제인권법에 명시된 생명권에 근거하여 피해이재민들은 '존엄적 삶을 영위할 권리, 인도적 지원의 수혜권, 물리적 위협에 대한 보호권과 안전권'을 인정하고 보장해야 한다(Sphere, 2018).

1.3 주요 권고사항

가. 인도적 대응 시스템의 개혁과 체계화

90년대부터 대규모 자연재난과 무력충돌 이후, 국제적 대응의 불확실성 해소 차원에서 유엔은 1991년 총회결의안(46/282)을 통해 「긴급구호조정관(Emergency Relief Coordinator)」직을 신설하였다. 그러나 재난의 현장에서 인도적 대응 시 기구 간 과열된 경쟁과 분절화로 인해 지원의 효과성과 책무성 문제가 지속적으로 제기됨에 따라, 2005년 국제 인도적 지원시스템의 독립검토를 통해 조정체계의 개편과 클러스터 시스템을 도입하게 되었다.

조정구조와 관련해서는 크게 유엔사무국과 인도지원업무조정실(OCHA)의 본부차원의 글로벌 범위와 피해당사국 내 현장범위로 구분되고 현장범위는 다시 전략적 수준에서 '인도지원 국가팀(humanitarian country team)'의 총괄조정과 운용적 수준에서 '클러스터 간 조정그룹(inter-cluster coordination group)' 협의, 그리고 기술적 수준에서 '선도 기구(cluster lead agency)'에 의한 '클러스터 내 조정' 체계로 세분화되었다.

또한 인도적 지원의 설계와 관리, 모니터링 및 평가의 체계화를 위해 인도적 프로그램 사이클(Humanitarian Program Cycle)이 적용되었는데 주요 요소로 ① 정보수집 및 수요조사, ② 대응기획 및 분석, ③ 재원조성 및 관리, ④ 프로그램 이행 및 프로젝트 관리, ⑤ 모니터링 및 평가가 있다.

〈표 3-4〉 북한 내 인도지원 국가팀 운용사례

북한 내 인도지원 국가팀 운용사례

인도지원 체제개혁(Humanitarian Reform, 2005)

- 2016년 8월 31일부터 9월 1일까지 함경북도를 중심으로 폭우를 동반한 태풍 라이언록(Lionrock)이 강타
- 사망 138명, 실종 400여명, 7만 명의 이재민을 포함 총 60만 명의 피해 인구 발생
- 북한 내 유엔기구, IFRC 및 INGO들로 구성된 인도적 지원 국가팀(HCT)은 피해조사와 대응지원을 위해 북측 정부와 2개의 합동구호임무를 수행
- 이재민 60만 명에 대한 식량지원, 영양관리, 보건, 식수위생을 위해 「긴급 홍수재난대응계획」을 수립하여 국제사회에 미화, 2,695만 달러의 지원 호소

자료: http://english.hani.co.kr/arti/english_edition/e_northkorea/762297.html, https://dprkorea.un.org/en/9978-findings-joint-review-mission-flood-response-published

나. 재난위기경감체제의 확산

20세기 후반부터 대규모 자연재난 발생빈도의 증가, 그리고 지구온난화로 인한 기후변화의 영향으로 위기 상황이 만성화됨에 따라 국제 인도적 구호 커뮤니티는 종전의 단기성 구호 형태의 지원과 '예방-대응-복구'의 선형적 관리에서 이를 예방하고 피해를 최소화하는 선제적 대응 방식으로 전환하였다. 특히 공여국과 국제기구를 중심으로 재난위기경감(Disaster Risk Reduction, DRR) 이니셔티브를 도입하여 재난취약성이 높은 개도국의 대비역량을 개발하는 데 중점을 두게 되었다(IFRC, 2004; Manyena, 2006).

유엔은 1994년에 최초로 「세계자연재난경감회의(WCNDR)」를 개최하여 국제적 수준에서 재난이 미치는 피해와 영향에 대한 대비, 사전예방, 그리고 경감을 위한 가이드라인을 제시하는 '요코하마 전략(Yokohama Strategy)'을 채택하였다. 이후 제2차 WCNDR회의가 2005년 1월에 일본

고베에서 개최되었는데 동 회의에서 위기대비와 예방을 체계화한 「효고 프레임워크(HFA)」가 2015년까지 추진을 목표로 채택되었고 3개의 전략 목표, 5개의 이행 우선순위, 22개의 핵심지표가 선정되었다. 2015년 3월에는 일본 센다이에서 제3차 WCDRR회의가 개최되었고 HFA의 이행 검토와 평가를 토대로 센다이프레임워크(SFDRR)가 채택되었는데 7개의 목표와 4개의 이행 우선순위와 13개의 가이드 원리, 38개의 지표가 제시되어 추진되고 있다.

〈그림 3-1〉 센다이프레임워크

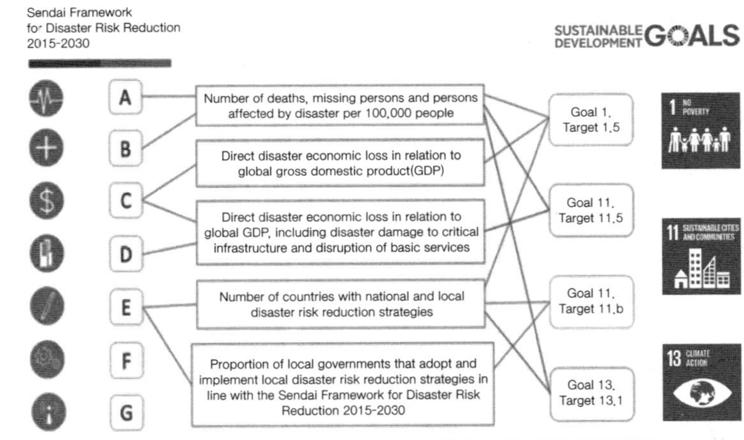

자료: https://www.preventionweb.net/sendai-framework/sendai-framework-indicators

북한은 SFDRR 출범 이후, 2017년 5월, 멕시코에서 개최된 「글로벌 재난위기경감 플랫폼 국제회의」의 대표단을 파견하여 및 현황을 보고한 바 있고 「2017년 SFDRR 데이터준비 검토 보고서」에 부분 보고를 이행하는 등 재난위기 경감을 위한 국제적 플랫폼에 참여의지를 보이고 있다.

〈표 3-5〉 북한의 재난대응체제 변화의 개요

1. 북한의 1980년대 사회적 문제로 대두된 환경오염이 통제와 함께 1990년대 홍수 등 자연재난을 겪으면서 환경 및 재난을 관리하는 법제도의 필요성을 인식, 하향식 제도화에 착수
2. 특히 90년대부터 국제적으로 대두되는 지속 가능한 환경문제에 대한 환기로 북한도 UNDP와 UNEP가 동북아를 중심으로 개최한 환경회의와 해양환경보존회의에 대표단을 파견하는 등 환경관련 국제의제에 민감하게 대응하는 입장 표출(손기웅2000)
3. 2000년대에는 재난위기경감문제와 복원력에 대한 의제와 이행체계가 국제적으로 논의됨에 따라 초기에는 관망하는 입장을 견지 → 2015년 SFDDR(센다이 프레임워크) 출범에 맞춰 관련 국제회의에 참여할 뿐만 아니라, 부분적으로 경과보고서를 제출하는 등 전향적인 변화가 감지
4. 국내적으로 중앙정부차원에서 재난관리체계의 확립과 함께 IFRC와 유일한 민간구호단체인 조선 중앙적십자회가 지역차원의 재난위기경감 프로그램의 기획 및 이행을 복원력을 제고하는 노력이 포착

다. 인도적 구호활동과 SDGs

2000년대 인도주의적 의제의 중심에는 무력충돌과 재난에 대한 취약성과 빈곤의 문제와 이를 극복하기 위해 지역기반의 복원력을 증대시키는 것인데 이는 개발협력의 우선 고려사항과도 중첩되는 측면이 강하다고 할 수 있다.

이에 SDGs의 수립과정에서 인도지원 기구와 단체들은 우선순위목표를 확대하여 설정하는 것이 위기 이후 전환기에 재난위기경감 및 중장기적 복구와 재건을 지원하는 예측 가능하고 장기적인 개발재원을 확보하고자 노력하는 측면에서 인도적 활동의 주요한 기회요인으로 인식하였다.

구체적으로 인도지원 단체들은 인도적 지원 및 재난복원력이 단독목표로 설정되는 것도 중요하지만 SDGs의 여타 유관목표에서 광범위하게 반영되도록 노력을 기울임으로써 10개의 목표에서 직간접적으로 재난복원력을 포함한 인도적 지원의 맥락을 반영하는 결과를 도출하였다.

2. 인도적협력 분야 SDGs 분석

인도적협력은 인간의 고통경감과 어떠한 위기상황 하에서도 기본적 욕구가 충족되도록 지원함으로써 존엄성을 유지하고 보호해야 한다는 점에서 '누구도 소외시키지 않는다(leave no one behind)'는 SDGs의 목적과 밀접하게 연계되어 있다. 특히 SDGs의 특정 목표로서 명시되기보다는 여러 목표에 광범위하게 반영되어 있다. 따라서 이 장에서는 대북 인도적 협력과 밀접도가 높은 빈곤 종식(SDG 1), 양질의 교육(SDG 4), 깨끗한 물과 식수(SDG 6)를 중심으로 살펴보고자 한다.

2.1 인도적협력 분야 SDGs 세부 목표

가. SDG 1: 빈곤 종식

전 세계 인구의 10%인 7억 명이 하루에 US$1.9 미만의 최저빈곤상태에 노출되어 있고 이들 중 아동은 20%에 달한다. 이러한 최저빈곤층은 생존을 위한 기본적 욕구의 충족뿐만 아니라 기초적 사회서비스에 접근성도 제한받고 있다. 따라서 이들을 위한 사회적 보호체계는 빈곤을 경감시키는 데 무엇보다 중요하다.

〈표 3-6〉 인도적협력 분야 SDGs 세부 목표: SDG 1

목표	내용	지표
	현재 기준, 하루 $1.25 미만의 절대 빈곤 인구의 근절	1.1.1. 성별, 연령별, 고용상태 및 도시/농촌 등 지역별로 세분화된 세계빈곤선 이하의 삶을 사는 인구비율

목표	내용	지표
	국가별 남녀 및 아동 빈곤 비율의 절반 수준 감소	1.2.1. 성별 및 연령별로 세분화된 국별 빈곤선 이하의 삶을 사는 인구비율 1.2.2. 국별로 정의된 모든 측면에서 빈곤 상태의 전 연령대 남성, 여성 및 아동 비율
	국가별 최저 생계 보장 등 포함 적절한 사회보장시스템 및 조치 이행, 빈곤층 및 취약계층 대상 실질적 보장 달성	1.3.1. 성별 및 아동, 실업자, 노인, 장애인, 임산부/신생아, 산재 피해자, 빈곤계층과 취약계층별로 세분화되는, 사회보호 안전망/시스템에 의해 보장되는 인구 비율
	모든 남녀, 특히 빈곤층과 취약계층의 경제적 자원에 대한 권리, 금융서비스(기초 공공서비스, 토지 및 기타 유형의 자산·유산·천연자원·적정 신기술, 소액금융)에 대한 소유권, 통제권 접근의 동등한 권리 보장	1.4.1. 기초서비스 접근성이 있는 가구에 살고 있는 인구비율 1.4.2. 법적으로 인정된 문서를 통해 안정된 토지권을 가졌거나, 토지에 대한 권리가 보장되어있다고 여기는 성인인구비율(성별, 토지권 종류별)
	빈곤층 및 취약계층의 복원력 구축 및 기후 관련 재해와 경제적, 사회적, 환경적 충격 및 재난에 대한 취약성 경감	1.5.1. 100,000명당 재난영향으로 사망 및 실종 인구수 1.5.2. 글로벌 GDP 대비 재난으로 인한 직접적인 경제적손실 1.5.3. 국가 및 지방정부 단위의 재난위험경감 전략 보유국 수
	최빈국 등 개발도상국의 빈곤 근절을 위한 프로그램과 정책 이행을 위해 개발협력 확대를 포함한 다양한 재원의 실제적 동원을 보장	1.a.1. 정부가 빈곤경감프로그램에 직접적으로 할당한 자원의 비율 1.a.2. 핵심서비스(교육, 보건, 사회보호)에 대한 정부지출비중

목표	내용	지표
	빈곤퇴치활동 관련 투자 증대를 위해 빈곤층 친화적, 성(性)인지적 개발전략을 기반으로, 국가별·대륙별·국제적 차원의 정책 프레임워크 형성	1.b.1. 여성, 빈곤층 및 취약계층에 혜택을 돌리는 섹터에배당된 정부의 운영 및 자본지출 비중

나. SDG 4: 양질의 교육

교육은 사회경제적으로 상향이동성을 함으로써 빈곤을 극복하는 중요한 기회요소가 된다. MDG 2가 양적 측면에서 보편적 초등교육에 집중했다면, SDG 4는 교육의 질적 제고를 추구한다. 특히 2억 6천만 명의 학교 밖 아동과 전 세계 아동과 청소년의 50%가 문해력과 수리력 기준을 충족하지 못한다는 점에서 보다 과감한 교육분야의 개입이 요구된다.

〈표 3-7〉 인도적협력 분야 SDGs 세부 목표 : SDG 4

목표	내용	지표
	모든 남녀 아동의 양질의 초등·중등교육의 무상 졸업으로 효과적인 학습성과 달성으로 연결	4.1.1. (a) 학년 2/3 이수시점, (b) 초등 졸업, (c) 초등교육 저학년 이수시점에서 읽기와 수학에서 최소숙달기준을 달성하는 아동/청소년의 비중(성별)
	모든 남녀 아동의 초등교육 준비 차원에서 양질의 영유아 발달 및 보호, 취학 전 교육에의 접근 보장	4.2.1. 보건, 학습, 심리적 건강 (well being) 발달정도가 정상적인 5세미만 아동의 비중(성별) 4.2.2. (공식 초등교육 시작 1년 전에) 체계화된 학습 참여비율(성별)

목표	내용	지표
TARGET 4·3  EQUAL ACCESS TO AFFORDABLE TECHNICAL, VOCATIONAL AND HIGHER EDUCATION	모든 남녀가 동등하게 양질의 유료 기술훈련, 직업훈련, 대학을 포함한 3차 교육에의 접근 보장	4.3.1. 지난 12개월 동안 정규/비정규 교육 및 훈련에 참여한 성별 청소년 및 성인의 비율
TARGET 4·4  INCREASE THE NUMBER OF PEOPLE WITH RELEVANT SKILLS FOR FINANCIAL SUCCESS	취업, 양질의 일자리, 기업활동을 위해 전문기술 및 직업기술 등 관련 기술 보유 청소년과 성인 수 대폭 증대	4.4.1. ICT 기술을 보유한 청소년 및 성인의 비중(기술별)
TARGET 4·5  ELIMINATE ALL DISCRIMINATION IN EDUCATION	교육에 대한 성별 격차 해소 및 장애인, 아동 등 취약계층이 모든 수준에서의 교육 및 직업훈련에 접근하도록 보장	4.5.1. (성별, 도농, 소득수준 및 장애, 원주민, 분쟁영향 등 데이터 수집이 가능한 정도에 따른) 패리티 지수
TARGET 4·6  UNIVERSAL LITERACY AND NUMERACY	남녀 청소년과 대부분의 성인의 문해 및 산술능력 확보	4.6.1. 특정 연령별로 기능적 (a) 문해 및 (b) 수리능력 숙련도가 적어도 일정수준을 달성한 인구 및 성별비율
TARGET 4·7  EDUCATION FOR SUSTAINABLE DEVELOPMENT AND GLOBAL CITIZENSHIP	지속가능발전, 지속가능한 생활양식, 인권, 성 평등, 평화와 비폭력 문화 확산, 세계시민의식, 문화다양성 존중과 지속가능발전을 위한 문화적 기여 등을 통해 모든 학습자가 지속가능발전 촉진에 필요한 지식과 기술을 획득하도록 보장	4.7.1. 양성평등과 인권을 포함한 (i) 글로벌시민의식 교육과 (ii) 지속가능발전 교육이 (a) 국가교육정책, (b) 교육과정, (c) 학생 평가의 모든 차원에 주류화되어 있는 정도

목표	내용	지표
	아동·장애·성 인지적인 교육시설을 구축하고 개선하며, 모두를 위한 안전하고 비폭력적이며 포용적이고 효과적인 학습 환경을 제공	4.a.1. (a) 전기, (b) 수업 목적의 인터넷, (c) 수업목적의 컴퓨터, (d) 장애학생을 위한 설비 및 교재, (e) 기초 식수, (f)성별로 분리되어있는 기초위생시설 및 (g) 기초 손 씻기 시설(WASH 지표정의에 따른)에 대한 접근성이 있는 학교의 비율
	선진국 및 기타 개도국에서 직업훈련, 정보통신기술, 기술·공학·과학 프로그램을 포함한 고등교육에 등록할 수 있도록 2020년까지 개도국, 특히 최빈개도국, 군소도서개도국 및 아프리카 국가에 제공되는 장학금의 수를 전 세계적으로 상당히 증대	4.b.1 학습 분야 및 형태에 따른 장학금 ODA 규모
	2030년까지 개도국, 특히 최빈개도국과 군소도서개도국에서의 교사연수를 위한 국제협력 등을 통하여 자격 있는 교사의 공급을 상당히 증대	4.c.1. 국별 기준에 부합하는 최소수준의 체계적인 자격 전및 재교육을 받은 (a) 유치원, (b) 초등학교, (c) 중등학교, (d) 고등학교 교사의 비율

다. SDG 6: 깨끗한 물과 위생

안전한 식수와 위생시설에 대한 접근성의 확보는 인간의 생존권과 건강한 상태에서 존엄적 삶을 유지하는 데 필수적이다. 그러나 전 세계 인구의 3분의 1은 안전한 식수 접근을 제한받고 5분의 1은 물과 비누를 갖춘 기초적 세면시설을 갖추지 못하고 있으며 6억 7천 3백만 명은 개방형 위생시설을 사용하고 있다는 점에서 개선이 필요한 상황이다.

〈표 3-8〉 인도적협력 분야 SDGs 세부 목표 : SDG 6

목표	내용	지표
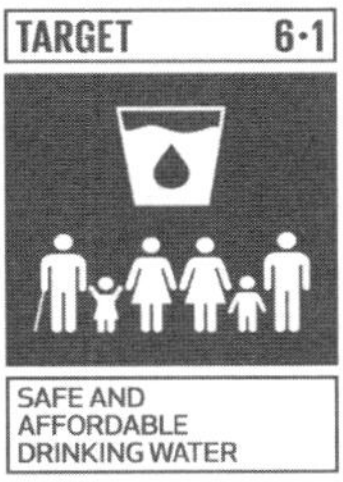	적정가격의 안전한 식수에 대한 보편적이고 공평한 접근 달성	6.1.1. 안전하게 관리되는 식수 서비스를 이용하는 인구비율
	여성과 여아 및 취약계층의 필요 등 모두를 위한 충분하고 공평한 위생 설비 접근 달성 및 야외 배변 근절	6.2.1. 비누와 물이 있는 손씻기 시설 등을 포함한 안전하게 관리되는 위생시설을 이용하는 인구비율
	오염 감축, 쓰레기 무단투기 근절, 유해화학물질 및 위험물질 방류 최소화, 미처리 하수 비율 절반으로 감축, 전 세계적인 재활용과 안전한 재사용 대폭 확대를 통한 수질 개선	6.3.1 안전하게 처리되는 하수 비율 6.3.2 양호한 주변 수질을 갖춘 수계 비율
	전 부문에서 용수효율 대폭 증대, 물 부족 해결을 위해 담수 추출과 공급이 지속가능하도록 보장, 물 부족 고통 인구 비중 대폭 감소	6.4.1. 시간의 흐름에 따른 용수효율 변화 6.4.2. 수분 스트레스 수준: 가용한 담수자원 비율로서의 담수취수

목표	내용	지표
	초국경적 협력을 포함 모든 수준에서 통합적 수자원 관리 이행	6.5.1. 통합물 관리(IWRM) 이행 정도 (0-100) 6.5.2. 물 협력을 위한 운영체계를 가진 초국적 유역비율
	산, 숲, 습지, 강, 지하수층, 호수 포함 물과 관련 생태계 보호 및 복원	6.6.1 시간의 흐름에 따른 물 관련 생태계 규모의 변화
	집수, 담수화, 용수효율, 폐수 처리, 재활용 및 재사용 기술 포함 개발도상국의 물 및 위생 관련 프로그램에 대한 국제협력 및 역량 강화 지원 확대	6.a.1. 정부 지출계획에 포함되어 있는 물과 위생시설 관련 ODA 총액
	물과 위생관리의 개선을 위해 지역사회 참여 지원 강화	6.b.1. 물과 위생시설 관리에 관한 운영정책과 지역사회참여제도가 확립되어 있는 지방행정조직의 비율

2.2 인도적협력 분야 SDGs 논의 동향[42]

가. SDG 1 빈곤 종식

1) 절대빈곤율의 상승 전환에 대한 우려

2015년 이래 빈곤경감의 진척도가 점차 감소하는 가운데 코로나19가 확산하면서 2020년부터 20년 만에 절대빈곤율이 상승하였다. 긴급하고 실체적인 대응정책이 추진되지 않을 경우, 2030년까지 빈곤 종식의 목표는 코로나19와 더불어 분쟁과 기후변화의 3중고로 인해 달성이 불확실할 것으로 추정된다. 한편, 코로나19의 위기는 보건과 고용, 소득보존 등 취약계층에 대한 사회보호체계의 중요성을 보여주는 계기가 됨에 따라, 여러 국가에서 새로운 제도를 도입하는 긍정적인 효과를 가져왔다. 그럼에도 불구하고 전 세계 빈곤 취약 인구인 40억 명은 이러한 보호범위 밖에 있는 것으로 나타났다.

2) 재난피해의 진전

2019년 기준, 전 세계 72개국 및 지역에 걸쳐 12,000명이 재난으로 인해 사망한 것으로 보고되었는데 이는 전년도 105개국 및 지역에서 발생한 사망자 125,000명보다 감소하였고 2005년 이래로 전반적인 감소추세에 있다. 한편 센다이프레임워크(2015-2030)의 최근 모니터링에 의하면, 2019년 기준 67개국 및 지역에서 930억 달러의 직접피해 금액이 보고되었고 이중 64%인 640억 달러가 농업분야 피해로 집계되었다.

42 https://sdgs.un.org/goals/goal1 (검색일: 2020.11.09.).

3) 기초생계서비스 및 식량지원 ODA 비율 저조

2019년 기준, 빈곤경감을 목적으로 한 기초생계서비스와 식량지원 및 개발에 대한 ODA는 OECD/DAC(개발원조위원회) 회원국 국민총소득의 0.02% 수준을 유지하고 특히 코로나-19의 확산 이후, 빈곤상황이 악화되지 않도록 견고한 기초생계서비스의 유지 혹은 강화가 필수적인데 개도국 특히 사하라 이남 아프리카의 경우, 실업인구의 3%만이 실직수당을 받고 있을 정도로 취약한 상황이다.

나. SDG 4 양질의 교육[43]

1) 학교교육의 전반적인 퇴행에 대한 우려

빈곤 종식 목표와 유사하게 감염병 확산 이전에도 학교교육의 성장이 이미 둔화되었고 코로나19의 영향은 세기적 재앙 수준으로 다수의 학교가 폐쇄됨에 따라, 아동의 학습과 정서적 활동이 중단되어 중장기적으로 부정적인 영향을 미칠 것으로 예상된다. 구체적으로 전 세계 학생의 2/3가 전면 혹은 일부의 학교폐쇄로 수업을 받지 못했고 대안적 원격학습에 접근할 수 없는 취약아동은 학습이 단절되거나 조혼 혹은 아동노동에 노출되어 있다.

2) 독해능력 저하 경향

1~8학년 사이 아동 및 청소년 학생 약 1억 1백만 명이 코로나19로 인해 2020년 기준으로 독해력 최소기준보다 하회한 걸로 추정되는데 이는 지난 20년간 달성한 성과가 무산되는 결과를 초래하였다. 따라서 유례없는

43 https://sdgs.un.org/goals/goal4 (검색일: 2021.11.09).

대책과 추동전략이 마련되어야만 2024년까지 회복될 수 있을 것으로 보인다.

3) 중등교육 수료율의 정체 혹은 감소 현상

감염병 확산 이전, 사하라 이남 국가의 중등교육 수료율은 29%에 불가하지만, 다행히 전 세계적으로 청소년의 수료율은 53%로 나타났는데 감염병 이후, 수료율은 증가세가 둔화되거나 학교 폐쇄기간에 따라 하락 반전할 가능성을 배제할 수 없다. 이는 학습의 부재와 출석동기의 반감, 궁극적으로 빈곤이 증가할 경우 불우청소년의 수료율 증진에 큰 장애가 될 것으로 예상된다.

4) 교육접근성 및 교육성과의 격차 심화

2019년 기준, 15세 이상 남녀 간 문해율은 100:97이다. 최근 데이터를 보면, 보고국가 및 지역의 50%는 초등교육 수료율의 성별격차 해소 목표를 달성하지 못하였고 소수의 국가만이 고등교육등록에서 성별균형을 보여주었다. 또한 도농 간, 가구자산별 교육격차는 더욱 심화되고 있다.

5) 교육 인프라의 취약

2017~2019년간 통계에 의하면, 초등학교의 20%는 안전한 식수에 접근할 수 없고 1/3은 세면시설을 갖추지 못하고 있다. 최빈개도국의 경우, 초등학교의 2/3가 전력시설에 접근이 불가하고 학교 내 교육목적의 컴퓨터 활용률이 낮은 편이며 인터넷 이용률은 더 저조한 것으로 나타났다.

6) 교원연수의 대륙 간 격차

2019년 기준으로 초등학교 교사의 81%가 연수를 받은 반면, 사하라 이남 아프리카와 남아시아는 각각 65%와 74%에 머물렀다. 코로나19 봉쇄로 인한 학교폐쇄는 교사들에게도 심각한 영향을 미쳤다.

다. SDG 6 깨끗한 물과 위생[44]

1) 물과 위생시설의 점진적인 개선 달성

2000년~2020년 사이에 안전처리식수 및 위생서비스 활용인구가 각각 20억 명과 24억 명까지 증가하는 진전이 있던 반면, 안전처리식수 및 위생서비스 불용인구는 20억 명과 36억 명에 달한다. 전 세계 인구 3명 중 1명은 자택에 비누와 수도를 갖춘 기초 세면시설의 부재로 코로나19 바이러스에 노출 위험도가 더 높은 것으로 나타났다. 2015년 하수용량과 처리규모를 보고한 49개국 중 32%가 제한된 수준에서 하수처리를 실시하였으나 2020년에는 128개의 보고국 중 56%가 가정하수에 대한 정화처리절차가 시행된 것으로 추정되었다. 2020년 기준 89개국의 강, 호수, 대수층의 조사결과 수역의 수질 72%가 양호한 것으로 보고되었는데 특히 보호가 복원보다 용이하다는 점에서 오염으로부터 수역의 보호가 즉시 시행될 필요가 있음을 반증한다.

2) 용수효율 및 수분스트레스의 개선과 저조한 통합 수자원 관리

글로벌 수준에서의 용수효율이 2015년 기준 ㎥당 $17.30에서 2018년 $19로 10% 상승하였고 모든 경제영역에서 전반적인 상승추세인데 산업부문은 15%, 농업부문은 8%, 서비스부문에서 8%씩 각각 증진되었다. 수분스트레스의 감소에 기여하는 용수효율이 개선됨에 따라, 글로벌 수분

---

44 https://sdgs.un.org/goals/goal6 (검색일: 2021.11.10.).

스트레스가 2015년 18.2%에서 2018년 18.4%로 상승률이 둔화되었으나 대륙별로는 격차가 발생하고 있다. 서아시아 및 남아시아, 북아프리카가 70%에 달하는 높은 수준인 반면, 동남아시아, 라틴아메리카 및 캐리비안 지역, 사하라 이남 아프리카는 2017년에서 2018년 사이에 수분스트레스가 상승하였다.

한편, 2020년 기준 129개국 및 지역이 통합 수자원 관리의 이행 수준이 목표에 미달하는 것으로 나타났는데 2030년까지 목표달성을 위해서는 이행률이 현재보다 2배 수준으로 증대되어야 할 것으로 관측된다.

3) 초국적인 수자원 협력의 미비책에 대한 보완 필요

초국적 수자원 협력은 공유 수자원 점유에 따른 분쟁을 예방하고, 광의적 지역통합, 평화, 지속가능발전을 지원하는 데 주요하게 기여한다. 그럼에도 2017년부터 2020년까지 강과 호수, 대수층을 공유하는 153개국 중 24개국만이 공동유역의 100% 운용합의를 성사시켰고 22개국은 70% 수준을 포함하는 데 그쳤다.

4) 담수 생태계의 급속한 변화의 우려

담수 생태계 및 이러한 생태계가 조성하는 자원군집이 극적인 변화의 과정을 겪고 있다. 세계 강수역의 1/5에서 지표수 지대에서 빠른 상승이나 하락이 발생하고 이런 전례 없는 상황이 대규모 강의 오염과 습지 및 담수의 생물다양성의 지속적인 소실과 저하로 귀결되고 있다. 1970년부터 2015년 사이 내륙과 해양, 연안습지의 총면적이 35% 감소하였는데 이는 삼림손실의 3배에 달하는 규모라는 점에서 물 관련 생태계의 보호 및 복원을 위한 노력이 신속히 확대되고 촉진되어야 한다.

5) 수자원 분야 ODA의 증액 필요

2015년부터 2019년까지 수자원 분야 ODA의 실제 지출은 88억 달러 수준을 유지하고 있는 반면, ODA 공여 약속은 9%로 증가하였다. 동일 기간에 최빈개도국에 대한 양허차관융자는 20억 달러로 52% 증가하였으나, 상환의무가 없는 무상원조는 8%만 증액되었다.

6) 지역사회의 참여의 촉진

2018년과 2019년에 109개 이행 보고국과 지역 중 2/3는 법과 정책 차원에서 물과 위생관리에 있어 지역사회의 참여 절차를 갖추고 있다. 그러나 14개국 만이 협력적 관리와 의사결정의 과정에서 높은 수준의 지역사회 및 사용자의 참여를 허용하는 것으로 보고되고 있다.

3. 인도적협력 분야 북한 현황 및 VNR 분석

북한은 1994년부터 시작된 기근과 반복되는 기상재해로 인한 식량부족과 영양결핍 등 만성적 위기(protracted crisis)에 직면해왔기 때문에 불가피하게 국제사회의 인도적 지원을 수용하여 위기를 극복해 왔다. 특히 Post-2015 의제가 논의되는 시점에서 북한은 중장기적인 사회경제적 도약을 위한 선결과제로서 재난복원력의 제고에 중점을 두었고 이는 유엔전략계획에도 적극적으로 반영되었다. 따라서 이 장에서는 북한의 인도적 협력분야의 현황을 분석하고 북한의 VNR에서 발표한 지표에 대해 알아보고자 한다.

3.1 인도적협력 분야 북한 현황 분석

가. 북한의 재난현황

북한은 사회경제적 현상으로서 재난의 개념보다는 불가항력적이고 중립적 성격을 띠는 재해라는 용어를 범용으로 사용하고 있기 때문에 자연재해와 인위적 재해로 구분하고 있는데 자연재해는 '가뭄, 풍수해, 냉해, 산사태' 등을 말하고 인위적 재해는 '핵사고, 폭발, 전염병' 등으로 구분하고 있다.

북한이 직면해 온 식량위기와 영양결핍, 열악한 식수위생시설 등은 일종의 지속적 문제(stress) 하에서 단기간에 대규모의 피해를 야기하는 기상재해가 충격(shock)으로 가해질 경우, 북한의 재난취약성은 필연적으로 높아질 수 밖에 없다. 더구나 최근 대두되고 있는 아프리카 돼지열병과 코로나-19 등 감염병의 확산은 북한의 재난대응역량을 제한하고 있다.

구체적으로 2010년 이래 북한을 강타한 기상재해를 살펴보면, 2회의 집중호우와 6회의 태풍이 강타하여 다수의 인명피해와 경제적 손해가 발생하였다. 예를 들어 2016년 발생한 태풍 라이언록은 수백 명의 인명피해와 6만 8천여 명의 이재민, 29,800채의 주택이 완파 혹은 반파되는 피해를 입었다. 또한 기후변화의 위험도에 있어서도 재난대처능력이 취약한 것으로 파악되었다.

〈표 3-9〉 북한의 최근 10년간 기후로 인한 자연재난 현황

연도	재난종류	재난지역	주요 피해현황
2010	집중호우	평남, 평북, 함남, 자강, 강원, 황해, 신의주	- 인명피해 : 수십여 명 사망 - 주택 : 2만1천여 세대 및 건물 880여 동 파괴·침수
2011	태풍 메아리, 태풍 무이파	황남, 황북, 함남, 강원	- 인명피해(사망·부상·행방불명) : 70여 명 - 이재민 : 23,800여 명 - 주택 : 9,480여 동 - 건물 : 생산·공공건물 530여 동
2012	태풍 볼라벤	북한 전역	- 인명피해 : 사망 300명, 부상·행방불명 600여 명 - 이재민 : 29만 8,050명 - 주택 : 87,280세대 파괴·침수 - 농경지 : 12.3만여 정보 침수·매몰·유실
2013	집중호우	북한전역	- 인명피해 : 사망 33명, 실종 18명, 부상 2명 - 이재민 : 약 4.9만 명 - 주택 : 1.5만여 세대 파괴·침수 - 건물 : 1.2만여 동 - 농경지 : 1.3만여 정보 침수·매몰·유실
2015	태풍 고니	나선시	- 인명피해 : 사망 40명 - 이재민 : 11,000명 - 주택 : 1,070여 동 5,240여 세대 파괴· 침수 - 건물 : 99동(기관·기업소·학교·탁아소 병원 등) - 농경지 : 125여 정보 완전 침수
2016	태풍 라이언룩	함북	- 인명피해 : 수백 명 - 이재민 : 68,900여 명 - 주택 : 29,800여 동 침수(11,600여동 완파) - 건물 : 생산·공공건물 900여 동 파괴·손상 - 농경지 : 27,400여 정보 유실·매몰
2019	태풍 링링	함남, 황북, 함남, 평양, 평북	- 인명피해 : 5명 사망, 3명 부상 - 주택 : 210여동 460여 세대 살림집 파괴·침수 - 건물 : 15동의 공공건물 완전 및 부분적 파괴·침수 - 농경지 : 26,200여 정보 침수·매몰

자료 : 통일부 북한정보포털 홈페이지[45]

나. 북한의 재난관리체계

북한은 1980년대부터 재난과 환경오염을 관리하는 법제도를 정비했으나 실효적인 성과를 거두지 못하였고 이는 1995년 대홍수를 통해 확인되었다. 이에 90년대에 들어 UNDP와 UNEP가 주도하는 환경과 기후변화 관련 국제의제에 관심을 표명하고 관련 회의에 대표단을 파견하여 국제적 동향을 파악해 왔다.

한편, 재난관리의 법체계와 관련 재난별로 관련 법을 각각 제정하여 담당부처별로 분절화된 대응방식을 취하다 보니 효과적인 재난관리가 이뤄지지 않았다. 이에 2014년 6월에 이르러 기본법으로서 '재난예방·구호·복구에 대한 법'을 제정함으로써 통합적 접근을 위한 법적 토대가 구축되었다.

재난관리체계의 경우, 상기 법에 의거 '국가 긴급재난관리 위원회'를 설립하여 정부의 유관부처 및 산하기관 간 조정 및 협업을 총괄하면서 통합적 재난관리를 추진하고자 노력하고 있다. 구체적으로 위원회 산하에 8개의 부서가 있고 농업성을 비롯 5개의 유관부처와 기관, 그리고 조선중앙적십자회가 참여하고 있으며 지방의 경우 책임부서와 재난관리 담당자를 두어 관리하고 있다.

---

45 https://nkinfo.unikorea.go.kr/nkp/overview/nkOverview.do.

〈그림 3-2〉 북한의 재난대응 조직체계

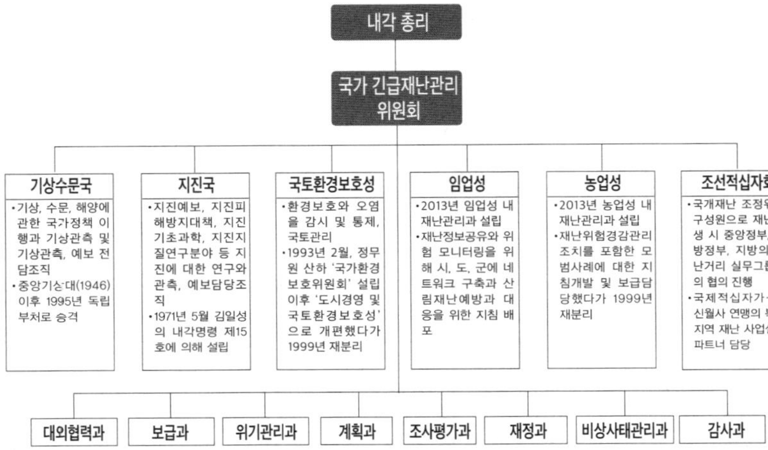

자료: 강택구 외 (2016), 70을 토대로 재구성

3.2 인도적협력 분야 북한 VNR 분석

본 절에서는 2021년에 개최된 유엔 고위급정치포럼에서 북한이 발표한 자발적 이행점검보고서(VNR)에서 인도적협력과 관련성이 있는 SDG 1번, 4번, 6번의 세부 목표와 지표, 그리고 이행현황을 살펴본 후 현황을 분석해 보고자 한다.

가. SDG 1: 인민생활수준의 지속적인 개선

〈표 3-10〉 북한 SDG 1 세부 목표 및 지표

세부 목표	지 표	단위	2015	2018	2020
1.1 2030년까지 주택 분배 시스템과 국가 배급으로 인민의 물질 문화적 수요를 충족시킨다.	1.1.1. 공동주택에 거주하는 가구 비율	%	29		67

1.2 돌볼 사람이 없는 고아와 노인이 걱정을 모르고 살 수 있도록 당의 예산을 늘린다.	1.2.1. 개설되거나 신설된 초등학원, 중등학원, 육아원, 애육원, 양로원	%			
1.3 국가적으로 적절한 사회보장제와 조치를 이행한다.	1.3.1 사회보장제도를 지원 받는 인구 비율	%			
1.4 2030년까지 인민을 위한 인상적이고 현대적인 문화 정서 생활기지를 증설하고 유급휴가제, 료양, 휴가를 포함한 인민 중심의 정책을 강화한다.	1.4.1 기본 서비스를 이용할 수 있는 가구에 거주하는 인구 비율	%			
1.5 2030년까지 완벽한 국가체계를 구축하고 기후와 관련된 자연재난으로부터 모든 인민을 보호할 수 있는 방안을 마련한다.	1.5.1 인구 10만명당 재난으로 인한 사망자 수 및 실종자 수	총계	0.43	0.59	0.47
		사망인원	0.34	0.29	0.42
		실종인원	0.09	0.3	0.05
	1.5.2 재난으로 인한 직접적인 경제적 손실				
	1.5.3 국가재난위험경감계획	연도		2019	
	1.5.4 국가 전략에 따라 지역별재난위험경감계획을 채택한 비율	%			100
1.a 다양한 곳에서 상당한 재정적 동원을 보장한다.	1.a.1. 공적개발원조(ODA)	백만 달러			

자료: DPRK. Voluntary National Review on the implementation of the 2030 Agenda를 토대로 저자 재구성.

북한은 『사회주의 헌법』에 의거 모든 물질문화생활을 높이는 것을 최고의 원칙으로 삼고 이런 수요를 충족하기 위해 국가 배급체계를 가동하는 것으로 규정하고 있다. 세부 목표로는 주택증축, 고아 및 노인 등 취약계층을 위한 보호 및 교육시설 확충, 사회보장제의 적용, 휴양을 포함한 정서적 서비스 제공, 자연재해로부터의 보호를 제시하고 있다. 이에 세부 목표에 근거하여 지표가 제시되었는데 SDG1 간 일치도를 보이는 것은 1.3(사회보장제의 적용)과 1.5(재해경감)라고 할 수 있고 이행현황의 점검에 있어 1.1(주택증축), 1.5(재해경감)에 한해 제공하고 있다.

그러나 SDG1의 주요 목표는 빈곤 종식이고 달성 여부를 측정할 수 있는 핵심지표는 최저빈곤선(absolute poverty line)이다. SDG1.1은 하루 1.25달러로 제시하고 있으며 세계은행은 2015년부터 최저빈곤선 1.9달러, 하위 중소득 집단 빈곤선 3.2달러, 상위 중소득 집단 빈곤선 5.5달러로 조정한 바 있다. 또한 연차별 세계 160개국에 대한 국가별 극단적 빈곤율을 측정하고 있는데 북한은 자료부족으로 제외된 상태이다(송철종 외 2020).

한편, 1.5(재해경감)는 SDG1의 세부지표와 높은 일치성을 보이고 이행상황도 자세히 기술하고 있다. VNR은 재난관리총괄기관으로 2014년 국가긴급재난관리 위원회를 설립하고 센다이프레임워크(2015-2030)에서 강조하는 국가재난경감계획(NSDRR)과 이를 연계한 지역별 계획이 제도화될 수 있도록 법안을 개정하고 있는 것으로 보고하고 있다. 이는 주기적으로 발생하는 자연재해에 대한 대응과 경감체계를 우선순위로 보고 있으며 국제협력 강화의 필요성도 강조하는 만큼 대북협력의 주요한 섹터로 관심을 기울일 필요가 있다.

〈표 3-11〉 북한의 재난관리체계

1. 『재난예방. 구호. 복구에 대한 법』에 의거, 내각 산하 국가계획위원회 및 재난관리국이 통합된 「국가 긴급재난관리 위원회(State Committee for Emergency Disaster Management) 이하 '재난관리위원회'」가 설립되어 유관부서를 총괄하면서 재난관리를 지도·조정·통제
2. 재난관리위원회의의 주요임무
   A. 재난위기관리: 재난위기 조사와 통제, 계획의 지침, 감독 등
   B. 재난위기대비: 재난대비와 대응을 위한 계획수립, 대비활동의 관리, 대피. 구조. 구호 활동 등의 감독, 구호물자의 저장 및 배분
   C. 기초복구: 피해조사와 기초 복구를 위한 수요조사, 계획수립, 물자의 보관 및 제공 등
   D. 재난관리를 위한 과학기술 기반구축: 재난관련 자료의 통합 및 분석, 재난관리에 대한 글로벌 우수사례와 지식의 적용 및 확산, 연습을 통한 접근방법 혁신화
3. 재난관리위원회 산하에는 8개의 부서가 있고 농업성을 비롯 5개의 유관부처 및 기관이 협력 및 조율(조선적십자회도 참여)
4. 지역적 차원에서 지방별로 재난관리 책임부서와 담당자를 두는 한편, 조선적십자회도 시도지부를 재난관리부서로 지정

나. SDG 4: 모든 인민의 지식노동자화

〈표 3-12〉 북한 SDG 4 세부 목표 및 지표

세부 목표	지 표	단위	2015	2018	2020
4.1 전반적 12년제 의무교육의 질을 지속적으로 향상시킨다.	4.1.1. 읽기, 수학에서 최소숙달기준을 달성한 아동과 청소년의 비율			(2017)	
	학년 2/3 이수 시점			93.5, 83.4	
	초등학교 말기			97.5, 89	
	초급중학교(중학교) 말기			97.5, 83.2	
4.2 여아와 남아가 초등교육을 준비할 수 있도록, 영유아 발달(ECD), 보육, '학년 전 교육'의 질을 높인다.	4.2.1. 건강, 학습, 심리 사회적 행복(well being) 측면에서 발달과정에 있는 5세 미만 아동의 성별 비중	%		(2017) 87.7(합계) 86.2(남) 89.2(여)	

세부 목표	지 표	단위	2015	2018	2020
4.2 여아와 남아가 초등교육을 준비할 수 있도록, 영유아 발달(ECD), 보육, '학년 전 교육'의 질을 높인다.	4.2.2. (공식 초등학교 입학연령 전 1년간) 체계적 교육에 대한 성별 참여율			(2017) 97.1(합계) 97.9(남) 96.3(여)	(2019) 99.9(합계) 99.8(남) 99.9(여)
4.3 직업교육제도를 지속적으로 완비하고 교원양성 제도를 개선하여, 일하면서 배우는 교육체계를 더욱 확대 발전시킨다.	4.3.1 공식, 비공식 교육 및 훈련에 참여한 청소년 및 성인의 비율	%			
	4.3.2 일·학습 병행제에 참여한 청소년 및 성인의 비율				
4.4 청년과 성인들에게 각자의 능력에 맞는 일자리를 제공한다.	4.4.1 정보통신기술(ICT) 을 보유한 청소년과 성인의 비율 (15세-19세)	%		(2017) 61.6 (여) 63.7 (남)	
4.5 교육내용과 방법을 더욱 개선하여 종합적으로 발달된 재능, 정치·사상적으로 준비되고, 높은 창의성과 도덕적 풍모, 튼튼한 체력을 지닌 청년세대를 육성한다.	4.5.1 모든 교육 지표에 대한 형평성 지수	%		(2017)	
	1) 여성 / 남성별 초등, 중등, 고등교육 조정 순 취학률	%		1:0.97:1	
	2)하위 20% / 상위 40%(자산 지수)의 초등, 중등, 고등교육 조정 순 취학률	%		1:1:1	
	3) 농촌 / 도시 간 초등, 중등, 고등교육 조정 순 취학률	%		1:0.99:1	

세부 목표	지 표	단위	2015	2018	2020
4.7 2030년까지, 모든 학습자가 지속가능발전을 촉진시키는데 필요한 지식과 기술을 습득하도록 보장한다.	4.7.1 지속가능발전 교육이 교육정책에서 주류화 되어 있는 정도				
4.a 교육여건과 환경의 통해 교육부문의 물질적·기술적 기반을 세계 수준으로 끌어올린다.	4.a.1 다음 항목에 접근 가능한 학교 비율			(2017)	
	(a) 전기	%	100	100	100
	(b) 청년 교육을 위한 내부 전산망 (인트라넷)	%	80	100	100
	(c) 청년 교육을 위한 컴퓨터				
	(d) 학령기 아동 및 장애아동을 위한 공공기반시설 및 교육재료				
	(e) 안전한 식수				
	(f) 성별로 분리된 위생시설				
	(g) 기본적인 손 씻기 시설				

자료: DPRK. Voluntary National Review on the implementation of the 2030 Agenda를 토대로 저자 재구성.

북한은 양질의 교육부문에 있어 SDG4의 세부 목표와 지표에 대해 높은 수용성을 보이고 있다. 1950년대에 보편적 초등의무교육과 더불어 중고등 무상교육을 제도화하였고 이에 따라 각종 지표에서도 양호한 이행현황을 보고하고 있다. 특히 4.1(12년제 의무교육 달성), 4.2(영유아교육), 4.5(교육내용 및 방법개선), 4.a(교육인프라)부문에 높은 달성도를 나타내고 있다.

〈그림 3-3〉 북한의 초등의무교육 기관

자료: DPRK, 『Democratic People's Republic of Korea Voluntary National Review on the Implementation of the 2030 Agenda(2021)』, pp. 21

한편, 4.3(평생교육)의 일-학습병행 고등교육체계와 관련, 보고서에는 공장대학, 농장대학, 어장대학과 같이 직무와 연관된 시간제 학습시스템을 도입하고 원격교육 시스템을 구축하였다고 설명하고 있지만 구체적인 이행현황은 공개하지 않았다. 4.4(능력기반 일자리 제공)에서 정보통신기술 역량을 보유한 청년과 성인의 비율이 남녀 모두 60% 이상이라고 언급하고 있는데 역량의 정의 여부에 따라 달성가능성이 있지만, 소수 엘리트 중심의 정보통신교육을 실시하고 ICT의 안보전략화를 지향하는 북한의 상황을 감안할 때 의심의 여지가 있다(Lee & Hwang, 2004).

4.a(교육 인프라의 확충)에 있어 전력시설과 내부 인트라넷망 구축이 100%로 설명하고 있는 반면, PC 보유 비율과 장애학생 친화시설, 급수위생시설에 대해서는 별도의 언급이 없는 것을 감안할 때, IT인프라와 급수위생시설의 확충에 어려움을 겪고 있을 것으로 판단된다.

북한 당국은 교육의 혁신이 저조하고 형식에 치우치는 교육환경의 변화를 주요한 문제점으로 제시하고 있다. 이에 교육 발전의 추세에 부합하게 교육방법론의 고도화와 인프라 및 환경의 개선을 과제로 제시하고 있다.

따라서 수리과학분야로서 STEM(Science, Technology, Engineering and Mathematics) 유관 교과의 교육방법론적 기술지원협력을 우선적으로 고려할 수 있다. 이외에도 일-학습 병행제와 관련한 원격교육 분야에 있어 유엔제재로 인해 장비나 인프라의 지원은 불가하지만, 북한 내 관심도가 높은 만큼 교육정보화 관련 역량 강화를 위한 협력도 유망해 보인다. 그리고 평시뿐만 아니라 재난에 취약한 교육인프라, 특히 취약한 급수위생시설은 학생들의 공중보건과도 긴밀히 연계되는 만큼 관련 인프라의 확충을 위한 협력도 시급하다고 할 수 있다.

다. 목표 6: 물과 위생의 지속가능한 사용 및 관리보장

〈표 3-13〉 북한 SDG 6 세부 목표 및 지표

세부 목표	지 표	단위	2015	2018	2020
6.1 모든 인민을 위한 안전한 식수에의 보편적이고 공평한 접근을 달성한다.	6.1.1. 안전하게 관리되는 식수 서비스 이용 인구 비율	%		(2017) 60.9	
	6.1.2. 중력식 급수공급 시스템에 접근성을 가진 가구 비율	%			
6.2 모든 인민을 위한 적절하고 공평한 위생시설에 대한 접근을 달성한다.	6.2.1. 안전하게 관리되는 위생시설 이용 인구 비율	%		(2017) 47.5	
6.3 오염 감소, 폐기물 투기 근절, 유해 화학물질 및 위험물질 방류 최소화, 미처리 폐수 비율의 절반 감축, 재활용 및 안전한 재사용의 실질적 확대를 통해 수질을 개선한다.	6.3.1. 안전하게 처리되는 폐수 비율	%			
	6.3.2. 양질의 주변 수원을 갖춘 수역의 비율	%			

세부 목표	지 표	단위	2015	2018	2020
6.4 용수효율 증대와 물 부족 문제해결을 위한 지속가능한 담수 추출 및 공급 보장으로, 물 부족으로 고통받는 인민의 수를 대폭 감소시킨다.	6.4.1. 시간 경과에 따른 물 사용 효율성의 변화 비율	%			
	6.4.2. 수분스트레스 수준:가용한 담수자원 비율로서의 담수 취수	%			
6.5 적절한 초국경 협력을 포함하여, 모든 수준에서 통합수자원관리를 이행한다.	6.5.1. 통합수자원관리(IWRM) 이행 정도	%			
	6.5.2 물 협력을 위한 초국경 유역비율	%			
6.6 산, 숲, 습지, 강, 지하수층 및 호수를 포함 물과 관련된 생태계를 보호·복원한다.	6.6.1. 생태계가 복원된 강(km)	km			
6.a 물과 위생에 관한 국제협력을 확대시킨다.	6.a.1. 물과 위생시설 관련 ODA(공적개발원조) 총액	%			
6.b 물과 위생관리의 개선을 위해 지역사회의 참여를 강화한다.	6.b.1. 물과 위생시설 관리에 참여하는 지방행정단위의 비율	%			

자료: DPRK. Voluntary National Review on the implementation of the 2030 Agenda를 토대로 저자 재구성.

2017년 실시한 다중지표군집조사(MICS)에 의하면 안전한 식수사용 인구 비율이 60.9%이고 위생시설은 47.5%인데 도시는 두 지표에서 70% 이상의 접근성을 보이는 반면, 농촌은 각각 44.5%와 11.4%로 큰 격차를 보이고 있다. 2018년도 기준으로도 약 5백 7십만 명이 안전한 식수와 위생시설의 접근이 결여된 것으로 보고되고 있는데 특히 UNICEF는 학교와 보건시설의 50%, 유아원의 38%가 충분하게 급수위생시설을 이용하지 못하는 것으로 분석하고 있다.[46] 더구나 1970년대와 80년대에 걸쳐 설치한 수

도공급체계가 여전히 가동되고 있지만, 파이프 급수시설에 대한 유지보수가 제대로 되지 않아 식수의 질이 저하되고 반복되는 수해로 상황이 개선되지 않고 있다.

결국 안전한 급수위생시설의 낮은 접근성은 잦은 출혈성 이질로 빈혈과 급성신부전증을 유발시키는 시겔증과 심각한 염증의 원인이 되는 리프성 필라리아시스 등의 박테리아 및 기생충감염을 일으킨다. 2018년 북한사망률은 인구 1,000명당 9.3명인데 전체인구비율로 추정하면 236,000명이 된다. 미 질병통제센터에 의하면 모든 사망의 6.3%가 급수위생과 연관되어 있다는 가정을 대입해 보면, 약 15,000명의 사망 원인이 이와 관련이 있다는 추정이 가능하다. 실제 2018년 유엔은 356,891명의 북한 주민에게 안전한 급수위생의 제공을 계획했으나 여건상 91,891명만 수혜대상이 되고 265,000명이 배제된 것을 감안할 때, 결국 697명의 사망자가 직접적인 급수위생원인으로 발생하였다고 볼 수 있다.[47]

〈그림 3-4〉 북한 내 식수위생 개입 수혜대상 및 실제지원현황

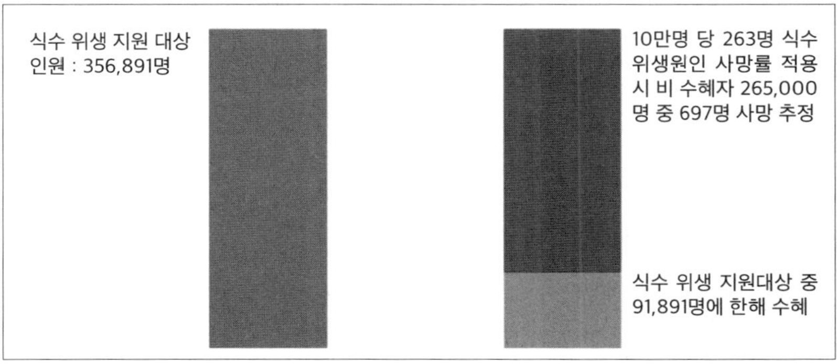

자료: Diplomat (2019.08.02.)

46 https://www.unicef.org/dprk/water-sanitation-hygiene (검색일: 2021.11.10).

47 https://thediplomat.com/2019/08/water-sanitation-and-hygiene-can-north-korea-be-washed-free-of-disease/ (검색일: 2021.11.10).

이에 북한 당국은 6.1(식수접근성 개선)의 달성을 위해 효과성이 입증된 중력식 급수시스템(GFS)의 활용을 적극 추진하고 있다. 전력이 부족한 북한으로서 불가피하게 중력을 이용하는 에너지 절약형 급수시스템은 적합한 선택이라고 할 수 있다.

한편, 6.2(위생시설 접근성) 및 6.3(폐기물 및 하수처리)과 관련, 개선형 수세식 화장실을 구비한 가구의 93%의 배설물이 부분적으로 혹은 불안전하게 처리되어 농지나 구덩이, 개활지, 수역에 버려지고 있다. 이렇게 불완전한 기술여건과 장비 및 시약의 부족으로 하수처리가 제대로 안 된 채 가정 및 사업용 폐수가 방류되고 있어 수질오염을 야기하고 있는 것으로 예상된다.

6.5(통합수자원관리)는 압록강 수역의 공동 관리를 위해 중국과 사용원칙을 체결한 것으로 보고되고 있다. 이행현황에 대해서는 급수와 위생시설의 접근성 비율만 제시할 뿐 여타 지표는 공개하지 않고 있다.

〈그림 3-5〉 북한중력수로 및 일반식 중력수로 체계도

북한중력수로

중력수로 체계도 모델

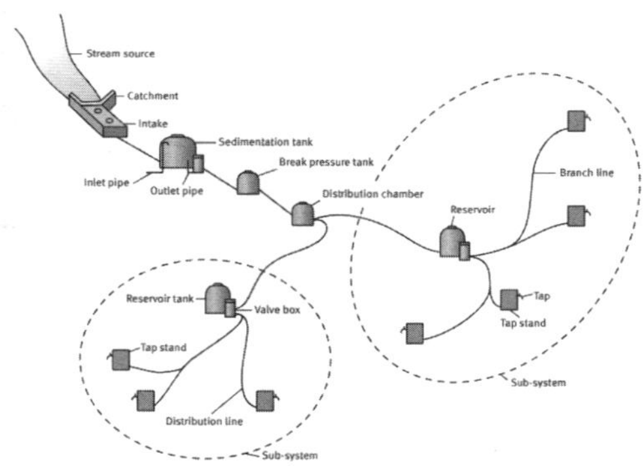

자료: uriminzokkiri.com, wateraid (2013).

4. 인도적협력 분야 SDGs의 북한 적용

북한에 대한 인도적협력에 있어, 우선 북한이 주기적으로 직면하는 기상재해 위기상황을 가정한 시나리오를 설정하고 보편적으로 가동되는 국제 인도적 지원수행 체계를 준용하고자 한다. 그리고 재난대응 및 복구의 과정에서 SDG 1, 4, 6번 목표를 적용하는 방안을 제시하고자 한다.

4.1 인도적협력 사업 시나리오

〈표 3-14〉 인도적협력 사업 시나리오

2022년 9월 2일, 북서태평양 인근에서 발생한 열대성저기압이 4등급 태풍으로 형성되었고 일본과 한국의 동해안을 거치면서 급격히 1등급으로 변하여 수도인 평양을 비롯하여 황해남북도, 평양남북도, 함경남도를 강타하였다. 팅팅(Ting ting)으로 명명된 태풍은 시속 30㎞의 강풍과 시간당 40㎜의 폭우, 그리고 동해안에 60~98㎝의 해일이 발생하였고 특히, 함경남도의 영광·요덕·장진군과 단천시에 큰 피해를 가져왔다. 북한 당국 재난대응팀의 긴급피해조사에 의하면, 1,292가구의 4,636명이 피해를 받아 인근 공공시설로 대피하였다. 피해상황은 구체적으로: • 가옥의 경우, 전파가 133채, 반파가 67채, 침수가 835채 등 총 492채가 피해를 받았다. 공공시설인 학교, 유아원과 유치원, 보건소 등이 반파되거나 침수되었고 농경지 수백 헥타르가 홍수로 씻겨 내려가 생계에 심각한 문제가 발생하였다. • 급수위생시설은 홍수로 인해 우물과 공공급수시설이 파괴되어 안전한 식수 접근성이 거의 불가능하고 주택과 학교 보건소의 화장실이 파손되었다. 홍수로 불어난 물이 화장실의 분뇨를 넘치게 하여 우물까지 영향을 줌으로써 식수

를 급속히 오염시켜 벌써 수인성 전염병이 발발하고 있다. 이질이 5세 미만 아동들과 평소 지병을 앓고 있는 노인들을 중심으로 급속히 퍼지고 있다. 앞으로 복구까지 3개월 이상이 소요될 것으로 보이기 때문에 여성과 여성청소년들을 위한 생리용품의 지원도 추가되었다.

- 식량의 경우, 함경남도의 재난 대비 비축창고에 적재되어 있던 필수영양소를 함유하고 있는 간편식 젤리캔이 대피소에 체재하고 있는 이재민들에게 불출되었다. 그러나 재난의 영향이 장기화됨에 따라, 취약계층인 여성과 아동 노인의 안정된 식량공급에 차질이 예상된다. 특히 태풍 이전에도 도농 간 5세 미만 아동의 만성영양결핍률의 격차가 심해 아동 3명 중 1명은 최소기준의 음식만을 섭취하는 것으로 보고되었는데 당분간 격차가 더 벌어질 것으로 예상된다.
- 보건 분야의 조사 결과, 피해지역 내 태풍으로 인한 직접적인 부상과 가옥파손과 같은 인프라의 파괴로 인한 우울증이 심해지고 수질오염으로 이질과 피부병이 발발한 것으로 나타났다. 공공배급 체계와 집단농장이 제 기능을 하지 못함에 따라, 전술한 바와 같이 식량부족으로 인해 5세 미만 아동과 임산부들의 영양결핍에 대한 우려가 제기되고 있다.

타도보다 함경남도의 피해가 극심했던 만큼, 북한 정부는 초기 인도적 구호활동이 종료되는 시점에서 영광군과 장진군, 단천시, 요덕군의 재건복구를 위해 역량을 집중하기로 인도지원국가팀과 재건복구계획을 수립하였다. 그리고 남한의 재건복구 지원 제의에 대해 북한 당국은 장기간의 내부토의를 한 결과, 사안의 시급성을 고려하여 일부 수용하기로 하였고 수용범위를 단천시의 식량지원과 재해경감대응형 대피시설 복구, 학교의 급수시설 복구로 한정하였다.

이에 북민협의 인도적 구호 클러스터 중, 식량과 급수위생, 교육, 재건복구 분야에 속해 있던 민간단체들이 대북 재건복구 지원계획을 수립하게 되었다.

가. 지원전략

본 사업은 UN SDG 1(빈곤 종식), SDG 4(교육), SDG 6(안전한 식수위생)과 연계하여 북한이 수립한 국가지속가능발전계획 [목표: 1.5], [목표: 4.a], [목표: 6.1]의 달성에 기여한다. 또한 북한 정부와 유엔 국가팀 간 서명한 『유엔전략계획 2017-2021』의 [우선목표 1: 식량 및 영양안보] 및 [우선SDG 3: 회복력과 지속가능성]과 직접적으로 연관되어 있다.

북한 당국이 기수립한 『재해대응계획과 재해위험경감계획(National DRR)』과 더불어 인도지원국가팀이 발표한 『북한 인도적 수요와 우선순위 2022』를 준용한다.

또한, 『제3차 남북관계 발전기본계획(2018-2022)』의 중점 7대 과제 중 5번째 [인도적 문제해결 추진]과 관련, '영유아·임산부 등 취약계층 대상 지원과 함께 결핵과 말라리아 등 감염병 예방 등 보건의료 및 긴급구호 분야 협력 우선 추진'과 '국제기구의 인도적 상황 개선 노력 지속 참여 및 민간 차원의 인도적 지원 활성화를 위한 민관협력 강화'에 근거하여 사업을 수행한다.

나. 사업명: 함경남도 영광군 재해전환 복원력 연계 지원사업

다. 사업기간: 2023~2025 (3년)

라. 목적: 식량지원·(교육시설) 급수위생·재해경감 복구사업을 통해 복원력 환경 구축 지원

마. 수혜대상: 적접 수혜자 1,499명 이재민 및 간접 수혜자 15,000명의 초중등학교 재학생

바. 예산: 55억 원

<〈그림 3-6〉 함경남도 영광군 지도

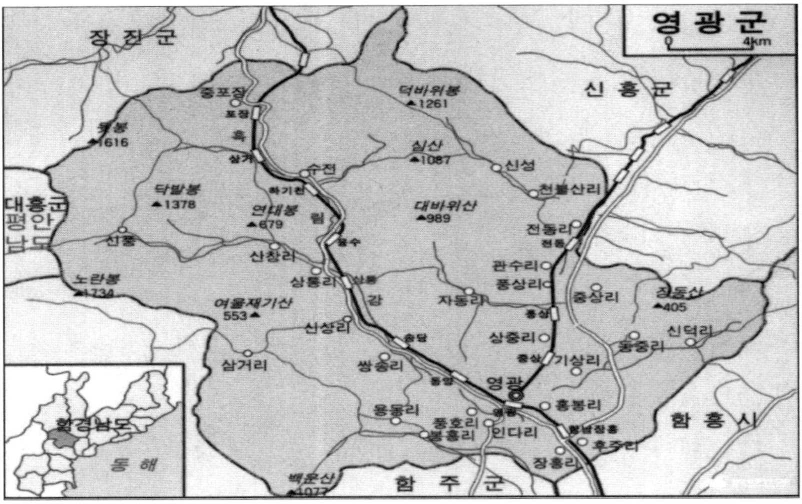

4.2 세부사업 내용

가. 영향(Impacts): 자연재해로부터의 안전한 사회구현 (SDG 1, 4, 6)

나. 장기성과(Long-term outcome): 지속가능한 재해경감 복원력 환경 구축

다. 성과 및 산출

1) 성과(Outcome 1): 영광군 이재민 및 지역사회 내 7세 미만 아동, 임산부, 결핵환자 대상 영양상태(미립영양상태) 개선

- 산출 1.1(Output 1.1): 주요 수혜대상의 고품질 영양식 제공
- 산출 1.2(Output 1.2): 안전한 고품질 영양식 생산을 위한 현지 공장의 인프라 개선 및 생산역량 강화

2) 성과(Outcome 2): 영광군 내 지속가능 기반 급수서비스 체계 구축

- 산출 2.1(Output 2.1): 지속가능한 급수를 위한 중력수로 관리체

계 복구 및 구조화 지원

- 산출 2.2(Output 2.2): 피해 초중등학교 내 복원력 기반 식수 및 세면 서비스 개선

3) 성과(Outcome 3): 영광군 내 피해 가옥의 재해복원력 강화

- 산출 3.1(Output 3.1): 재난복원력을 갖춘 점진주택 100채 복구지원
- 산출 3.2(Output 3.2): 마을 재해경감위원회 조직 및 운영계획 수립지원

라. 지원사업 내용

1) 지원사업 1.1.1(Activity 1.1.1): 수혜대상에 대한 영양식 지원

- 유아원(6개월~5세 미만), 유치원(5~6세), 소아병원 내 아동 및 임산부를 대상으로 영양상태 유지를 위한 주변 군 지역 소재 공장에서 생산된 영양식 제공
- 결핵보균 성인남녀 및 아동 대상 직접관찰치료법(DOTS) 연계 영양식 제공
- 영광군 보건소와 협조 하에 수유와 보조 이유식을 강조하는 영유아 아동의 균형급식관리 연수 실시

2) 지원사업 1.2.1(Activity 1.2.1): 영양식 생산공장 인프라지원 및 역량 개선

- 영광군 및 주변 군 3개 영양식 생산공장 대상 노후부품 및 장비 교체
- 영양식 안전성 관련 포장 패키지 제공
- 공장근로자 대상 생산기술 연수 실시

3) 지원사업 2.1.1(Activity 2.1.1): 영광군 내 중력수로 시스템의 복구 및 확대

- 기존 중력수로 시스템의 장비 교체 및 복구지원
- 홍수범람 시 수도보급소를 보호하기 위한 피해경감구조 구축
- 안정된 식수 공급을 위한 신규 중력급수 시스템 설치

4) 지원사업 2.2.1(Activity 2.2.1): 피해 초중등학교 수도 및 세면시설 10개소 복구 및 개선

- 학교 내 중력급수 파이프라인 연결 및 급수탱크 설치
- 수도 및 세면시설 복구
- 학교 교직원 대상 식수위원회 및 유지관리 교육

5) 지원사업 3.1.1(Activity 3.1.1): 기존 피해주택의 점진주택으로 복구

- 점진주택 설계 및 자재 지원
- 이재민 인부동원을 위한 Food for Work 지원
- 주택 유지보수 교육 제공

6) 지원사업 3.2.1(Activity 3.2.1): 마을 재해경감위원회 지원

- 마을 재해경감위원회 대상 리더십 및 재해관리 교육 실시
- 재해위험경감 실행계획 수립 지원
- 실행계획 검증을 위한 워크숍 실시

4.3 사업설계매트릭스(PDM) (표 3-15)

요약(Narrative Summary)	객관적 검증지표 (Objectively Verifiable Indicators)	검증수단 (Means of Verification)	중요가정 (Important Assumptions)
영향(Impacts) 자연재해로부터의 안전한 사회구현 (SDG 1) 지속가능한 재해경감 복원력 환경 구축 (Long-term Outcome)	 1. 재난으로 인한 사망자 수 및 실종자 수 감소 2. 재난으로 인한 경제적 손실 개선도	1.북한 SDGs 자발적 이행점검 보고서(SDG 2번) 2.센다이 프레임워크 이행보고 3.농업부 채소생산 및 유통 통계	북한 당국의 복원력 프로그램의 병행
성과(Outcomes)			영광군 수원기관의 재해복구 프로그램의 효율적인 운영 중국 및 현지 조달의 안정적 운영 수혜대상의 적극적인 협조
1. 영광군 이재민 및 지역사회 내 7세 미만 아동, 임산부, 결핵환자 대상 영양상태(미립영양상태) 개선	1. 저체중, 급성 영양부족(wasting), 만성 영양부족(stunting) 비율, 임산부 저체중비율	MICS 보고서, WFP보고서, 사업보고서	
2. 지속가능 기반 급수서비스 체계 구축	2. 안전하게 관리되는 식수 서비스 이용 인구 비율/중력식 급수공급 시스템에 접근성을 가진 가구 비율	MICS 보고서, UNICEF 보고서, 사업보고서	
3. 피해가옥의 재해복원력 강화	3. 재해복원력 점진주택 거주가구 비율	MICS 보고서, IFRC보고서, 사업보고서	
산출물(Outputs)			
1.1: 주요 수혜대상의 고품질 영양식 제공	1.1 고품질 영양식 섭취 수혜대상	1.1 수혜자 명단	
1.2: 안전한 고품질 영양식 생산을 위한 현지 공장의 인프라 개선 및 생산역량 강화	1.2 개선된 장비 인프라 생산역량 강화 연수수료 인원	1.2 장비 인프라 보고서 수료자 명단	
2.1: 지속가능한 급수를 위한 중력수로 관리체계 복구 및 구조화 지원	2.1 복구 완료 중력수로의 수 신규건설 중력급수 시스템의 수	2.1 중력수로 복구보고서 중력수로 설치보고서	
2.2: 피해 초중등학교 내 복원력 기반 식수 및 세면 서비스 개선	2.2 중력급수연계 구축시설 수 복구 완료 식수/세면시설 수 식수위원회 교육 수료인원 수	2.2 설치보고서 완료보고서 수료자 명단	
3.1: 재난복원력을 갖춘 점진주택 복구지원	3.1 복구 완료 재난복원력 점진주택 수	3.1 점진주택완공보고서	
3.2: 마을 재해경감위원회 조직 및 운영계획 수립지원	3.2 마을재해경감위원회 수 재난대응계획 수립 여부 검증워크숍 참가자 수	3.2 위원회 조직도 재난대응계획보고서 참가자 명단	

활동(Activities)	투입물(Inputs)	선행조건(Pre-conditions)
1.1.1 유아원(6개월~5세 미만), 유치원(5·6세), 소아병원 내 아동 및 임산부를 대상으로 영양상태 유지를 위한 주변 군 지역 소재 공장에서 생산된 영양식 제공 1.1.2 결핵보균 성인남녀 및 아동 대상 직접관찰치료법(DOTS) 연계 영양식 제공 1.1.3 영광군 보건소와 협조 하에 수유와 보조이유식을 강조하는 영유아 아동의 균형급식관리 연수 실시 1.2.1 영광군 및 주변 군 3개 영양식 생산공장 대상 노후부품 및 장비 교체 1.2.2 영양식 안전성관련 포장패키지 제공 1.2.3 공장근로자 대상 생산기술연수 실시 2.1.1 기존 중력수로 시스템의 장비교체 및 복구지원 2.1.2 홍수범람 시 수도보급소를 보호하기 위한 피해경감 구조 구축 2.1.3 안정된 식수 공급을 위한 신규 중력급수 시스템 설치 2.2.1 학교 내 중력급수 파이프라인 연결 및 급수탱크 설치 2.2.2 수도 및 세면시설 복구 2.2.3 학교 교직원 대상 식수위원회 및 유지관리 교육 3.1.1 점진주택 설계 및 자재 지원 3.1.2 이재민 인부동원을 위한 Food for Work 지원 3.1.3 주택 유지보수 교육 제공 3.2.1 마을 재해경감위원회 대상 리더십 및 재해관리 교육 실시 3.2.2 재해위험경감 실행계획 수립 지원 3.2.3 실행계획 검증을 위한 워크숍 실시	북민협 합동지원단 (사업예산) 55억 (사업기간) 2022-2025 수원기관 1. 민화협 (분담재원) 추후 결정 (기타지원) 조정 및 교섭 2. 영광군 인민위원회 (분담재원) 추후 결정 (기타재원) 현지사업관리지원 3. 영광군 수도사업소 (분담재원) 추후 결정 (기타재원) 급수시설 복구 공동관리 4. 영광군 보건소 (분담재원) 추후 결정 (기타재원) 식량지원 관련 수혜대상 영양상태 모니터링	- 남북한 관계 - 북한의 사업지역 접근성 허용 및 모니터링/평가의 적극적인 협조 - 사업기간 중 이상기후 / 재난 발생 피해 최소화 - 안정적인 기자재 및 물자의 통관 및 보급

4.4 모니터링 & 평가(M&E)

인도적협력 사업이 성과를 도출하기 위해서는 형성평가로서 정기적인 모니터링을 통해 현장의 급변하는 내부적 사업 여건과 외부적 환경에 유연하게 대처할 수 있도록 조치해야 한다. 특히 증거기반의 종료평가를 통허 효과성을 검증하며 도출된 교훈을 환류함으로써 지속적인 개선이 이뤄지는 선순환적 성과관리체계를 구축할 필요가 있다. 구체적인 방안은 다음과 같다.

가. 북민협 합동지원단

먼저, 사업 착수 시점에서 수원기관의 관계자를 대상으로 사업의 규정 및 보고서의 양식과 제출기준 등 공동워크숍을 실시하여 성과관리체계를 마련해야 한다. 일단 사업이 착수되면, 수행단체는 북측 파트너기관인 민화협으로부터 월간 보고를 수령하여 사업의 계획 대비 추진상황을 점검하고 단계별 진행 방향을 협의한다. 특히 건축이나 설비의 장착이 수반되기 때문에 불확실한 북한 내 사업 환경을 감안할 때, 주요사항인 건축공정 관리 및 예측을 통해 리스크를 관리할 필요가 있다. 적어도 연 2회 현지 출장을 통해 모니터링을 실시하여 계획 대비 사업 진행 상황을 직접 관찰하고 동시에 수원기관의 사업관리자 인터뷰와 가능하다면 제한적이나마 수혜자 인터뷰를 통해 사업개입의 변화를 확인이 요구된다.

이러한 성과 중심 모니터링 통해 성과를 달성하고 성공 및 실패 요인을 적극적으로 파악하여 교훈을 도출한 후 해당 내용을 추후 사업에 적극적으로 반영하도록 한다.

〈표 3-16〉 모니터링 방문 일정 시나리오

방문 일정(안)	목적	산출물
2023년 5월 - 6월/ 11-12월	• 사업 진행과정 모니터링 산출물의 질 평가 • 사업 수행의 저해요인 분석 및 대안책 마련 • 수혜자 만족도 조사결과 분석	• 수원기관 대상 심층 인터뷰 • 모니터링 보고서 및 증빙 문서 • 사진·보고서 및 교육 관련 자료 등
2024년 5월 - 6월/ 11-12월		
2025년 5월 - 6월		
2025년 10월 - 11월 중	• 사업의 산출물의 질 평가 • 사업의 목표 달성 여부 • 수혜자 만족도 조사결과 분석	• 사업 산출물 완공 확인증 및 사진 • 수혜자 대상 심층 인터뷰 • 최종 결과보고서

나. 민화협 등 수원기관

북측 협력기관은 사업 추진 및 사업비 집행 현황을 성과관리계획에 근거하여 월별로 보고하도록 한다. 북민협 합동지원단의 모니터링 방문이 연 2회로 예정되어 있기 때문에 북측은 자체 모니터링 체계를 구축하여 대상 사업지 내 이해관계자(직간접 수혜자, 현지 수원기관 등)와의 긴밀한 커뮤니케이션을 통해 피드백을 청취 후 추진기간 중이라 할지라도 적극적으로 사업에 반영할 필요가 있다. 특히 북측 협력기관은 현장사업 협력주체(인민위원회, 학교, 수도사업소)와의 정기적 회의와 함께 현장 모니터링 통해 활동별 진행 현황을 확인하여 월별 보고 시 이를 반영해야 한다.

사업요소에 인프라개선이 포함되어 있는 만큼, 주요 건축 공정 관리·자재조달 시 한국 전문가가 참여하여 기술지원을 할 수 있도록 출입국 절차를 지원함으로써 투명한 업무집행이 가능하도록 협조가 요구된다. 만약 현지의 불가피한 사정에 의거, 사업 일정조정과 내용을 변경해야 하는 등 사업 수행 중 특이사항 발생 시 북민협 합동지원단과 긴밀한 협의가 선행되어야 할 것이다.

4.5 기초선 및 대안지표

인도적 구호분야에서 [목표 4] 및 [목표 6]은 VNR에서 선별적으로 이행현황을 보고하고 있지만, SDG 4, 6의 지표를 상당 부분 수용하고 있다는 점에서 유관 대북지원사업을 추진 시 국가 단위 대신 수원지역 단위로 범위를 축소하여 활용이 가능할 것으로 보인다. 예를 들어 '물 접근성 개선을 위한 역량 강화 사업'을 추진할 경우, 수원지역이 농촌이라면 MICS 2017 조사 자료에 의거 미접근 인구를 55.5%(100% - 44.5%)로 추정할 수 있다. 이러한 기본 데이터를 토대로 사업 착수 전 기초선 조사 시 대북 파트너에게 평균값인 55.5%에 대해 수원지역이 어느 정도의 편차가 있는지를 질의하여 자료를 확보하도록 한다.

그러나 [목표 1]의 경우, 핵심 지표인 최저빈곤선을 추정하는 방법과 재해경감에 대해서 추가적인 보완이 필요해 보인다. 최저빈곤선의 경우, 국제적으로 공인된 대표적인 지표는 유엔이 발표하는 다차원적 빈곤지수로 소득과 함께 교육, 건강을 포함하고 있고 세계은행은 소득을 기반으로 전세계의 빈곤선을 측정하고 있으나 양 지표 공히 북한의 빈곤 현황을 포함하지 않고 있다. 이에 대한 대안으로 북한의 빈곤 상황을 파악할 수 있는 지표들이 고안되고 있는데 다음과 같다.

〈표 3-17〉 빈곤 현황 지수

구분	구 성	북한빈곤현황
세계 빈곤 시계[48]	• 국가빈곤 추정치 • 도시/농촌 빈곤 추정치 • 연령/성별 추정치	• 최저빈곤인구: 14,975,416(58%) • 도시빈곤: 9,343,815 • 농촌빈곤: 5,653,808 • 남성: 7,204,773 • 여성: 7,770,643
국제 재산 지수 (IWI)[49]	• 가구 보유자산(내구소비재) - TV, 냉장고, 전화(휴대폰 포함), 승용차, 자전거 - 저가자산(50달러 미만) - 고가자산(300달러 이상) • 주택 특성 - 주택바닥재(저/중/고) - 화장실(저/중/고) - 침실 수(저/중/고) • 공익시설 - 전기 - 상수원(저/중/고)	55점 (97개 개발도상국 평균지수: 47)
빈곤[50] 확률 지수 (PPI)[51]	• 16세 혹은 이하 가족구성원 수 • 5세~16세 사이 가족구성원 중 전원 학교 출석 여부 • 거주가옥의 지붕 재질 • 거주가옥의 화장실 유형 • 거주가옥의 샤워시설 보유 여부 • 조리재료 • 차량 소유 여부 • 냉장고 소유 여부 • 컬러TV 소유 여부 • 블렌더 보유 여부	북한 사례 미보유

자료: 송철종 외 2020, 55-64 및 'Poverty Probability Index' 웹사이트 참고 내용을 토대로 저자 재구성

48 https://worldpoverty.io/map.

49 https://globaldatalab.org/iwi/.

재해경감은 센다이 프레임워크(2015-2030)의 국가 단위 성과측정을 위해 지표도 이에 맞춰져 있는데 지역단위로 범위를 축소하여 일부 조정하여 줄여서 활용하는 것도 가능하다.

〈표 3-18〉 센다이프레임워크 기반 재해경감지표

구 분	지 표	
I. 재난사망	과거 3년간 사망자 수	
	과거 3년간 행방불명자 수	
J. 재난 직접 인명 피해	과거 3년간 부상자 및 재난연계 질병환자 수	
	과거 3년간 시설반파 피해자 수	
	과거 3년간 시설완파 피해자 수	
	과거 3년간 생계영향 피해자 수	
K. 경제적 피해	과거 3년간 농·축·수·임업 관련 직접적 작물 피해 정도 및 금액	
		농작물
		가축
		수산물/양식업
		양봉
	과거 3년간 반파 혹은 완파된 직접적 생산시설 피해 정도 및 금액	
	과거 3년간 직접적인 주택시설 피해 금액	
	과거 3년간 반파 혹은 완파된 직접적 사회기반시설 피해 금액	
	과거 3년간 반파 혹은 완파된 주요문화유산 피해 금액	

50 빈곤확률지수는 표준형으로 10개의 질문으로 구성되는데 대상지역의 사회경제적 여건과 맥락에 따라 수정하여 활용이 가능하다.

51 https://www.povertyindex.org/.

구 분	지 표
L. 필수공공시설 피해	과거 3년간 반파 혹은 완파된 의료시설 수
	과거 3년간 반파 혹은 완파된 교육시설 수
	과거 3년간 반파 혹은 완파된 필수공공시설 수
	주민센터
	쉘터
	마을우물
	기타 필수시설
	과거 3년간 학교 휴업 횟수(휴업일 수)
	과거 3년간 보건서비스 중단 횟수(중단일 수)
	과거 3년간 공공서비스 중단 횟수(중단일 수)
M. 재난위험경감 수립	대상지역 내 재난위험경감 전략 수립 마을 수
N. 국제협력관련 외원	과거 3년간 재난위험경감관련 외원 여부
	과거 3년간 재난위험경감관련 다자기구 외원 규모
	과거 3년간 재난위험경감관련 양자기구 외원 규모
	과거 3년간 재난위험경감관련 기술이전 횟수
	과거 3년간 재난위험경감 역량 강화관련 외원 횟수
O. 조기경보체계	재난 감시 및 예보체계 구비 마을 수
	지역정부 제공 조기경보정보 대상 주민 수
	조기경보에 따른 대응계획 수립 마을 비율
	주민 대상 재난위험경감 정보의 접근 및 활용 가능 마을 수
	조기경보를 통한 사전대피를 통해 보호가 요구되는 재난위험 노출 인구 비율

자료: 권구순 외 2021, p. 8.

4.6 기타 성과관리 방안

제시된 시나리오와 관련 종료평가 시 OECD/DAC의 6대 원칙을 준용할 경우, 다음과 같이 평가질문을 정리해 볼 수 있다.

〈표 3-19〉 OCED/DAC 6대 원칙 준용 평가질문 예시

평가기준	세부항목	평가질문
적절성	정책 전략적 적절성	• 본 사업은 북한의 정책, 전략 및 추진 방향, 우선순위에 부합하는가? • 본 사업이 우리 정부의 정책과 부합하고 정책의 우선순위에 속하는가? • 본 사업이 SDG 및 국제사회의 개발전략에 부합하는가?
	사업의 타당성	• 본 사업이 북한의 내, 외부 상황변화에 맞추어 논리적이고 현실적으로 설계되었는가? • 본 사업은 명확한 목표 아래 기술적, 경제적 타당성을 확보하였는가?
일관성	원조조화 시너지 효과창출	• 본 사업은 유엔 북한국가팀, 인도지원국가팀 사업 간 연계, 상호보완성, 원조 조화, 성과 고도화 및 시너지 효과 등을 고려하여 기획되었는가? • 해당 사업은 유엔/타 공여기관/INGO에 비해 비교 우위를 기반으로 시너지 효과를 낼 수 있는 사업인가? • 본 사업 추진과정에서 한국 정부가 준수하는 주요 국제규범과 기준에 위배되는 사례가 있었는가?
효과성/ 영향력	사업의 효과성	• 본 사업을 통해 북측 공무원 및 담당자들은 충분한 역량을 보유하게 되었는가? • 본 사업의 PDM에서 제시한 산출물, 성과 및 영향의 달성정도 혹은 달성 가능성은 어떠한가? • 해당 사업의 변화이론(사업모델) 내 작동요인/비 작동요인은 무엇인가? • 본 사업의 효과성에 대한 촉진 요인과 저해요인은 무엇인가?
효율성	자원 활용의 경제적 효율성	• 본 사업 예산 규모 및 세부 분야별 예산 배분이 적정하고 효율적이었는가? • 본 사업을 추진하기 위한 세부 일정 및 일정관리는 효율적으로 수행되었는가? • 본 사업을 위해 투입된 자원 대비 목표로 한 성과 달성 정도가 경제성이 있는가?
지속 가능성	사업파급 효과 및 지속 가능성	• 본 사업의 성과를 유지하고 확산하기 위하여 파트너기관 및 파트너국은 안정적인 재원확보 계획을 수립하였는가? • 본 사업의 성과를 유지하기 위해 충분한 전문인력을 보유하고 있는가? • 본 사업의 성과를 활용하기 위하여 파트너기관 및 파트너국은 제도 및 조직 개선을 계획하고 있는가? • 사업 종료에 따른 출구 전략이 존재하는가?

IV. 보건의료협력 분야 SDGs 목표와 북한 적용

양영란

(전북대학교 간호학과 교수)

1. 보건의료협력 분야 국제 논의 동향

1.1 보건의료 분야 SDGs 주요 원칙 및 행동규범

가. 인권으로서의 건강권 보장

1946년 세계보건기구(WHO) 헌법[52]은 모든 인간의 기본적인 권리로 가장 높은 수준의 건강을 누릴 건강권을 제시하였다. 이는 모든 국가는 인종, 연령, 기타 지위에 따른 차별 없이 모든 국민에게 적시에 수용 가

52 WHO, “Human right and health.” https://www.who.int/news-room/fact-sheets/detail/human-rights-and-health (검색일: 2021. 11. 9).

능하며, 지불 가능한 의료서비스에 접근할 수 있도록 하고 건강 결정요인(안전하고 음용 가능한 물, 위생, 식품, 주택, 건강 관련 정보 및 교육, 성평등)을 통제하여 최상의 건강을 누리도록 해야 한다고 명시하고 있다. 이러한 인권기반 접근방식(human rights-based approach, HRBA)은 가장 소외된 사람들의 필요를 우선시하여 건강 정책과 프로그램 개발의 기본이 되며 보편적 건강 보장('health for all')을 위한 2030 SDG3에 반영된 원칙이다. SDG3은 신체적, 정신적, 사회적 복지(well-being)와 건강 보장을 위한 'No one must be left behind' 원칙으로 이를 달성하기 위한 보건의료체계 강화, 건강권 보장, 보건의료 형평성 강화를 강조하고 있다. SDG3는 건강에 큰 영향을 미치는 고령화, 비전염성 질환, 도시·환경·기후변화, 인구이동 및 난민 등의 문제를 포괄하여 다룬다.

SDG3에서는 취약한 인구대상을 포함한 모든 인간이 양질의 서비스를 적정가격으로 접근 가능해야 하는 필수 보건서비스를 1) 생식, 모성, 신생아 및 아동건강, 2) 감염성 질환, 3) 비전염성 질환에 대한 서비스, 4) 보건의료서비스 역량 및 접근성으로 명시하고 있다. 이는 특히 SGD 3.8.1 '양질의 필수 보건서비스에 대한 접근과 효과적이며 적정가격의 필수 약품 및 백신에 대한 접근을 보장함으로써, 모두를 위한 보편적 의료보장(UHC)을 달성한다.'에 잘 나타나 있다. UN은 이 세부 목표를 보편적 의료보장률이라는 지표로 설정하여 영역별 UHC Index 점수(100점 사이의 값)를 발표하고 있다. 가장 최근 자료에 의하면, 2020년 보편적 의료보장 달성률은 UN국가 평균 66점, 북한 71점, 한국 86점이다.[53]

53 UN DESA Statistics Division, Indicator "3.8.1: Universal health coverage (UHC) service coverage index." https://unstats-undesa.opendata.arcgis.com/datasets/indicator-3-8-1-universal-health-coverage-uhc-service-coverage-index/explore?location=7.886832%2C1.385045%2C2.91 (검색일: 2021. 11. 9.).

대륙별로는 OECD 국가 → 라틴아메리카 → 동유럽·중앙아시아 → 중동·북아프리카 → 동남아시아 → 오세아니아 → 사하라 사막 이남 아프리카 순서로 보편적 건강보장률이 높은 것으로 나타났다. 사하라 사막 이남 아프리카의 건강보장률은[54] 40점으로, 90점에 가까운 OCED 국가와 50점의 차이로 보아 아프리카에서 필수 의료서비스 이용이 얼마나 어려운지 알 수 있다. 소득 수준별로 보았을 때도 고소득 → 고중소득 → 저중소득 → 저소득 국가 순서로 보편적 건강보장률의 큰 차이를 보인다(그림 4-1).

〈그림 4-1〉 대륙과 국가소득별 SDG Index(2010-2020)

대륙별 SDG Index 점수(2010-2020)	국가 소득별 SDG Index 점수(2010-2020)
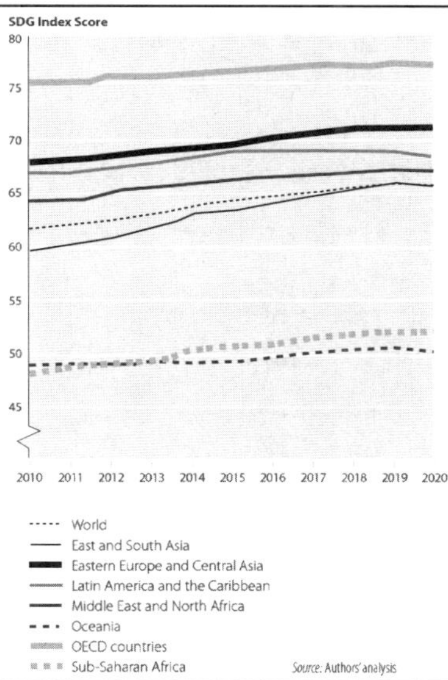	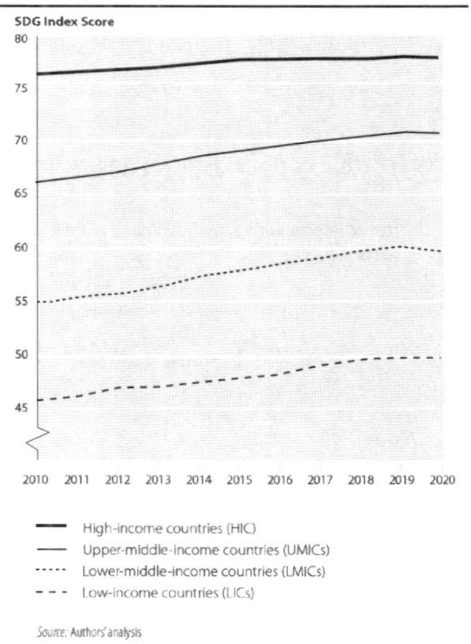

자료: 2021 Sustainable development report(p. 16), https://s3.amazonaws.com/sustainabledevelopment.report/2021/2021-sustainable-development-report.pdf (검색일 2021. 11. 9.).

54 각 나라의 SDG 이행 수준을 0점에서 100점으로 계산한 SDG index.

일례로 보편적 건강보장의 첫 번째 부분인 생식건강, 모성 및 아동 건강과 관련된 서비스 이용은 가난한 가구일수록 부유한 가구에 비해 가족계획, 4회 이상 산전 진찰, 필수예방접종, 폐렴 치료, 개선된 위생 상태가 현저하게 감소하는 것을 알 수 있다(그림 4-2).[55] 의료비 지출로부터 가계의 재정을 보호하기 위해서는 본인의 지갑에서 의료비용을 지불하는 본인부담금(Out-of-Pocket, OOP)을 최대한 줄여야 하고 이는 보편적 건강보장과 건강 형평성에서 매우 중요한 개념이다. 세계적으로 본인부담금은 증가추세로 가계예산의 25% 이상을 본인부담금으로 지출하는 인구가 1.7%에서 2.9%로 증가하였다. 이를 줄이기 위해서는 공공섹터에서 개인의 건강보호를 위한 장치가 많이 마련되어 있어야 하고 이는 보건의료분야의 개발협력과 SDG3 목표 달성의 기본 원리가 된다.

〈그림 4-2〉 가구 경제상태에 따른 생식건강, 모성 및 아동 의료서비스 이용률

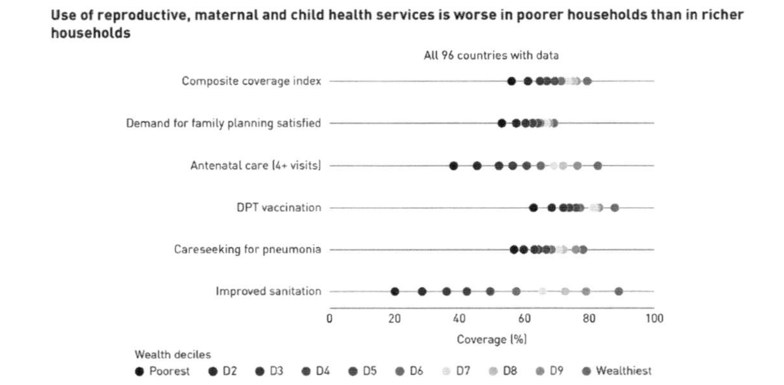

Note: Includes 96 countries with a Demographic and Health Survey or Multiple Indicator Cluster Survey, latest survey for each country, 2010-2017. Estimates are averages of country values weighted by population.
Source: Demographic and Health Surveys and Multiple Indicator Cluster Surveys.

55 WHO, Primary Health care on the road to Universal Health Coverage 2019 Global Monitoring Report, Conference Edition, https://reliefweb.int/sites/reliefweb.int/files/resources/uhc_report_2019.pdf (검색일 2021. 11. 8.).

자료: WHO, Primary Health care on the road to Universal Health Coverage 2019 Global Monitoring Report, Conference Edition, https://reliefweb.int/sites/reliefweb.int/files/resources/uhc_report_2019.pdf.

2. 보건의료협력 분야 SDGs 분석

앞에서 기술한 바와 같이 건강은 모든 인류에게 가장 기본적이고 필수적인 요소로서, SDGs 목표에서 매우 중요하다. MDGs가 주로 모성과 아동의 건강을 중심으로 추진해 왔다면 SDGs는 이보다 더 넓은 차원에서 감염성, 비감염성, 교통사고, 약물남용, 공해와 오염, 담배규제 등 질병의 변화와 환경의 영향까지 고려하여 보건의료 분야의 목표를 설정하여 전 인류의 건강수준을 향상시키려는 의지를 표명하였다. 이 장에서는 보건의료 분야 SDG 세부 목표를 살펴보고 주요 지표의 의미, 현황 및 과제에 대해 논의하고자 한다.

2.1 보건의료 분야 SDG 세부 목표

가. 보건의료 분야 SDG 세부 목표

보건의료 분야인 SDG3 목표는 '모든 연령층을 위한 건강한 삶 보장과 웰빙 증진'으로 9개의 세부 목표와 4개의 이행목표로 구성되어 있다.

〈표 4-1〉 보건의료 분야 SDG 세부 목표

SDG3: 모든 연령층을 위한 건강한 삶 보장과 웰빙 증진			
세부목표	3.1	모성건강	2030년까지 전 세계 모성 사망비를 10만 건의 생존출산당 70건 미만으로 감소
	3.2	아동건강	2030년까지 신생아와 아동의 예방 가능한 죽음을 종식시켜서 신생아 사망률을 12/1000 생존출산당 이하로, 5세 이하 아동 사망률을 25/1000 생존출산당 이하로 감소
	3.3	감염병	2030년까지 AIDS, 결핵, 말라리아, 소외열대 질병의 유형을 종식시키고, 간염, 수인성 질병과 다른 감염성 질병의 확산 방지
	3.4	비전염성 질병	2030년까지 정신건강 증진과 비전염성 질환 예방과 치료로 비전염성 질환으로 인한 조기 사망을 1/3으로 감소
	3.5	약물남용	마약과 알코올을 포함한 약물남용의 예방과 치료 강화
	3.6	교통사고	2030년까지 교통사고로 인한 전 세계 사망과 상해를 1/2 이하로 감소
	3.7	공해와 오염	2030년까지 가족계획을 포함한 성생식 보건 서비스에 보편적 접근 보장, 생식보건의 국가 전략 및 프로그램에 통합
	3.8	필수보건 의료서비스 보장	의료비의 재정위험으로부터 보호, 양질의 필수 의료서비스 접근, 안전하고 효과적이며 양질의 비용지불 가능한 필수의약품 및 백신 접근 등 보편적 건강보장 달성
	3.9	공해와 오염	2030년까지 유해물질, 공기, 물, 토양의 공해와 오염으로 기인한 사망과 질병의 감소
이행목표	3.a	담배규제	모든 국가에서 세계 건강기구 담배규제 기본협약의 이행 강화
	3.b	의약품 지적 재산권	개발도상국에 주로 영향을 미치는 감염성 및 비감염성 질병에 대한 백신 및 의약품의 연구개발을 지원하고 공중보건을 보호하며 적정가격의 필수의약품과 백신에 대한 접근 제공
	3.c	보건의료 인력	개발도상국에서 보건재원과 보건인력의 채용, 계발, 훈련, 보유를 대폭 확대한다.
	3.d	보건안보	모든 국가, 특히 개도국의 국가적 세계적 보건 위험에 대한 조기경보, 위험 감축 및 관리 역량을 강화한다.

이 외에도 세부 목표 SDG 2.1(기아 종식)과 SDG 2.2(영양), SDG 5.6(생식건강), SDG 6.1(안전한 식수), SDG 6.2(공중 및 개인위생), SDG 6.b(물과 위생관리 향상에 지역사회의 참여 강화), SDG 12.4(환경관리), SDG 16.9(출생등록)은 직간접적으로 보건의료와 관련이 있다.

2.2 보건의료 분야 SDG 동향

가. 모성 사망률

모성사망비는 임신과 관련된 원인으로 임신 또는 분만 후 42일 이내에 발생한 여성 사망자 수를 해당 연도의 출생아 수로 나눈 수치를 100,000분비로 나타내는 것이다. 이는 한 국가의 보건수준을 평가하는 대표적인 지표로 보건의료시스템을 평가하고 모자보건정책의 수립에 필요한 기초자료로 활용된다. UN은 1994년 인구개발국제회의(International Conference for Population and Development)에서 생식건강(reproductive health)은 가장 실질적이고 효과적인 인구개발정책으로 전 세계 모든 국가에서 생식권리(reproductive right)를 보장하도록 요구하였다.

SDG 3.1 모성 사망률은 세계적으로 꾸준히 감소추세로 출생아 10만 명당 2000년 342명에서 2017년 211명으로 약 38% 감소하였지만 2017년 한 해 약 295,000명의 여성(매일 약 810명)이 임신 및 출산과 관련된 예방 가능한 원인으로 사망하였다. 사하라 이남 아프리카(Sub-Saharan Africa)와 남아시아는 2017년 전 세계 산모 사망의 약 86%를 차지하였고[56], 저소득 및 중저소득 국가의 모성사망이 세계 모성 사망의 94% 차지하였기에 이들 국가에 대한 중재가 필요하다. 최근에는 세계적 팬데믹인 COVID-19가 숙련된 의료인에 의한 분만을 방해하고 모자보건 의료서비스 접근을 제한하고 있는 것으로 나타났다.

56 WHO, Maternal mortality, https://www.who.int/news-room/fact-sheets/detail/maternal-mortality (검색일 2021.11.9.).

〈그림 4-3〉 대륙별 모성사망자 수(2000-2017)

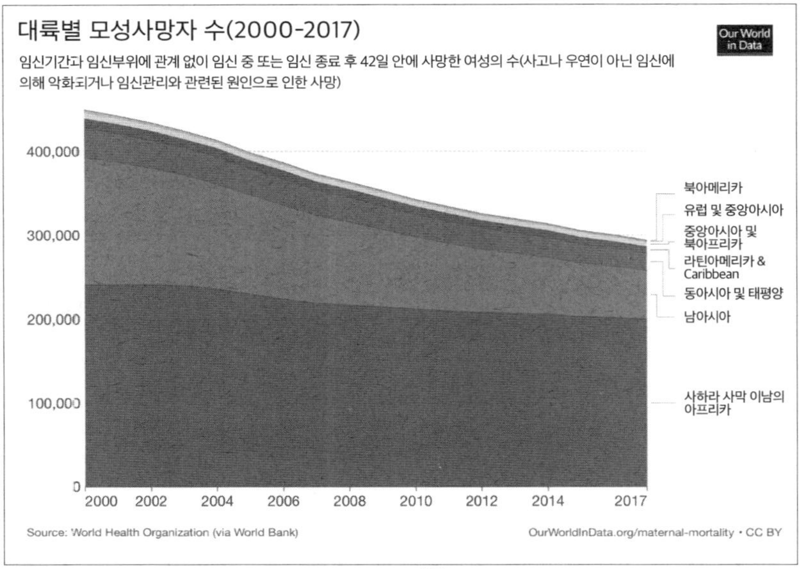

자료: OurworldinData, Maternal Mortality[57]

나. 5세 미만 아동 사망률

SDG 3.2 5세 미만 사망률은 출생 후 5년 이내에 사망한 영아 수를 해당 연도의 1년 동안의 총 출생아 수로 나눈 비율로 보통 1,000분비로 나타낸다. 5세 미만 아동 사망률은 세계적으로 2000년부터 2019년 사이에 1,000명 출생아당 76명에서 38명으로 60% 감소하였으나 2019년 한 해간 5세 생일 전에 52,000,000명의 아동이 사망하였고 이 중 절반은 태어난 지 한 달 만에 사망하였으며[58] 현재도 여전히 매일 15,000명

57 Max Roser and Hannah Ritchie (2013) - "Maternal Mortality". Published online at OurWorldInData.org. Retrieved from: 'https://ourworldindata.org/maternal-mortality' (검색일: 2021. 11. 9).

58 UN, High-level political forum on sustainable development, convened under the auspices of the Economic and Social Council, Economic and Social Council, 2021

의 아동이 사망하고 있다. 아프리카 지역의 5세 미만 사망률은 1,000명당 74명, 유럽 국가는 8명으로 9배의 차이가 나며, 2017년 5세 미만 아동 사망의 주원인은 조산 합병증, 급성 호흡기 감염, 선천성 기형과 설사이며 신생아 사망이 47%를 차지한 것으로 분석되고 있다.[59] 대부분의 아동 사망의 원인은 예방 가능하며 아동건강은 가난, 안전한 식수 및 위생과 직결되어 있으며 양육자인 어머니의 교육수준, 성별, 가구소득, 거주지역 등과 관련이 있다고 알려져 있다.[60] 아동 사망은 모유수유, 숙련된 의료인에 의한 산전신찰, 산후간호와 산모 영양개선, 위험한 임신 증상에 대한 가족구성원의 지식 향상, 물과 위생 개선과 예방접종 제공으로 대부분 예방할 수 있다. 세계에서 가장 많은 아동이 사망한 나라는 인도, 나이지리아, 파키스탄 등이며 아프리카와 남아시아 국가들이 이에 해당되어(그림 4-4), 이들 나라와 대륙에서 5세 미간 아동의 사망을 예방하기 위한 적극적인 조치와 협력이 필요하다.

Session, 30 April 2021.

59 WHO, Child mortality and causes of death, https://www.who.int/data/gho/data/themes/topics/topic-details/GHO/child-mortality-and-causes-of-death (검색일 2021.11.9.).

60 Van Malderen, C., Amouzou, A., Barros, A. J., Masquelier, B., Van Oyen, H., & Speybroeck, N. (2019). Socioeconomic factors contributing to under-five mortality in sub-Saharan Africa: a decomposition analysis. BMC public health, 19(1), 760.

〈그림 4-4〉 세계 아동사망자 수(1999 vs 2017)[61]

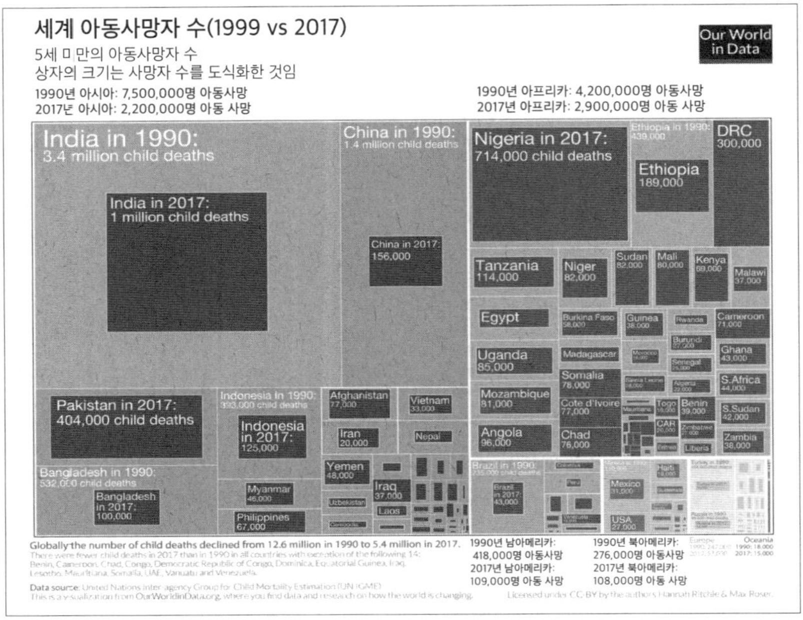

자료: OurWorldInData.org.

다. 신생아 사망률

신생아 사망률은 출생 후 28일 이내에 사망한 신생아 수를 해당 연도의 1년 동안의 총 출생아 수로 나눈 비율로 보통 1,000분비로 나타내며 모성 및 신생아 건강 및 관리의 유용한 지표로 사용된다. 전 세계 신생아 사망률은 1990년도 1,000명당 93명에서 2019년 38명으로 1,000명당 60여 명이 감소하였다.[62]

61 Max Roser, Hannah Ritchie and Bernadeta Dadonaite (2013)-"Child and Infant Mortality". Published online at OurWorldInData.org. Retrieved from: 'https://ourworldindata.org/child-mortality' [Online Resource] (검색일: 2021.11.9.).

62 WHO, https://www.who.int/data/gho/data/themes/topics/indicator-groups/in-

라. 전염성 질환

UN은 2030년까지 HIV/AIDS 유행 종식(Ending the HIV/AIDS epidemic by 2030)을 선언하고 신규감염 zero, 에이즈 관련 사망 zero, 차별 zero를 목표로 하고 이를 위하여 예방 및 치료에 대한 투자 확대를 권고한 바 있다. 결핵의 경우, 대부분 조기에 진단하고 올바른 치료를 받으면 나을 수 있는 질환이나 아시아 태평양지역에서 감염성 질환으로 인한 사망의 대표적인 원인이다.

SDG 3.3 전염성 질환은 세계적으로 많이 감소하였지만 2019년까지도 HIV, 결핵, 말라리아 등의 전염성 질환으로 인해 102,000,000명이 사망하여 2030년 목표인 전염성 질환의 종식 목표 달성에는 여전히 해결해야 할 일이 많다. 2018년 전 세계적으로 1,000만 명의 결핵 환자가 발생하였고, 120만 명이 결핵으로 사망하였다. 또한, 세계 인구 절반은 말라리아 위험지역에 거주하고 전체 발생자와 사망자의 94% 말라리아는 사하라 사막 이남 아프리카 지역에서 발생한다. 2019년 한 해만 약 2억 2천만 명의 환자가 발생하였으며 409,000명이 사망하였고 5세 미만 어린이와 임산부는 가장 취약한 집단으로 전 세계 말라리아 사망자의 약 2/3(67%)를 차지한다.[63] 특히, 저소득국가의 사망원인으로 하부 호흡기계 감염(1위), 말라리아(6위), 결핵(8위), HIV/AIDS(9위)가 사망원인 상위 10개 중 4개를 차지하고 있어 저소득 국가와 아프리카 국가에서의 전염성 질환에 대한 지원은 계속되어야 한다.

---

dicator-group-details/GHO/sdg-target-3.2-newborn-and-child-mortality (검색일 2021. 11. 9).

63 WHO, https://www.who.int/health-topics/malaria#tab=tab_1 (검색일 2021. 11. 9).

마. 비전염성 질환

SDG 3.4는 '비전염성 질환(NCD)으로 인한 조기사망을 1/3로 감소시키는 것'이다. 2016년 전 세계적으로 570,000,000명이 사망하였으며 이 중 71%는 심혈관질환, 암 등의 비전염성 질환으로 사망하였다.[64] 이러한 NCD로 인한 세계 사망율의 85%는 저중소득국가(low and middle-income countries)에서 발생[65]하였으며 이는 개인, 가족, 지역사회 및 국가에 사회적, 경제적으로 큰 타격을 주고 빈곤을 가속화하며 성불평등을 야기한다. NCD는 금연, 절주, 균형 잡힌 식이 운동 등의 건강생활실천만으로도 80% 이상 예방할 수 있다고 알려져 있으며 건강 생활습관 실천과 만성질환에 대한 교육 및 캠페인, 환경과 제도 및 기초적인 건강검진체제 구축이 중요하다. NCD 관리는 의료비 감소 및 생산성 증가로 국가경제 발전과 빈곤 감소에 기여할 수 있으며 NCD 예방과 관리에 1달러를 투자하면 2030년까지 최소 7달러로 돌아올 수 있다고 IHME (Institute for Health Metrics and Evaluation)는 추정하고 있어[66] NCD에 대한 투자는 매우 비용 효과적인 중재라고 사료된다.

바. COVID-19로 인한 SDG3 목표달성 영향

세계 여러 나라에서는 여전히 예방 가능한 원인으로 인한 사망이 다

---

64 WHO. (2018). Noncommunicable diseases country profiles 2018. World Health Organization. https://apps.who.int/iris/handle/10665/274512. (검색일: 2021. 10. 30).

65 WHO. 2020. The top 10 causes of death. URL: https://www.who.int/news-room/fact-sheets/detail/the-top-10-causes-of-death (검색일: 2021-01-20).

66 WHO. 2018. Saving lives, spending less A strategic response to noncommunicable diseases. Geneva: World Health Organization URL: https://apps.who.int/iris/bitstream/handle/10665/272534/WHO-NMH-NVI-18.8-eng.pdf (p. 3) (검색일: 2021. 1. 20).

수를 차지하고 있어 건강결정요인(determinants of health)에 대한 중재로 건강 형평성과 SDG3 달성이 중요하다. 그러나, COVID-19 팬데믹은 세계 모든 나라에서 경제, 사회, 환경에 변화를 주어 지속가능한 개발목표(SDGs)의 달성을 방해하고 있다. 특히 COVID-19는 보건의료분야(SDG3)에도 절대적인 영향을 주어 전 세계의 사망률이 증가하고 있고 많은 선진국에서 2019년까지 기대수명이 지속적으로 증가하다가 2019년부터 감소하기 시작하였다(그림 4-5).[67] 따라서, 2030년까지 SDG3 세부 목표 달성을 위해서는 구체적인 COVID-19 예방, 백신, 치료 등의 대책이 함께 구상되어야 한다.

〈그림 4-5〉 코로나의 영향으로 유럽 국가 기대수명 감소 추세

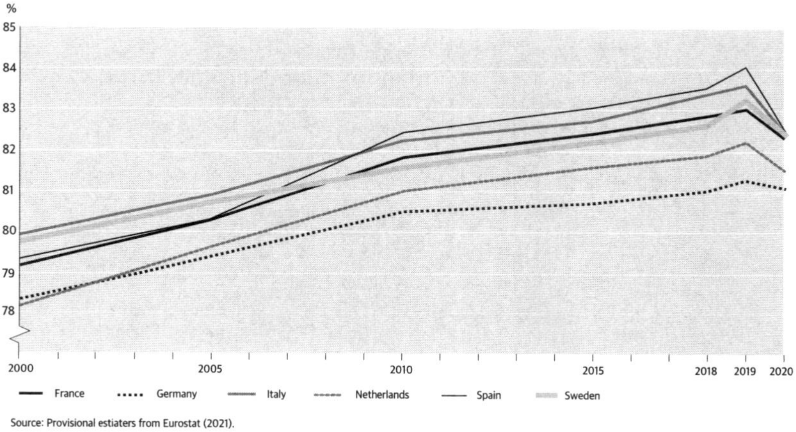

자료: 2021 Sustainable development report(p. 23).

67 UN, 2021 Sustainable development report(p. 23). https://s3.amazonaws.com/sustainabledevelopment.report/2021/2021-sustainable-development-report.pdf (검색일 2021. 11. 9).

2.3 보건의료 분야 SDG 연구 동향

SDG3에 대한 연구는 2015년 이후 매년 0.9%씩 증가하여 출판(publication)이 꾸준히 늘고 있다. 미국, 중국, 영국, 독일, 이탈리아 순서로 출판을 하고 있으며 우간다, 에티오피아, 케냐, 가나, 레바논을 대상으로 많이 연구하는 것으로 분석되었고 연구의 21%는 국제간 협력을 통해 이루어졌다. SDG3에 대한 연구의 키워드는 주로 유방암, 위암, 간암 등 종양에 대한 것이 많고 당뇨, 인슐린, 만성 폐쇄성, 폐질환 등의 비전염성 질환(NCD)에 대한 연구가 주를 이루는 것을 알 수 있다.[68]

〈그림 4-6〉 보건의료분야 SDG3 연구의 주요 주제 키워드

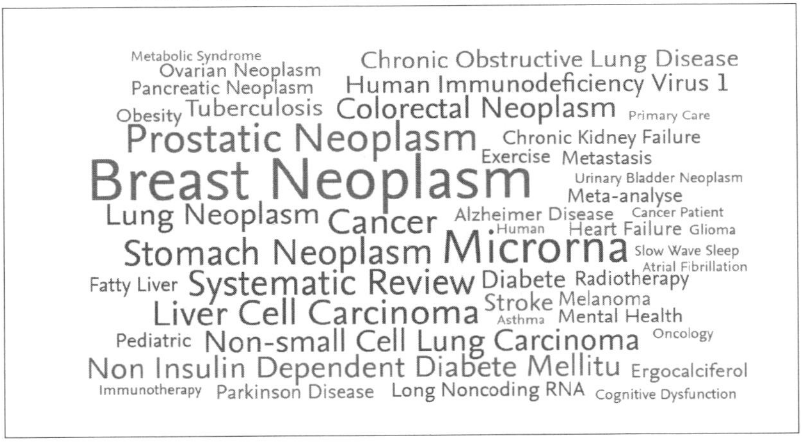

자료: Good health & well-bing 2015-2019 Output, Impact, Collaboration

68 RELX SDG Resource Centre, https://sdgresources.relx.com/features/sdg-3-graphic (검색일 2021.11.9.).

3. 보건의료협력 분야 북한 현황 및 VNR

이미 알려진 바와 같이 2016년 북한 정부는 유엔과 유엔전략계획[69]에 합의함으로써 국제사회에 공식적으로 개발협력에 손을 내밀었고 지속가능한 발전에 목표를 두고 있다. 이에 보건의료협력 분야에서도 북한의 지표와 목표를 발표하였다. 이 장에서는 먼저 북한의 보건의료체계의 특징을 간단히 살펴보고 북한 VNR에서 발표한 지표별 수준과 목표에 대해 논의하고자 한다.

3.1 북한 보건의료체계의 특징

북한의 보건의료체계는 전 국민 무상치료제도, 의사담당구역제, 예방의학 보건정책 세 가지의 특징을 가지며 조선 로동신문에도 이러한 제도의 우월성을 중점적으로 부각시키고 있다. 사회주의헌법(2019년 개정) 제56조, 「헌법」 제72조 "공민은 무상으로 치료받을 권리를 가진다"를 통해 1958년에 모든 보건의료시설을 국유화하고 1953년부터 무상치료제 실시를 선포하고 점차 확대하고 있다. 그러나 1990년 사회주의권 국가 몰락과 '고난의 행군'을 거치면서 무상치료제도는 기능을 잃어 현실적으로는 의료비, 수술물품구입, 이송비 전액을 개인이 부담하고 있으며 장마당이 활성화되어 의약품과 의료물자를 장마당에서 구입하고 있는 실정이다. 의사담당구역제는 의사들이 일정한 주민구역을 담당하여 예방

69 UN, Strategic framework for cooperation between the United Nations and the Democratic People's Republic of Korea 2017-2021(이하 유엔전략계획). https://dprkorea.un.org/en/10156-un-strategic-framework-2017-2021 (검색일 2021.11.1.).

치료사업을 진행하는 제도로 의사 한 명당 평균 1,000-1,500명의 주민의 예방접종, 검진, 위생선전 등의 예방치료사업을 담당한다. 1966년 10월 김일성이 '사회주의 의학은 예방이다'라는 교시를 발표하면서 북한의 기본 보건정책이 예방의학이 되었고 이는 위생선전 사업과 위생방역 사업, 공해를 막기 위한 사업 등을 포함한다.

3.2 북한의 보건의료 SDG3에 대한 의지: 유엔전략계획 2017-2021

유엔전략계획[70]의 4대 우선 목표 중 두 번째 우선순위 사회발전서비스 부분(Social Development Services)은 SDG 3, 4, 6번과 관계가 있으며 보건부분에서 UN은 의료기술지원과 훈련, 의료서비스 품질 개선, 그리고 일차 의료 시스템 개선을 위해 지속적으로 지원할 예정이다.

사회발전서비스 부분의 개발 결과로 기대하는 바는 2.1 북한 주민들 특히 가장 취약한 인구집단과 외딴 지역의 주민들에 대한 일차 의료의 개선 및 지속적으로 공평한 보편적 건강 보장, 2.2 전염·비전염성 질환, 모성·아동 질환에 대한 개선된 의료서비스 제공, 2.3 보건의료분야 긴급상황에 대한 준비와 대응역량 강화이다.

3.3 북한 보건의료 SDG3 지표별 달성 정도

가장 최근(2021년 10월) 북한의 보건의료부분 SDG3 목표 달성 정도

---

70 UN, Strategic framework for cooperation between the United Nations and the Democratic People's Republic of Korea 2017-2021(이하 유엔전략계획). https://dprkorea.un.org/en/10156-un-strategic-framework-2017-2021 (검색일: 2021.11.1.).

를 살펴보면 신생아 사망률(UN 목표 출생아 1,000명당 12명, 북한 9.5명), 5세 미만 사망률(UN 목표 출생아 1,000명당 25명, 북한 17.3명), 15-19세 출산율, WHO 기준 백신접종을 한 영유아 생존율, 보편적 의료보장 달성률을 달성하였으며, 모성 사망률은 개선 중에 있다. 결핵 발생률, 비전염성 질환으로 인한 조기 사망률, 기대수명은 현상 유지되고 있으며 교통사고 사망률은 유일하게 악화되는 지표이다.[71]

〈표 4-2〉 북한의 SDG3 이행 수준(2021년 10월)

SDGs - Good Health and Well-Being	수치	년도	추이
출생아 10만명당 모성 사망률	89	2017	↗
출생아 1,000명당 신생아 사망률	9.5	2019	↑
출생아 1,000명당 5세미만 아동사망률	17.3	2019	↑
인구 10만명당 결핵사망률	513.0	2019	→
감염되지 않은 인구 1,000명당 신규 HIV 감염자 수	NA	NA	정보없음
심혈관질환, 암, 당뇨, 만성 호흡기 질환으로 인한 사망률 (30~70세, 연령표준화)	25.6	2016	→
인구 10만명당 가정 및 대기오염에 따른 사망률(연령표준화)	207	2016	정보없음
인구 10만명당 교통사고 사망률	24.2	2019	↓
출생시 기대수명 (년)	72.6	2019	→
청소년 출산률(15~19세 여자 1,000명당)	0.3	2018	↑
전문의료인력이 참여한 출산비율(%)	99.5	2017	정보없음
WHC가 권고한 예방접종한 신생아 비율(%)	97	2019	↑
보편적 건강지표(Unversal Health Coverage, UHC)(0~100)	71	2017	↑
주관적 웰빙점수(0~10)	NA	NA	정보없음

자료: Sustainable Development Report, 2021, Part 5 Country Profiles (P. 275)

71 UN, SDR(Sustainable Development Report) 2021- https://dashboards.sdgindex.org (검색일: 2021.11.1.).

3.4 북한 VNR 내용 및 지표 분석

북한은 자발적 국가 보고서(Voluntary National Review, VNR)에서 SDG 3번 '인민대중의 건강보장과 삶의 질 개선'을 위해 ① 전반적 무상치료제 발전, ② 의사담당구역제와 예방의학제도 강화, ③ 인민의 생명을 보호하며 근로자의 건강을 증진시키기 위한 법을 제정하였다고 밝히고 있다. 또한, 공중보건 부문에서 물적, 기술적 토대의 통합을 가속화하여 2012-2020년 사이에 평양유선종양연구소, 옥류 아동병원, 류경 안과 종합병원, 류경 치과병원, 묘향산의료기구공장 등 현대적 의료시설과 병원을 자랑하고 있다.

특히 북한은 VNR에서 모자보건부분에서 상당한 진전이 있어 북한 정부는 UN 목표보다 높은 모성 사망률은 40명, 신생아 사망률은 6명 이하, 5세 미만 아동 사망률은 12명 미만으로 줄이는 야심찬 세부 목표를 발표하였다. 북한은 글로벌 펀드(GFATM : The Global Fund to fight Aids, Tuberculosis and Malaria)의 지원으로 말라리아와 결핵 지표는 크게 상승하였고, 자살률은 문제없으나, 단 교통사고로 인한 사망률이 2020년에 10만 명당 7.3명으로 높다고 밝혔다.

세부 목표 부분에서 SDG 3.4와 SDG 3.8은 북한의 국가발전목표와 연계하고 북한 의료체계의 특성을 반영하여 "북한식 SDGs'로 전략화한 점이 확인되며 이는 북한의 맥락과 제도권 안에서 국제사회의 흐름에 합류하겠다는 의지를 보이고 있다고 판단된다. SDG 3.4는 전반적 무상치료제와 예방의학의 질 향상을 통해 비전염성 질환을 관리하겠다는 것이고 SDG 3.8은 의사담당구역제 강화와 도 인민병원의 의료봉사센터의 보수 및 적절한 의료물품의 공급을 목표로 하고 있다. 즉, 북한 의료의 대표적인 3가지 제도(무상치료제, 의사담당구역제, 예방의학)를 기반으로 북한만의 방법으로 SDG3 달성을 목표로 하고 있다.

〈표 4-3〉 북한식 SDG3 전략화 예시

SDG	부문	UN 세부 목표	북한 세부 목표
3.4	비전염성 질병	2030년까지 정신건강 증진과 비전염성 질환 예방과 치료로 비전염성 질환으로 인한 조기 사망 1/3으로 감소	2030년까지 전반적 무상치료제 및 예방의학의 질 향상을 통해 비전염성 질병으로 인한 조기 사망률을 1/3로 줄이고 정신 건강과 행복한 삶을 증진시킨다.
3.8	필수보건 의료서비스 보장	의료비의 재정위험으로부터 보호, 양질의 필수의료서비스 접근, 안전하고 효과적이며 양질의 비용지불가능한 필수의약품 및 백신접근 등 보편적 건강보장 달성	의사담당구역제를 강화하고 특정 지역을 위해 도 인민병원을 의료봉사센터(medical service center)로 보수하며 인민병원과 진료소에 적절한 의료물품을 공급하여 인민의 삶을 보호하고 그들의 건강을 증진시킨다.

자료: UN 세부 목표와 북한 VNR 자료로 연구자가 재구성함.

VNR에서 북한이 밝힌 보건의료분야 계획의 우선순위는 다음과 같다. 첫째, 예방의학 정책을 고수하여 인민의 평균수명, 감염성 질병의 예방 및 기타 건강지표를 세계 선진 국가 수준으로 높인다. 의사담당구역제도를 통해 담당구역 주민의 질병 예방과 치료를 책임감 있게 수행하게 한다. 둘째, 공중 보건분야에 물자와 기술적인 기반을 통합하여 평양종합병원을 현대화된 스타일로 최고 수준으로 완공시키고 제약공장(약제공장)의 개조 및 현대화, 의료소모품 공장을 건립하여 자재 공급의 기반을 확고히 한다. 셋째, 의료 서비스의 질적 향상을 위해 원거리 의료봉사체계, 구급의료봉사체계(응급의료시스템), 치료의 질적인 관리시스템을 도입하는 것이다. 또한 고려의학을 더 과학적이고 최고 수준으로 발전시킨다. 마지막으로 비상방역사업의 기반을 구축하여 해외유입 감염병을 예방하도록 격리조치와 모든 시스템과 수입 상품의 소독 시스템을 갖추고 인민의 안전과 삶을 보장하기 위해 비상방역체계를 강화한다.

VNR에서 발표한 보건의료부분의 SDG 세부 목표, 성과지표 및 성과 도출값은 다음과 같다.[72] 이는 '3.2 SDG3 보건의료 세부 지표의 의미 및 북한의 지표별 수치 분석'에서 다시 설명한다.

〈표 4-4〉 북한 SDG 세부 목표, 성과지표 및 성과 도출값

SDG3 "인민의 건강하고 행복한 삶 촉진"					
세부 목표	지표	단위	2015	2018	2020
3.1 2030년까지 산모 사망률을 100,000 명당 40명 이하로 감소시킨다.	3.1.1 인구 10만 명당 산모 사망률	명	58	50.4	49 (2019)
	3.1.2 전문 의료 인력이 참여한 출산 비율	%	99.9 (2014)	99.5 (2017)	-
3.2 2030년까지 1,000 명당 신생아 사망률 12명 이하, 5세 미만 아동 사망률 25명 이하로 감소시킨다.	3.2.1 인구 1,000명당 5세 미만 아동 사망률	명	17.7	16.9	16.8 (2019)
	3.2.2 인구 1,000명당 신생아 사망률	명	9 (2014)	9 (2017)	7.7 (2019)
3.3 2030년까지 AIDS, 결핵, 말라리아, 소외열대질환의 전염을 종식시키고 간염, 수인성 질병, 기타 질병을 퇴치한다.	3.3.1 인구 1,000명당 신규 HIV 감염자 수	명	0	0	0
	3.3.2 인구 10만 명당 결핵 발생률	명	451	354	351
	3.3.3 인구 1,000명당 말라리아 발병률	명	0.52	0.29	0.15
	3.3.4 인구 10만 명당 B형 간염 발생률	명	6.8	6.4	5.9
	3.3.5 소외열대질환에 대한 개입이 필요한 인구수	명	0	0	0

72 Democratic People's Republic of Korea, Voluntary National Review, Annex II The DPRK indicators and values (pp. 58-59).

3.4** 2030년까지 전반적 무상치료제 및 예방의학의 질 향상을 통해 비전염성 질병으로 인한 조기 사망률을 1/3로 줄이고 정신건강과 행복한 삶을 증진시킨다.	3.4.1 심혈관 질환, 암, 당뇨병 또는 만성 호흡기 질환으로 인한 사망률	%	-	-	-
	3.4.2 인구 10만 명당 자살률	명	-	-	-
3.5 마약 남용과 음주를 포함한 약물 남용의 예방과 치료를 강화한다.	3.5.2 국가적 상황에 따라 1인당 알코올 섭취량으로 정의된 술의 해로운 소비	L	-	-	-
3.6 2020년까지 교통사고로 인한 사망자, 부상자 수를 절반으로 줄인다.	3.6.1 인구 10만 명당 교통사고로 인한 사망률	명	8.5	8.4	7.3
3.7 2030년까지 성 및 생식기 건강관리에 대한 보편적 접근을 보장하고 국가전략과 계획에 생식기 보건을 통합시킨다.	3.7.1 가족계획이 필요한 가임기 여성(15-49세) 중 현대적인 방법에 대한 만족하는 비율	%	89.6 (2014)	89.7 (2017)	-
	3.7.2 해당 연령대의 여성 1,000명당 청소년 출생률(10-14세, 15-19세)	%	0 (2014)	1 (2017)	-
3.8** 의사담당구역제를 강화하고 특정지역을 위해 도 인민병원을 의료봉사센터로 보수하며 인민병원과 진료소에 적절한 의료물품을 공급하여 인민의 삶을 보호하고 그들의 건강을 증진시킨다.	3.8.1 보편적 의료보장률 (index)		-	84 (2017)	-

3.9 2030년까지 유해 화학물질 및 대기, 수질 및 토양 오염과 방사능으로 인한 사망자와 질병의 수를 상당히 감소시킨다.	3.9.1 가정 및 대기 오염에 따른 사망률	%	-	-	-
	3.9.2 안전하지 않은 물, 안전하지 않은 위생 및 위생 부족으로 인한 사망률	%	-	-	-
	3.9.3 인구 10만 명당 의도하지 않은 중독으로 인한 사망률	명	0.6	0.5	0.4
3.a WHO 담배규제기본협약 이행을 강화한다.	3.a.1 15세 이상 인구의 표준화된 흡연율	%	46.3	46.1 (2017)	-
3.b 전염병 및 비전염성 질병에 대한 백신, 의약품의 연구와 개발을 지원하고 필수의약품, 백신에 대한 접근성을 제공하며 모든 인민에게 의약품에 대한 접근성을 제공한다.	3.b.1 국가계획에 포함된 모든 백신을 지원받는 대상 인구의 비율	%	97.7	93.2	94.5
	3.b.2 의료 연구 및 기초보건 분야의 공적개발원조 (ODA)	백만 달러	23.5	-	-
	3.b.3 지속가능성을 기반으로 저렴하고 구매 가능한 필수의약품 구성을 가지고 있는 의료시설 비율	-	-	-	-
3.c 보건 부문의 예산을 늘리고 의료 인력을 교육하며 의료봉사의 질 향상을 보장한다.	3.c.1 인구 1,000명당 의료일군의 밀도 및 분포	명	98	99	100
	의사(치과의사 포함)	명	37	37	38
	간호원, 조산사	명	43	43	44
	약사	명	4	4	4
	기타	명	14	15	15
	3.c.2* 공중보건 부문 정부 지출 비율	%	6.4 (2014)	7 (2017)	

** 국가개발목표와 통합된 지표임.

자료: 북한 VNR (pp. 58-59).

3.5 SDG3 보건의료 세부 지표의 의미 및 북한의 지표별 수치 분석

이 절에서는 SDG3 세부 목표의 지표의 북한의 연도별 추이와 달성 정도를 분석하였다. 대체로 북한 VNR에서 보고한 수치는 UN에서 보고한 수치보다 양호한 것으로 나타났고 데이터의 신뢰성과 그 차이의 원인을 분석할 필요가 있다.[73]

가. SDG 3.1.1 모성사망비

북한의 모성건강(maternal health)의 이해는 대북사업 전략도출과 북한의 인구개발에 도움이 되며 통일한국을 준비하는 데 기반이 될 것이다. UN 추정치에 따르면 북한의 모성사망비는 10만 명당 2000년 139에서 2002년 122로 감소하다가 2008년까지 118로 미세하게 감소하였다. 이후 2011년에 100까지 감소하였고 2012년부터 연간 1~2명씩 줄어드는 추세로 가장 최근 2017년 모성사망비는 89이다. 북한 VNR 보고서에 따르면 2015년에는 58명, 2019년에는 49명으로 이미 UN 2030년 목표치를

73 이 장에서 그래프로 나타내는 각 지표값은 북한 VNR 보고서와 UNstat에서 보고하는 UN 추정치가 차이를 보이는데 이에 대한 원인은 불분명하다. 북한 VNR에 따르면 모든 지표값의 측정은 보건성은 연령, 성별, 원인별로 질병률에 대한 일상적인 데이터를 중앙 병원에서부터 진료소까지 수집하였고 특정 병원이나 진료소에서 잘 치료되거나 치료되지 않은 질병, 치료 방법, 의약품 및 시설 상태에 대한 데이터도 수집하여 질병 치료를 위해 종합적으로 분석하였다고 밝히고 있다. 또한 호담당의사의 정기적 가구 구성원 건강검진 결과와 전국의 탁아소, 유치원, 육아원, 소학교에서 어린이와 학생의 신체검사 결과 데이터를 수집하고 집계하였고 평가는 UNICEF와 UNFPA와 협력한 다중지표군집조사(MICS)와 RH 결과를 포함한 조사를 통해 수행되었다고 하였다(대북협력민간단체협의회, 조선민주주의인민공화국, 지속가능한 발전을 위한 2030 의제 이행에 관한 자발적 국가 검토 보고서, p. 24.).

달성한 수치로 차이가 나지만[74] WHO의 country cooperation strategy 보고서[75]의 수치(2015년 58.0)와 동일하다.

북한 VNR 보고서에 따르면 2030년까지 모성 사망률 목표치를 40명 이하로 설정하여 UN의 목표치 70보다 상회한다. 2017년 북한의 모성사망 원인 1위는 출혈로 전체 모성 사망의 34%를 차지하고, 패혈증 및 기타 감염이 13%, 고혈압이 9%, 낙태 및 유산이 11%, 기타 원인(늦은 치료, HIV/AIDS 등)이 18%를 차지한다.[76] 따라서, 40명 미만의 목표치를 달성하기 위해서는 모성사망 원인분석을 기반으로 고위험 예방과 조기발견을 통해 안전한 수술, 수혈, 감염관리 등의 적정의료서비스 제공이 이루어질 수 있도록 지원할 필요가 있다.

〈그림 4-7〉 모성 사망비(2000-2019)

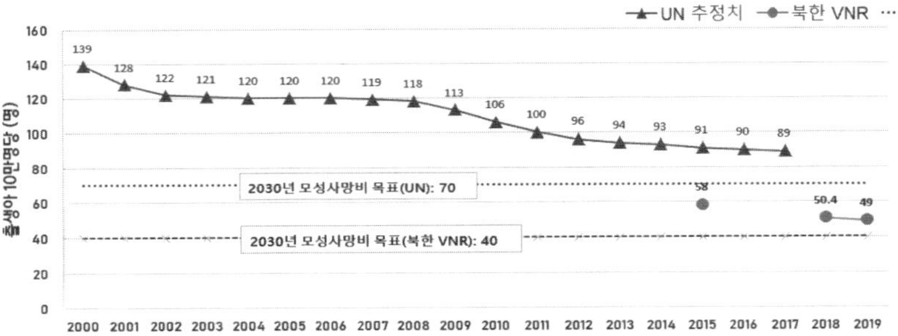

자료: UN 추정치는 https://country-profiles.unstatshub.org/prk#goal-3, 북한

74 북한 VNR (2021).

75 WHO, Country Cooperation Strategy at a glance, Democratic People's Republic of Korea, Source of Data: Global Health Observatory May 2017. http://apps.who.int/gho/data/node.cco (검색일: 2021. 11. 9).

76 Institute for Health Metrics and Evaluation (IHME). Maternal Health Atlas. Seattle, WA: IHME, University of Washington, 2018. Available from https://maternalhealthatlas.org/. (Accessed [INSERT DATE]) (검색일: 2021.11.9.).

VNR은 Demographic People's Republic of Korea Voluntary National Review on the Implementation of the 2030 Agenda(p. 58).

나. SDG 3.1.2 전문 의료 인력이 참여한 출산 비율

북한의 의사, 간호사, 조산사에 의한 분만 비율은 거의 100%로 매우 높다. UN[77]에서도 2000년 96.7%, 2004년 97.1%, 2009년 100%, 2017년 99.5%로 북한 VNR과 비슷한 수치를 보고하고 있다. 그러나, 의료시설 분만은 산과적 응급상황에서 신속하게 대처할 수 있으므로 모성사망을 방지하기 위해 매우 중요한데 북한에서는 여전히 7.8%의 가정분만이 이루어지고 있고 평양에서는 가정분만이 0%이지만 양강도 6.5%, 강원도 9.1%, 자강도 8.0%로 지역별 편차가 존재하므로 이에 대한 대책이 필요하다.[78]

다. SDG 3.2.1 5세 미만 사망률

2016년 북한의 5세 미만 아동이 인구 중 차지하는 비율은 6.8%이었으며 5세 미만 아동 사망률은 1997년 75.7명까지 많았지만, 점차 감소하여 2030년까지의 UN의 목표치인 25명을 2013년(24.0명)에 이미 달성하였고 가장 최근인 2019년에는 17.3명이었다. 북한 VNR에 의하면 2015년 17.7명, 2019년 16.8명으로 UN 추정치보다 낮게 보고되었고 연도별 추세를 따라 2030년까지의 목표를 12명으로 UN 목표치보다 낮게 설정한 것으로 분석된다. 북한 5세 미만 아동 사망의 주요 원인은 모성

---

77 UN, https://unstats-undesa.opendata.arcgis.com/datasets/indicator-3-1-2-proportion-of-births-attended-by-skilled-health-personnel-percent/explore?location=8.176428%2C1.735981%2C2.94 (검색일: 2021.11.9).

78 북한 보건의료 백서, 2019, p. 190.

및 신생아 질환 42%, 호흡기 감염 및 결핵 18%, 기타 비감염성 질환 13%이다.[79] 2019년 북한 전역에서 약 140,000명의 5세 미만 어린이가 영양 결핍인 것으로 추정되며, 그중 약 30,000명은 치료를 받지 않으면 사망할 수 있는 심각한 급성영양실조 상태로 이에 대한 조치가 필요하다.

〈그림 4-8〉 5세 미만 아동 사망률(2000-2019)

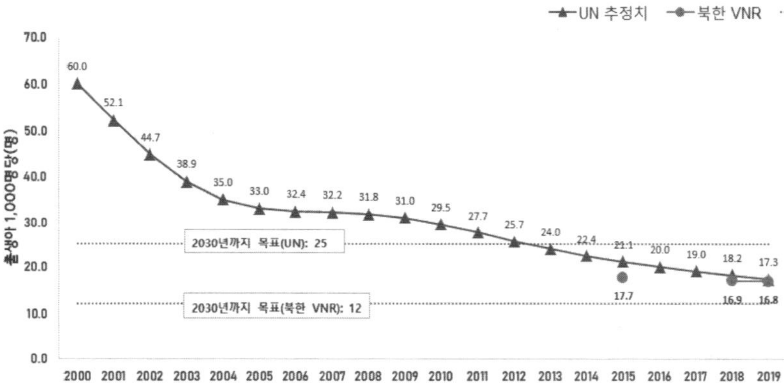

자료: UN 추정치는 https://country-profiles.unstatshub.org/prk#goal-3, 북한 VNR은 Demographic People's Republic of Korea Voluntary National Review on the Implementation of the 2030 Agenda(p. 58).

라. SDG 3.2.2 신생아 사망률

북한의 신생아 사망률은 출생아 1,000명당 최고 26.3명에서 2019년 9.5명으로 이미 SGD 2030년 국제 목표 12명을 달성하였다. 북한 VNR에 의하면 북한의 신생아 사망률은 2014년 9명, 2019년 7.7명으로 UN

79 https://vizhub.healthdata.org/gbd-compare/에서 display는 Cause로, Measure는 Deaths로, Location은 Democratic People's Republic of Korea로 age는 〈5로 설정하여 조회한 결과임.

추정치보다 낮고 2030년까지의 목표를 6명으로 설정하였다. 북한 신생아 사망의 주요 원인은 모성의 영양결핍과 질병, 열악한 신생아 집중치료 수준과 관련성이 높으며(40% 차지), 이 외에 폐렴(17%), 설사증(11%) 순이다.[80] 신생아 사망률이 5세 미만 아동 사망의 84%를 차지하며 조산에 따른 저체중아 및 미숙아 관리 등 출산 전후 주산기 응급의료가 취약하므로 응급 산과 및 신생아 관리(EmONC)와 신생아 및 아동기 질환의 통합 관리(IMNCI)를 강화해야 한다.[81] 신생아의 영양상태는 모성의 영양결핍과 직결되고 홍수 및 가뭄 등의 자연재해로 인한 식량부족이 원인이므로 안정적으로 임산부가 음식을 섭취할 수 있도록 해야 하고 영유아가 균형 잡힌 영향섭취를 할 수 있도록 지원하는 것이 신생아 및 영유아의 건강 개선에 매우 중요하다.

〈그림 4-9〉 신생아 사망률(2000-2019)

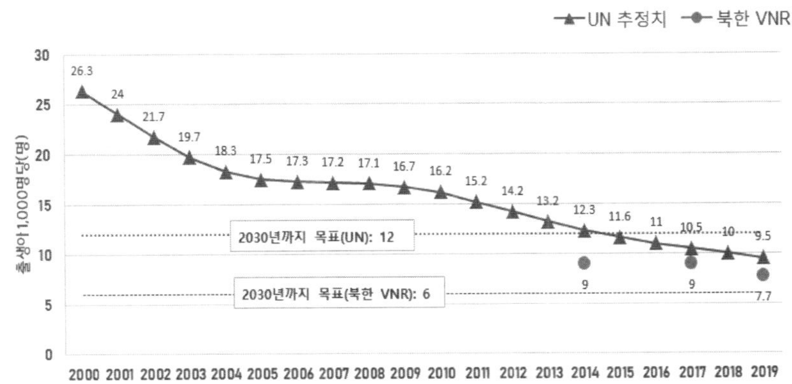

80 황나미(2016). 북한 모자보건 현황 및 향후 과제. 한국모자보건학회지, 20(2), 103-111.

81 UNICEF DPR Korea Country Office. Annual Report for 2018.

자료: UN 추정치는 https://country-profiles.unstatshub.org/prk#goal-3, 북한 VNR은 Demographic People's Republic of Korea Voluntary National Review on the Implementation of the 2030 Agenda(p. 58).

마. SDG 3.3.2 인구 1십만 명당 결핵 발생률

북한의 결핵 질병 부담은 세계적인 수준으로 높으나, 실제 치료를 받고 있는 결핵환자의 규모는 69%에 불과하며 치료 성공률은 83%, 결핵 신환자에서의 약제내성결핵 비율은 2.2%이다.[82] UN 추정치에 의하면 2018년 인구 100,000명당 결핵 발생률은 2000년도부터 2018년까지 513명으로 동일하며 북한 VNR에 의하면 2015년 415명, 2018년 354명, 2020년 351명을 감소 추세이다. UN 보고처럼 513명으로 매년 동일할 수는 없으므로 UN 자료는 신뢰성이 떨어진다고 판단되며 남한의 인구 10만 명당 결핵 발생률이 2019년 기준 59명인 점을 감안할 때 북한 VNR을 통해 북한 결핵의 심각성을 추정해 볼 수 있다. 북한의 글로벌 펀드가 2018년 중반 예기치 않게 철수되어 결핵환자는 치료를 중단할 위험이 높아졌고 다제내성결핵은 해결해야 하는 주요 과제로 남아 있다.[83]

---

82 OECD/WHO. 2020. HEALTH AT A GLANCE: ASIA/PACIFIC 2020. URL: https://www.oecd-ilibrary.org/docserver/26b007cd-en.pdf?expires=1610869059&id=id&accname=guest&checksum=1C5C865371289500D44521D61489634C (검색일: 2021.11.11.).

83 UNICEF DPR Korea Country Office. Annual Report for 2018.

〈그림 4-10〉 결핵 발생률(2000-2020)[84]

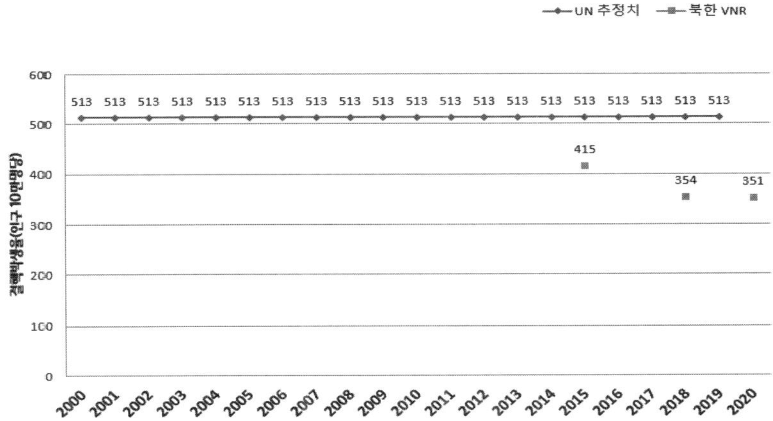

자료: UN 추정치: Data extracted as of 4 January 2021, based on data originally compiled for the 2020 WHO Global TB Report, 북한 VNR은 Demographic People's Republic of Korea Voluntary National Review on the Implementation of the 2030 Agenda(p. 58).

바. SDG 3.3.3 인구 1천 명당 말라리아 발병률

북한에서 말라리아는 1970년대 초 WHO의 퇴치사업으로 사라졌다가 휴전선 인근지역에서 1990년대 말부터 증가하여 발생하였으나 그 이후 급격히 감소하였다. 이는 WHO의 MPPT(Mass primaquine Preventive treatment) 성과이며 살충 처리된 반영구적 모기장(long-lasting insecticide-treated bed nets)을 주민에게 보급하고 살충 처리된 피복(insecticide treated clothing)을 야간근무자에게 보급한 노력 등으로 2019년 북한의

84 https://unstats-undesa.opendata.arcgis.com/datasets/indicator-3-3-2-tuberculosis-incidence-per-100-000-population/explore?location=14.807522%2C1.232241%2C2.93.

말라리아 감염자 수는 1,869명으로 감소하였다.[85] 발생지역은 지역적으로는 한국과 가까운 개성시, 황해남북도, 강원도, 남포시로 한국과 북한의 인구 1,000명당 말라리아 발생자 수는 다음과 같다.

〈그림 4-11〉 인구 1,000명당 말라리아 발병률(2000-2020)

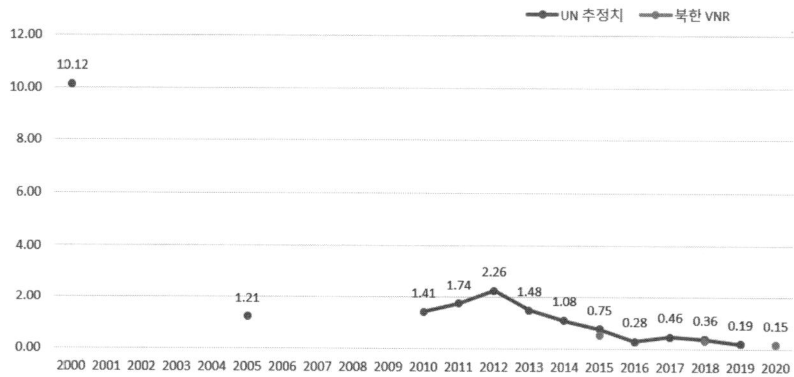

자료: UN 추정치. UN, https://unstats-undesa.opendata.arcgis.com/datasets/indicator-3-3-3-malaria-incidence-per-1-000-population-at-risk-per-1-000-population/explore?location=5.104732%2C32.276581%2C3.38, 북한 VNR은 Demographic People's Republic of Korea Voluntary National Review on the Implementation of the 2030 Agenda(p. 58).

사. SDG 3.4.1 비전염성 질환으로 인한 조기 사망률

북한의 심혈관질환, 암, 당뇨, 만성호흡기 질환으로 인한 조기사망은 2000년에 23.6%에서 2016년 25.6%로 증가하였다. 전체 사망원인의 84%는 비전염성 질환으로 세계 비감염성 질환 사망점유율 71%보다 높

85 서울대학교 의과대학 통일의학센터, 북한보건의료백서 2019 개정판.

으며 심혈관질환 40%, 암 19%, 만성폐질환 14%를 차지한다.[86]

〈그림 4-12〉 북한의 조기 사망률 추정

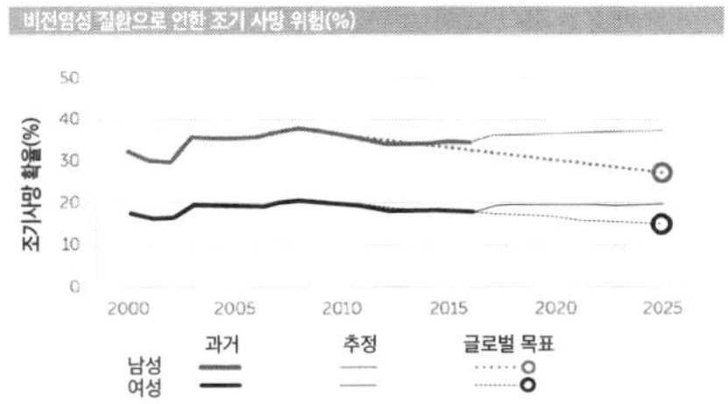

〈그림 4-13〉 북한의 사망원인(NCD)

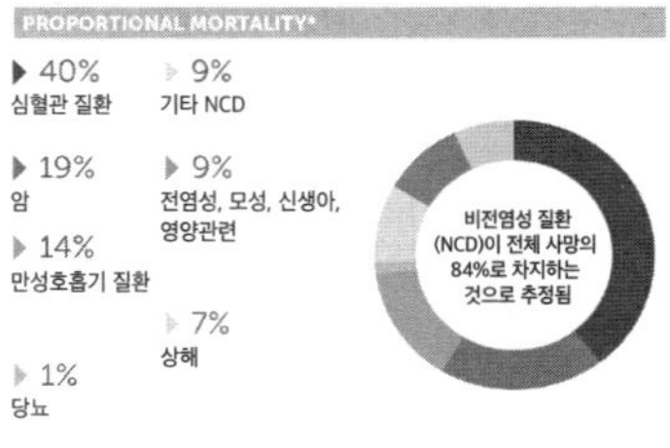

자료: WHO. (2018): Noncommunicable diseases country profiles 2018. World Health Organization. https://apps.who.int/iris/handle/10665/274512. (p. 74)

북한의 질병발병부담의 순위를 살펴보면 1990년 질병부담 상위 10개 질환에 포함되었던 신생아질환, 선천적 기형, 하부 호흡기 감염 등은 2017년 현재 그 순위가 모두 하락하였고 반면 뇌졸중, 심혈관 질환, COPD, 교통사고 같은 비감염성 질환이 2019년 현재 높은 질병부담 순위를 차지하였다.[87]

86 WHO. (2018): Noncommunicable diseases country profiles 2018. World Health Organization. https://apps.who.int/iris/handle/10665/274512. (p. 74)(검색일: 2021. 10. 30).

87 IHME, GBD Compare, http://www.healthdata.org/north-korea (검색일: 2021. 10. 30).

〈그림 4-14〉 북한 질병부담의 순위 변화

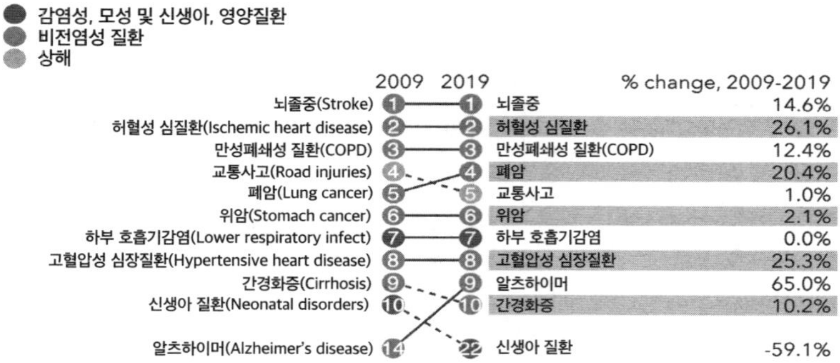

자료: IHME, GBD Compare, http://www.healthdata.org/north-korea (검색일:2021.7.1)

북한 주민의 사망과 장애 위험요인 순위를 살펴보면 담배, 공기오염, 혈압, 식이, 혈당 등이 사망과 장애 위험요인 1순위부터 5순위를 차지하였고 2009년부터 2019년 사이에는 순위에 큰 변화는 없다.[88]

〈그림 4-15〉 북한 사망과 장애 위험요인 순위 변화

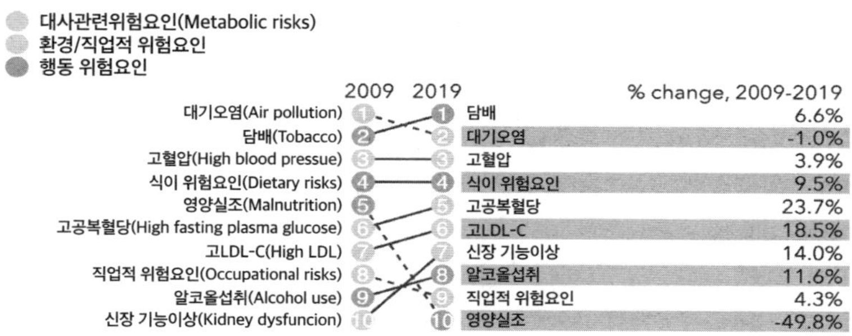

자료: IHME, GBD Compare, http://www.healthdata.org/north-korea

88 IHME, GBD Compare, http://www.healthdata.org/north-korea (검색일: 2021. 10. 30).

4. 보건의료협력 분야 SDGs 북한 적용

4.1 보건의료협력 사업 시나리오

이번 장에서 사용한 시나리오는 다음과 같다.

UNICEF는 2008-2014년 북한 북동쪽 4개 도, 29개 군에서 지역사회 기반 급성영양실조 관리 프로그램(Community based Management of Acute Malnutrition Programme in DPRK, CMAM)을 시작하여 1,000개의 지역사회 기반 급성영양실조 관리(CMAM) 서비스가 가능한 클리닉을 운영하였다.[89] 그 당시에는 합병증이 있는 급성영양실조(SAM)는 군병원으로 의뢰하였고 외래는 운영하지 않았다. 이후 2015-2017년 CMAM 사업에서는 2008-2014년 사업 평가를 통해 분석된 한계를 극복하기 위해 외래를 운영하였고 합병증이 없는 급성영양실조도 치료하도록 합의하였다. 북한 전체 210개 군 중에서 189개 군에서 스크리닝, 의뢰, 치료서비스가 가능하게 하여 5세 미만 아동의 90%를 커버하였고 2016년에 이를 달성하였다. PDM과 모니터링 & 평가(M&E)는 이 사업의 평가보고서[90]를 참고하여 필자가 재구성하였다.

---

89 UNICEF는 아동의 주된 사망원인인 영양부족(undernutrition)을 해결하기 위해 CMA 모델을 개발하여 60여개 국가에서 수행하였다. CMAM는 임신부터 2번째 생일까지 첫 1,000일 동안의 아동 영양은 아동의 발달과 성장의 결정요인으로 지적한 '1,000 days approach'를 반영하여 구성되었고 북한에서도 북한의 CMAM 모델을 개발하여 2008-2014년, 2015-2017년에 운영하였다.

90 Action Against Hunger, Binns Paul & guerrero Saul, "Evaluation of Community-based Management of Acute Malnutrition Programme supported by UNICEF in DPR Korea 2015-2017", Evaluation Report. 2018을 참고하여 재구성함.

4.2 사업설계매트릭스(PDM)

위에서 제시한 시나리오를 변화이론에 따라 투입물, 개별활동, 산출물, 성과는 다음과 같으며 영향은 SDG 3.2.1인 5세 미만 아동 사망률로 정하였다.

가. 지역사회 기반 급성영양실조 관리 프로그램 사업논리모형(PDM)

<표 4-16> 지역사회 기반 급성영양실조 관리 프로그램 PDM

- 사업명(사업비/사업기간): 지역사회 기반 급성영양실조 관리 프로그램 (2015.1-2017.10)
- 사업대상지역: 북한 4개 도(province), 189 군(counties), 13개 도립 아동병원, 1,000 개 마을, 14개 고아원

요약 (Narrative summary)	객관적 검증지표 (Objectively Verifiable Indicators)	검증수단 (Means of Verification)	중요가정 (Important Assumptions)
영향(Impacts) 5세 미만 아동 사망률이 감소한다.	5세 미만 아동 사망률	- 사업지역 아동 사망보고서	- 여성과 아동의 영양문제 해결을 정치적인 우선순위로 유지한다.
성과(Outcomes) 1. 아동의 영양상태가 개선된다. 2. 아동 급성영양실조 치료와 관리가 향상된다.	1.1. 중증 급성영양실조(SAM) 유병률 1.2. 중증도 급성영양실조(MAM) 유병률 2.1. 급성영양실조로 입원치료를 받은 아동의 수 2.2. 급성영양실조 아동의 치료율 2.3. 급성영양실조 아동의 외래일수 2.4. CMAM(지역사회기반 급성영양실조 관리 프로그램) 적용지역 범위율(군 단위)	- 영양실태 조사결과 보고서 - 병원진료보고서 - 사업실행결과보고서	-보건의료시설 운영에 필요한 최소한의 국가 재정이 확보된다. -북한의 모자보건 개선을 위한 정책 기조가 변경되지 않는다.

산출물(Outputs)	1.1.1. 영양 스크리닝을 받은 아동의 수(남녀 및 연령별 분류) 2.1.1. 급성영양실조 관리 교육을 이수한 의료인력 수(남, 여) 2.1.2. 급성영양실조 관리 교육을 이수한 마을보건 인력 수(남, 여) 2.2.1. 급성영양실조 치료가 가능한 의료시설 수 2.2.2. 급성영양실조 외래 치료 건수(영양실조의 합병증 유무 분류) 3.1.1. 의료인과 마을보건요원의 활동 감독과 모니터링 수	- 영양 스크리닝 보고서(탁아소(월별), 리 진료소(년 2회), 구역담당의사 가정방문 시 시행) - 병원 의뢰보고서 - 역량교육 결과보고서 - 사업실행결과보고서 - 병원진료보고서 - 사업활동 모니터링 및 평가보고서	- 사업 추진 시 유기적인 협조체제가 유지된다. - 주요 지원요청에 대한 변경 사유가 발생하지 않는다. - 날씨 변화에도 사업지역 도로망이 유지된다.
1.1. 지역사회 기반 급성영양실조 스크리닝 및 관리 서비스 강화 2.1. 급성영양실조 관리 역량 강화 2.2. 병원 시설 및 의료기자재 개선을 통한 의료 환경 개선 3.1. 활동의 모니터링, 감독 및 보고			
활동(Activities)	투입물(Inputs)		선행조건(pre-condition)
1.1.1. 지역사회동원 및 지역보건요원에 의한 영양 상태 스크리닝 1.1.2. 가정방문을 통한 급성영양실조 아동의 상담 및 추적관찰 2.1.1. 급성영양실조에 대한 의료인과 마을보건요원(CHWs) 교육 2.2.1. 의료시설 인프라 및 시설구축 2.2.2. 의료기자재 및 소모품 지원 2.2.3. 급성영양실조 아동 치료 및 관리 3.1.1. 활동 모니터링	1. 리더십, 조정 및 거버넌스 2. 지역사회기반 급성영양실조 관리(CMAM) 정책 및 가이드라인 3. 사업운영비 4. 교육과 실행을 위한 인적 자원 5. 의료기 자재 및 소모품 6. 의료서비스 전달(인프라, 외래, 입원치료 등) 7. 관리 역량(기획, 모니터링, 감독, 영양 정보 분석 및 보고) 8. 마을지도자		- 건축 및 기자재 지원 관련 비용의 급격한 상승요인이 발생하지 않는다.

나. 대북 모자보건 사업의 PDM 지표(예시)

대북 모자보건사업 분야의 PDM 작성 시 고려할 수 있는 성과와 SDG를 사용한 영향지표의 예시는 다음과 같다. 사업의 분류, 지원 내용 및 설명은 「대북지원 20년 백서」에 나온 모자보건 사업 지원 내용[91]을 참고하여 연구자가 재구성하였다.

<표 4-17> 대북 모자보건 사업의 PDM 지표(예시)

사업분류		지원내용	설명	성과(Outcome) 지표	영향(Impact) SDGs 지표
병원 신축 및 개보수		병원 시설 증축 및 재건	어린이 전문병원, 수술실, 분만실 개보수, 혈액분과, 응급실	3.1.2 숙련된 의료인력이 참여한 출산 비율 - 시설 출산율 - 신생아 파상풍 및 백신 접종률 - 폐렴 의심 시, 의료진을 찾는 비율 - 폐렴 의심 시, 항생제 치료를 받는 비율 - 설사 시, 구강 수분 보충 또는 모유 수유 지속 비율 - 발열 시 말라리아 치료제를 받는 비율	3.1.1 모성사망비 3.2.1 5세 미만 아동 사망률 3.2.2 신생아 사망률
장비 및 물품 지원		의료방비 및 수송차량 지원	의료장비 및 물품지원		
의약품		완제/원료 의약품 및 소모품 지원	구급 의약품, 소아 관련 의약품		
모자건강관리	영유아	5세 미만	5세 미만 보건 지원 사업		
	아동	5세 이상	5세 이상 보건 지원 사업		
	모성	산모 및 가임기 여성 대상	산모 출산 전후 관리		

91 대북협력민간단체협의회 「대북지원 20년 백서」 (p. 95-121).

가족계획		임신 전 가임기 여성 대상	피임, 생식보건 관련 지원 및 교육	3.7.1 현대적 피임법 사용으로 가족계획 욕구가 충족되는 가임기(15~49세) 여성의 비율	
성병 (HIV/AIDS)		생식기 감염질환 지원 사업	생식보건 정보, 상담, 서비스 접근	3.3.1 HIV 신규 감염자	
교육 (보건인력, 주민)	교육과 연수	보건 인력 및 주민 대상 보건교육	교육 예방 및 인식 개선	- 주민의 보건 지식/인식 변화율 - 보건인력 역량 강화(교육 전후 지식 점수 변화)	3.1.1 모성사망비 3.2.1 5세 미만 아동 사망률 3.2.2 신생아 사망률
	기술 지원	장비 사용 및 표준 도입 적용에 대한 교육	의료기술제공, 교육 매뉴얼 개발	- 매뉴얼 상의 표준기준 사용률	
교육 및 통신 접근성		관리정보체계와 의사전달체계	이송체계, 관리체계, 지지감독, 앰뷸런스 지원	- 3.1.2 숙련된 의료인력이 참여한 출산 비율 - 최소 4번 이상 산전진찰률	

다. 대북 보건의료지원사업의 SDG와 지표(예시)

인도적 대북 보건의료지원 사업의 PDM 작성 시 고려할 수 있는 성과와 SDG를 사용한 영향지표의 예시는 다음과 같다. 이는 통일부의 대북 보건의료분야 인도적 지원 단계적 확대방안에서 제시한 인도주의적 대북보건의료지원 CRS 코드 분류체계(p. 84, 표 2-2)를 참고하여 연구자가 성과와 영향지표를 추가 구성하였다.

<표 4-18> 대북 보건의료지원사업의 SDG와 지표(예시)

DAC 코드		CRS 코드	내용		성과(outcome) 지표(예시)	영향(impact) 지표(예시) (관련 SDGs)
보건 (120)	보건 일반 (121)	12181	의학교육 및 훈련		- 보건인력 역량 강화 (교육 전후 지식점수 향상률)	3.8.1 보편적 의료보장 달성률 - 주관적 건강상태 - 기대수명
		12182	의학연구 및 설문조사		- 기초선조사 완성률 - 모니터링 설문조사 완성률	
	기초 보건 (122)	12220	기초의료관리	건강지원 사업	- 치료율/입원환자 수 - 외래환자 수	
				의약품	- 지원한 의약품 사용률	
				의료장비	- 지원한 의료장비 사용률	
		12230	기초의료시설	병원 개보수 및 신축	- 치료받은 환자 수 - 치료율	
		12240	기초영양	성인	- 영양장애 비율	
		12250	전염성 질환	예방접종	3.b.1 국가 정책에 포함된 모든 백신을 접종한 인구의 비율	
				식수, 위생 사업	- 설사 발생률 - 급성 호흡기 감염 이환율 - 안전한 식수 사용 비율	3.9.2 안전하지 않은 물과 하수처리, 부족한 위생시설로 인한 사망률
		12262	말라리아		- 말라리아 안전지역에 사는 인구	3.3.3 말라리아 발생 건수
		12263	결핵		- 결핵환자 발견율	3.3.2 결핵 발생 건수
		12281	보건인력 교육		- 개발된 교육매체 수 - 교육을 이수한 보건인력 수	- 기대수명
		추가	비전염성 질환 예방 및 통제	고혈압, 당뇨병, 고지혈증, 비만 예방 및 치료 사업	- 현재 음주자 비율/흡연자 비율 - 건강생활실천율/비만 비율 - 대사증후군 비율 - 상급병원 전원율 - 혈압조절률/혈당조절률	3.4.1 NCD로 인한 조기 사망률 - 당뇨유병률 - 고혈압유병률 - 악성종양유병률 - NCD로 인한 사망률

참고: SDG 세부 목표 지표는 별표(*)로 표시함.

4.3 모니터링 & 평가 (M&E)

앞에서 제시한 시나리오를 기반으로 연구자가 구성한 모니터링 및 평가(안)은 다음과 같다.

<표 4-19> 사업의 성과지표, 모니터링 및 평가 계획

이탤릭체 수치는 실제 보고서에서 발췌된 정보임

목표(Goal)	지표	지표 정의	기준치 (Baseline)	목표치 (Target)		목표치 산출근거	성과 입증 수단	지표 측정시기
5세 미만 아동의 사망률이 감소한다.	5세 미만 아동 사망률	1,000명당 5세 미만 아동 사망률	22.7명 (2014년)	16.9 (2018)		국가발전목표	사업지역 아동 사망 보고서	사업 종료 시점
목적(Purpose/Outcome)	**지표**	**지표 정의**	**기준치 (Baseline)**	**목표치 (Target)**		**목표치 산출근거**	**성과 입증 수단**	**지표 측정시기**
1. 아동의 영양상태가 개선된다.	1.1. 중증 급성영양실조(SAM) 유병률	전체 5세 미만 아동 중 중증 급성영양실조[92] 진단받은 아동의 비율(중간 상완 둘레 11.5cm 미만)	0.6%(2012)	Yr1	0.5	국가발전목표, 연도별 추세 및 현지 전문가의견 청취	영양실태 조사결과 보고서	연 1회
				Yr2	0.4			
	1.2. 중증도 급성영양실조(MAM) 유병률	전체 5세 미만 아동 중 중증도 급성영양실조 진단을 받은 아동의 비율(중간 상완 둘레 11.5cm에서 12.5cm 미만)	*underweight* 15.2% *wasting* 4% (2012)	Yr1	15.0	국가발전목표, 연도별 추세 및 현지 전문가의견 청취	영양실태 조사결과 보고서	연 1회
				Yr2	14.0			

2. 아동 급성영양실조 치료와 관리가 향상된다.	2.1. 급성영양실조로 입원치료를 받은 아동의 수	급성영양실조(중증 또는 중증도)로 입원치료를 받은 아동의 수	*SAM*: 37,905명 *MAM*: 14969명 (2015년)	Yr1	*SAM*: 18,884 *MAM*: 114,076	국가발전목표, 연도별 추세 및 현지 전문가의견 청취	병원진료 보고서	연 1회
				Yr2	*SAM*: 15,000 *MAM*: 110,000			
	2.2. 급성영양실조 아동의 치료율	급성영양실조를 진단받은 아동 중 입원 또는 외래치료를 받은 아동의 비율	40%	Yr1	45%	국가발전목표, 연도별 추세 및 현지 전문가의견 청취	병원진료 보고서	연 1회
				Yr2	50%			
	2.3. 급성영양실조 아동의 외래일수	급성영양실조로 외래치료를 받은 아동의 평균 외래일 수	0[93]	Yr1	0	국가발전목표, 연도별 추세 및 현지 전문가의견 청취	병원진료 보고서	연 1회
				Yr2	0			
	2.3. 지역사회기반 급성영양실조 관리 프로그램 적용지역 범위율(군단위)	CMAM 적용이 가능한 군의 비율(분모: 210개 군)	13.8% (2008)	Yr1	70.9%	국가발전목표, 연도별 추세 및 현지 전문가의견 청취	사업실행결과 보고서	연 1회
				Yr2	90.0%			
산출물(Outputs)	지표	지표 정의	기준치 (Baseline)	목표치 (Target)		목표치 산출근거	성과 입증 수단	지표 측정시기
1. 지역사회 기반 아동 영양 상태 스크리닝 및 관리 서비스 강화								
1.1. 지역사회 기반 급성영양실조 스크리닝 및 관리 서비스 강화	1.1.1. 영양 스크리닝을 받은 아동의 수(남녀 및 연령별 분류)	탁아소, 가정방문에서 영양 스크리닝을 받은 5세 미만 아동의 수	1,600,000명 (5세 미만 아동의 16%) (2014)	Yr1	1,700,000	국가발전목표, 연도별 추세 및 현지 전문가의견 청취	영양스크리닝 보고서	연 2회
				Yr2	1,800,000			

2. 급성영양실조 관리 강화								
2.1. 급성영양실조 관리 의료인력 및 마을보건요원 역량 강화	2.1.1. 급성영양실조 관리 교육을 이수한 의료인력 수(남, 여)	급성영양실소 교육을 이수한 보건의료인력 수	0	Yr1	100	국가발전목표, 연도별 추세 및 현지 전문가의견 청취	역량교육 결과보고서	연1회
				Yr2	150			
	2.1.2. 급성영양실조 관리 교육을 이수한 마을보건인력 수(남, 여)	급성영양실조 관리 교육을 이수한 마을보건인력 수	0	Yr1	400	국가발전목표, 연도별 추세 및 현지 전문가의견 청취	역량교육 결과보고서	연1회
				Yr2	800			
2.2. 병원 시설 및 의료기자재 개선을 통한 의료 환경 개선	2.2.1. 급성영양실조 치료가 가능한 의료시설 수	급성영양실조 치료가 가능한 의료시설 수	41개 [94] (2014)	Yr1	50개	국가발전목표, 연도별 추세 및 현지 전문가의견 청취	사업실행 결과보고서	최종
				Yr2	60개			
	2.2.2. 급성영양실조 외래 치료 건수(영양실조의 합병증 유무 분류)	급성영양실조 외래 치료 건수	0	Yr1	400	국가발전목표, 연도별 추세 및 현지 전문가의견 청취	병원진료 보고서	연1회
				Yr2	500			
3.1. 활동의 모니터링, 감독 및 보고								
3.1. 사업 모니터링	3.1.1. 의료인과 마을보건요원의 활동 감독과 모니터링 수	의료인과 마을보건요원의 활동을 분기별로 모니터링한 수	0	Yr1	4	사업 계획서	사업활동 모니터링 및 평가보고서	연 1회
				Yr2	4			

92 Severe acute malnutrition is defined by very low weight-for-height/length (Z- score below -3 SD of the median WHO child growth standards), or a mid-upper arm circumference < 115 mm, or by the presence of nutritional oedema. Severe Acute Malnutrition is both a medical and social disorder.

93 2015년 1월 전에는 외래에서 급성영양실조 치료를 하지 않았음.

94 당시에는 합병증 있는 급성영양실조만 치료가능 했음. 군병원 29개+12개 도립병원=41개 병원.

가. 목표와 목적, 지표 설정

목적(goal)은 사업수준 또는 국가수준의 장기적 개발목표로 SDG와 지표들을 적용할 수 있다. 주로 모성 사망률, 5세 미만 아동 사망률, 신생아 사망률, HIV 발생 건수, 비전염성 질환으로 인한 조기 사망률 등이 될 수 있다.

성과(outcome)지표 설정 시 성과지표에 영향을 주는 요인들이 복합적이고 변화이론 단계에서 산출물에서 성과를 직접적으로 기대하기 어렵다고 판단될 때에는 단기(short)와 중기(intermediate) 지표로 나누어 설정할 수 있다. 예를 들어 비전염성 질환으로 인한 조기 사망률 감소를 위한 생활습관 중재 프로그램 운영 시 단기 성과로는 금연, 절주, 식이, 운동의 건강생활 실천율이 될 수 있고 중기 성과로는 비만율 감소가 될 수 있다.

지표 설정 시에는 SMART(specific, measurable, achievable, relevant, time-limited) 원칙을 적용하여 구체적이고 측정 가능하며, 달성 가능하고, 상호연관성이 있고, 시간을 한정하여 기술해야 한다. 지표명 설정 시 주로 절대적인 수보다는 분모를 반영하는 비율(rate)로 하는 경우가 대부분이다. 이때 각 지표를 정의할 때는 서술과 함께 분모와 분자를 정확히 명시해야 한다. 모성 사망비의 경우 분모는 당해연도 총 출생아 수이고 분자는 당해연도 임신, 출산, 산욕(42일까지)으로 인한 모성 사망자 수이며 이를 10만 명당으로 계산한 값이다.

나. 기준치와 목표치 설정 근거

목표치는 한정된 시간 내에 사업이 달성하고자 하는 성과의 정도로 자원 배분과 합의를 형성할 수 있다. 목표치 설정은 북한 보건당국의 내부 목표치, UNICEF 또는 WHO의 북한 보건지표의 목표치 또는 SDG

와 같은 국제 목표치를 반영하여 설정할 수 있다. 또한, 사업 전 북한 현지 전문가와의 협의를 통해 정할 수 있고 북한의 과거 자료를 최대한 입수하여 추세선을 그려 감소 또는 증가 경향을 반영하여 설정할 수 있다.

다. 데이터 수집 양식

환자의 입원율, 외래환자 수에 대한 모니터링 시 환자의 입원과 외래 숫자를 수집하기 위한 양식은 다음과 같다. 이 양식은 CMAM 종료평가 보고서의 별첨자료[95]에서 발췌한 것으로 국제기구인 유니세프(UNICEF)도 의료정보시스템으로 환자진료정보의 자동 조회 및 산출이 불가능한 서면 형태로 보고 받은 것을 알 수 있다.

1) 중증도 급성영양실조(MAM) 입원 환자 정보

(1) 군단위에서 도단위로 보고 〈표 4-20〉

도(Province) Date:

월	1월		2월		3월		4월		5월		6월		7월		8월		9월		10월		11월		12월	
군 (county)	남	여	남	여	남	여	남	여	남	여	남	여	남	여	남	여	남	여	남	여	남	여	남	여

95 Action Against Hunger, Binns Paul & guerrero Saul, "Evaluation of Community-based Management of Acute Malnutrition Programme supported by UNICEF in DPR Korea 2015-2017", Evaluation Report. 2018.

(2) 도단위에서 중앙으로 보고 〈표 4-21〉

도(Province): Date:

월	1월		2월		3월		4월		5월		6월		7월		8월		9월		10월		11월		12월	
도(Province)	남	여	남	여	남	여	남	여	남	여	남	여	남	여	남	여	남	여	남	여	남	여	남	여
평안남도																								
평안북도																								
자강도																								
량강도																								
강원도																								
황해남도																								
황해북도																								
함경남도																								
함경북도																								
총계																								

(3) 퇴원환자 보고 양식 〈표 4-22〉

월	치료		사망		방치(abandoned)		미응답(Non-respondent)	
도(Province)	치료받은 환자 수	치료율	사망자 수	사망률	방치된 환자 수	방치율	응답자 수	미응답율
평안남도								
평안북도								
자강도								
량강도								
강원도								
황해남도								
황해북도								
함경남도								
함경북도								
총계								

4.4 기초선 및 대안지표

성과관리와 모니터링 및 평가를 위해서는 PDM의 성과와 영향지표에 대한 사업수행 전 수치가 필요하다. 통일부 보고서[96], 통계청 북한통계[97], 북한 보건당국 보고서, WHO, UNICEF 등의 공개된 자료 등을 활용할 수 있다. 그러나 보통 국가 단위의 자료일 가능성이 커 정확한 성과관리를 위해서는 사업지역에서의 기초선 조사가 필요한 경우가 많이 발생한다. 본 장에서는 CMAM를 예시로 설문조사 방법[98]을 소개한다.

〈그림 4-16〉 기초선 조사 순서

샘플링 → 모집단 명단조사 → 표본가구 선정 및 가중치 설정 → 설문지 문항 개발 → 조사원 교육 → 설문조사 → 데이터 관리 및 분석

가. 설문조사 순서

1) 샘플링

북한 당국과 협의하여 기초선 조사에 사용할 수 있는 예산과 인력을

96 예시로, 통일부(2014), 대북 보건의료분야 인도적 지원 단계적 확대방안(P. 194)에는 5세 미만 아동 사망수가 지역별, 도시, 시골, 성별로 제시되어 있다. 출처는 2008년 인구조사라고 밝히고 있다.

97 예시로, 통계청의 북한통계에는 예시로 현재 음주자의 비율(최근 30일간), 평균 수축기압 등이 성별, 연령그룹으로 평균과 95% 신뢰구간이 제시되어 있다. 통계청, 북한통계.
https://kosis.kr/bukhan/statisticsList/statisticsListIndex.do?menuId=M_01_01_02&vwcd=MT_BUKHAN&rootId=101_101BUKHANI01&treeId=101_101BUKHANI01/101_101BUKHANI01_337#SelectStatsBoxDiv (검색일: 2021. 4. 5).

98 UNICEF 2017 DPR Korea MICS, Multiple Indicator Cluster Survey 2017, Survey Findings Report를 참고하여 재구성함.

고려한 후 북한의 2013년 센서스를 기준으로 도(province)와 도시, 농촌 지역을 층화하여 샘플링을 한다.

2) 모집단 명단 조사

모집단 명단을 조사하기 위해 조사원 훈련과 예비조사를 실시한다. 조사원 훈련은 약 5일간 진행할 수 있으며 가구원 맵핑(mapping)과 설문조사 방법 등에 대해 교육한다. 예비조사 후 2013년 센서스를 업데이트하며 맵핑과 사업지역 가구 명단을 조사 및 정리한다.

3) 표본가구 선정 및 가중치 설정

조사된 가구 명단으로부터 랜덤으로 표본가구를 선정하고 자료의 대표성을 높이기 위해 통계전문가의 자문을 통해 가구, 여성, 남성, 5세 미만 등을 고려한 가중치를 설정한다.

4) 설문지 문항 개발

각 지표에 따라 조사할 설문지 문항을 설문조사 전문가 자문을 통해 개발한다. 필요 시 UNICEF에서 개발하고 한국어로 번역 후 예비조사를 통해 타당도가 검증된 MICS6 Model 설문지[99]를 참고할 수 있으며 기타 국제적으로 사용하는 문항을 사용 시 나라별로 비교 가능하다는 이점이 있다.

5) 윤리적 고려

설문조사 전 설문 응답이 자발적 참여에 의한 것이며 비밀이 보장되고 언제든지 어떤 질문도 거부할 수 있고 거부하더라도 불이익이 없음에 대한 서면 동의서를 받는다.

---

99 UNICEF, http://mics.unicef.org/tool#survey-design 참고함 (검색일: 2021. 10. 30).

6) 본 설문조사를 위한 조사원 교육

조사원 교육 후 설문조사를 실시한다. 조사원 교육은 설문지 구성, 면담 기술, 컴퓨터 기반 설문조사(CAPI) 방법 등을 포함해 모의 면접을 실시한다. 현장실습과 예비조사 등을 통해 설문조사 방법을 표준화한다. 체중, 상박근 둘레길이 등 인체 수치 측정 방법에 대해서도 교육한다.

7) 설문조사

각 팀을 구성(조사원, 운전수, 감독관)하여 현장을 방문하여 면대면 설문조사를 실시한다. Tablet을 사용하여 데이터를 입력한다. 팀감독관은 매일 현장조사를 모니터링하고 각 팀은 주기적으로 진행사항을 보고하고 애로사항을 토의한다.

8) 데이터 관리 및 분석

수집된 데이터는 미응답 등을 확인 후 SPSS 등의 통계 프로그램을 통해 분석하고 보고서를 작성한다.

나. 제안

지역사회 기반 기초선 조사와 성과관리를 위한 모니터링 조사를 위한 몇 가지 제안을 하고자 한다.

첫째, 기초선 조사와 모니터링 조사는 샘플링, 조사원 훈련, 설문지 구성, 설문조사 및 자료분석의 각 단계에서 전문가 자문, 인력 동원 등의 많은 시간과 예산이 필요한 고도의 작업이므로 사업기획 당시부터 사업의 일환으로 설정하여 충분한 예산확보를 통해 객관적이고 과학적인 조사를 실시할 필요가 있다. 이는 사업의 효과를 검증하고 추후 사업기획의 기초자료로 활용될 수 있다.

둘째, 보건의료사업의 성과는 병원의 진료기록을 기반한 주요 질병, 환자이용 현황, 치료율 및 사망원인 자료 등으로 사업결과보고서와 달성 여부를 평가하는 경우가 많다. 이는 면담조사나 설문조사로 데이터를 수집할 수 없어 의무 기록지를 분석하여 수기로 보고서를 작성해야 하는 번거로움이 있고 정확성을 보장할 수 없다. 따라서, 향후에는 사업의 모니터링 및 평가체계를 전산으로 작업할 수 있도록 통합적인 보건의료시스템을 구축하고 DB를 기반으로 모니터링을 할 수 있도록 해야 한다. 북한의 의료부문 정보 보고 시스템을 반영하여 환자등록, 사정, 진료, 약품, 외래를 전산화하는 의료정보시스템을 구축하는 것은 국제기구 또는 우리 정부의 북한 지원사업의 장기적인 목표 중 하나가 될 수 있다.

셋째, 북한이 글로벌 규범을 이행할 의지를 가지고 SDGs를 국가발전목표와 연계하여 VNR을 발표하였고 SDGs 목표의 달성 정도를 계량화된 지표로 확인해야 하는 만큼 신뢰할 수 있는 통계치 산출을 위해 북한 국가통계 구축 역량 강화를 위한 지원을 확대할 필요가 있다. 이는 북한이 VNR에서도 스스로 통계 구축 역량이 부족함을 밝히고 역량을 강화할 필요가 있음을 인정한 바도 있다. 국제사회가 단기 과정의 북한 통계 역량 강화 프로그램을 운영한 바 있지만 우리 정부가 향후에는 국제기구와 함께 보다 적극적이고 장기적으로 체계적인 국가통계 구축 역량 강화 프로그램과 시스템을 지원해야 한다.

5.5 기타 성과관리 방안

위에서 제시한 시나리오의 CMAM 예시로 OECD의 관련성/적절성, 효과성, coverage, 효율성(질 평가), 영향력, 지속가능성 항목을 북한 보건사업에 적용할 때 참고사항과 주의사항을 정리하면 다음과 같다.

가. 성과평가(OECD DAC의 5대 평가 기준에 따른 문항의 예시)

1) 포커스그룹인터뷰(FGI) 문항지 예시[100]

(1) 관련성: 지역사회 기반 급성영양실조 관리 프로그램(CMAM)이 북한 정부의 우선순위와 정책, 대상 인구 설정 적합도 정도.

- 글로벌 아동 영양관리 목표와 기술 프레임워크가 북한의 상황에 맞게 충분히 조정되었는가?
- CMAM 프로토콜과 가이드라인은 북한의 역학과 아동 사망률 정보에 맞게 조정되었는가?

(2) 효과성: CMAM 활동이 원하는 목표를 달성하는 정도.

- CMAM 활동 및 산출물이 의도한 성과 및 효과와 일치하는가?
- 5세 미만 어린이의 급성영양실조 감소와 급성영양실조로 인한 질환 치료가 사업 지역에서 달성되었거나 달성될 가능성이 있는가?
- 목표의 달성 또는 미달에 영향을 미치는 주요 요인은 무엇인가?
- 모델링/추론이 가능하다면 CMAM이 전체 아동 사망률 감소에 기여하는 바는 무엇인가? 그렇지 않다면 어떻게 보건부와 통일부의 아동 사망률 감소에 대한 CMAM의 기여도를 적절하게 측정할 수 있는가?

(3) 효율성: CMAM 목표 달성을 위해 공급 및 역량 개발에 할당된 자원이 비용 효율적이고 시기적절하게 사용된 정도.

- CMAM는 대체 가능한 접근과 프로그램과 비교할 때 어느 정

100 Annex I-TOR Fomative Evaluation - CMAM Program DPRK 문항 예시 참고함 (검색일: 2021.10.30.).

도까지 가장 효율적인 방식으로 구현되었는가?

- 분석된 강점은 어떻게 더욱 체계적으로 강화할 수 있으며 약점은 어떻게 해결할 수 있는가?

(4) 영향력: CMAM 프로그램이 의도했든 의도하지 않았든 직간접적으로 생성된 긍정적 및 부정적 변화

- 얼마나 많은 어린이의 생명이 CMAM 프로그램으로 긍정적이거나 부정적인 영향을 받았는가?
- 달성된 결과는 CMAM 프로그램에 대한 통일부의 지원 덕분에 어느 정도까지 직접적인 영향을 받을 수 있는가?

(5) 지속가능성: CMAM 프로그램의 혜택이 지원 기금이 철회된 후에도 계속될지 여부.

- 프로그램의 지속가능성 달성 여부에 영향을 미친 주요 요인은 무엇인가?
- 어떤 경로를 통해 CMAM 이해관계자의 영향을 받는 요인에 대한 추가 개선/시정 조치를 취할 수 있는가?

(6) 형평성, 인권: 프로그램의 모든 수준에서 중요한 프로그래밍 원칙이 통합된 정도.

- 취약한 그룹의 특별한 요구 사항이 CMAM 설정에 어느 정도 통합되었는가?
- 여성, 소녀, 소년, 장애아동의 개별적이고 특정한 요구가 모든 필수 수준에서 충분히 신중하고 목표가 지정된 방식으로 고려되었는가?

2) 설문조사 문항지 예시[101]

사업의 적절성, 효과성, 지속가능성, 원조 소외계층 포용, 성주류화, 공여국 이미지 및 지역사회 활력에 대한 설문조사 문항지는 정부 관계자, 의료인, 마을보건요원 등을 대상으로 각 문항에 대해 '매우 그렇다', '그렇다', '보통이다', '그렇지 않다', '매우 그렇지 않다' 등 5점 리커트 척도로 질문한다.

〈표 4-23〉 사업평가 설문조사 문항지 예시

평가 기준	문항	매우 그렇다	그렇다	보통이다	그렇지 않다	매우 그렇지 않다
적절성	사업은 북한 현지의 의견을 적절하게 반영하였다.					
	사업은 북한 지역 상황과 문화에 맞게 수행되었다.					
효율성	사업은 계획한 대로 잘 이루어졌다.					
	남한 사업담당자와 북한 정부 간의 의사소통이 잘 이루어졌다.					
	사업 수행팀은 대북정책 변화, 위기상황 등 예상치 못한 상황을 효율적으로 관리하였다.					
효과성	사업은 당초 계획한 목표를 달성하였다.					
	사업 수행팀은 남한 정부, 북한 정부 및 관계자와 협력체제를 구축하였다.					
영향력	사업을 통해 남한의 경험 및 노하우가 전수되었다.					
	사업을 북한의 다른 지역에도 추천하겠다.					

101 최종산. "농업·농촌개발 분야 ODA 사업성과에 대한 수원국 지역주민의 정량적 평가." 한국국제농업개발학회지 32, no. 4 (2020): 415-422를 참고하여 CMAM에 맞게 재구성함.

지속 가능성	사업 종료 후에도 사업의 일부분은 운영 및 유지되고 있다.					
	사업 종료 후에도 사업으로 구축된 시설 및 자원은 잘 관리되고 있다.					
원조소외 계측고용	사업은 취약지역 및 저소득층을 고려하였다.					
성주류화	사업은 여성 수혜자를 고려하고 여성의 역량 개발을 위한 프로그램을 제공하였다.					
공여국 이미지	사업 종료 후 남한에 대해 더 많이 알게 되었다.					
	사업 종료 후 한국에 대해 고마움을 가지고 있다.					
지역사회 활력	사업 종료 후 지역주민은 서로 믿고 신뢰하는 정도가 더 높아졌다.					
	사업 종료 후 지역주민의 협동심과 공동체의식이 더 깊어졌다.					

3) 데이터 분석 및 보고서 작성

포커스그룹인터뷰와 설문조사 결과를 분석하여 관련성/적절성, 효과성, 효율성(질 평가), 영향력, 지속가능성 항목에 따라 보고서를 작성한다. 특히, 사업 운영의 강점, 장애요인, 성공사례 등을 추가 기술하여 추후 사업과 타 기관의 사업 등에 참고하도록 공유한다.

4) 미제시 지표값에 대한 대체지표

북한 VNR에서 미제시한 지표값에 대한 대체지표와 설명은 다음과 같다.

〈표 4-24〉 SDG 3 세부 목표 미제시 지표값에 대한 대체지표

SDG 세부 목표	북한 VNR 지표	대체지표
3.5 마약 남용과 음주를 포함한 약물 남용의 예방과 치료를 강화한다.	(지표값 미제시) 3.5.2 국가적 상황에 따라 1인당 알코올 섭취량으로 정의된 술의 해로운 소비	(UN 지표) 15세 이상 인구 1인당 연간 순 알코올 소비량[102] (대안지표) 3.5.2 고위험 음주율 3.5.2 알코올 사용장애 12개월 유병률 3.5.2 알코올 의존율
3.8 의사담당구역제를 강화하고 특정 지역을 위해 도 인민병원을 의료봉사센터로 보수하며 인민병원과 진료소에 적절한 의료물품을 공급하여 인민의 삶을 보호하고 그들의 건강을 증진시킨다.	지표 미제시	3.8.2 총 가구지출, 수입 중 보건의료 분야 지출이 높은 인구 비율[103]
3.b 전염병 및 비전염성 질병에 대한 백신, 의약품의 연구와 개발을 지원하고 필수의약품, 백신에 대한 접근성을 제공하며 모든 인민에게 의약품에 대한 접근성을 제공한다.	(지표값 미제시) 3.b.3 지속가능성을 기반으로 저렴하고 구매 가능한 필수의약품 구성을 가지고 있는 의료시설 비율	(대안지표) 3.b.3 필수의약품을 구비하고 있는 의료시설 비율

102 이 값은 2000년도 3.5L, 2018년 3.8L로 추정됨 (자료: https://country-profiles.unstatshub.org/prk#goal-3).

103 총 가구 지출 혹은 수입 중 보건(건강) 분야에 많은 가구지출을 하는 인구의 비율을 의미함, 의료비 지출로 인한 재정난을 파악하기 위해 가구 예산과 관련된 의료지출을 중점적으로 살펴보는 지표로 총 가구지출 또는 소득의 10%와 25% 이상 2가지로 구별하여 제시함.

가. 3.5.2 국가적 상황에 따라 1인당 알코올 섭취량으로 정의된 술의 해로운 소비

북한 VNR에서는 국가적 상황에 따라 1인당 알코올 섭취량으로 정의된 술의 해로운 소비라는 지표를 사용하였지만 지표값을 제시하지 않았다. UN 사이트에 의하면 이 값은 2019년 가장 최근 자료는 6.8L로 보고하고 있다.[104] 음주 소비량의 대안 지표로 고위험 음주율, 알코올 사용장애 12개월 유병률, 알코올 의존율을 사용할 수 있다. 북한의 알코올 사용장애 12개월 유병률은 UN 사이트에서 2016년 가장 최근 6.2%로 남한 21.2%보다 낮은 수치로 보고[105]되고 있다.

나. 3.8.2 총 가구지출, 수입 중 보건의료 분야 지출이 높은 인구 비율

북한 VNR에는 3.8.2 총 가구지출, 수입 중 보건의료 분야 지출이 높은 인구 비율이라는 지표 자체가 없다. 무상치료제를 북한의 기본 의료제도의 특성으로 하고 있으므로 이 지표를 사용하지 않는 것이 논리적으로 타당한 것으로 판단되며 UN 사이트에도 북한의 공식적인 자료는 현재까지 존재하지 않는다. 그러나 국내 거주 탈북자를 대상으로 한 조사에서 수술 물품 구입비, 이송비 등을 개인이 부담하고 있고 장마당과

---

104 UN, Indicator 3.5.2: Alcohol consumption per capita (aged 15 years and older) within a calendar year (litres of pure alcohol). https://unstats-undesa.opendata.arcgis.com/datasets/indicator-3-5-2-alcohol-consumption-per-capita-aged-15-years-and-older-within-a-calendar-year-litres-of-pure-alcohol/explore?location=8.137452%2C1.735981%2C2.94 (검색일: 2021.11.11.).

105 UN, Indicator 3.5.1: Alcohol use disorders 12-month prevalence (percent) https://unstats-undesa.opendata.arcgis.com/datasets/indicator-3-5-1-alcohol-use-disorders-12-month-prevalence-percent-1/explore?location=8.075899%2C1.735981%2C2.93 (검색일: 2021.11.11).

개인 약국을 통해 약을 구한 경험이 90%로 나타나 가구 수입 중 의료비로 지출되는 금액이 상당할 것으로 추정된다. 가구지출 중 의료비 비율 지표의 대안지표 설정을 위한 관련 지표들에 대한 공식적 자료 역시 존재하지 않아 대안지표 설정이 어렵고 기준치와 목표치 및 모니터링이 어려운 상황이다.

다. 3.b.3 지속가능성을 기반으로 저렴하고 구매 가능한 필수의약품 구성을 가지고 있는 의료시설 비율

의료시설의 필수의약품 접근에 대한 측정은 양질의 의료 제공에 필수적이다. 이를 위한 측정에는 의약품에 대한 접근성, 의약품의 경제성, 필수의약품 핵심세트 등이 기준으로 활용된다. WHO는 1977년 WHO 필수의약품 목록(WHO Model List of Essential Medicines, EML)을 처음 발간하였고 어린이를 위한 목록(Essential Medicines List for Children)은 2007년에 발간하고 2년마다 갱신하고 있다.[106] WHO의 필수의약품 목록에는 성인용 약품 479종, 아동용 350종이 올라와 있다. 필수의약품 핵심세트는 1차 의료에서 필요한 32가지 의약품을 의미하며, 각국의 상황에 따라 대체하여 선정할 수 있는 목록 또한 함께 제시하고 있다. 북한의 경우, 북한에서 거주하는 EHA, WHO, UNICEF, IFRC 직원들이 1999년에 준비한 리스트를 인터넷에서 검색할 수 있었다.[107] 이 리스트에 의

106 WHO, WHO Model Lists of Essential Medicines, https://www.who.int/groups/expert-committee-on-selection-and-use-of-essential-medicines/essential-medicines-lists (검색일: 2021.11.11.).

107 WHO, UNICEF, IFRC, "Essential durgs suggested to be used by international agencies in DPRK", https://www.who.int/selection_medicines/country_lists/prk_eml.pdf (검색일: 2021. 11.11.).

하면 80개의 약제에 대해 도립병원, 군병원, 리 병원, 리진료소에 따라 갖추어야 할 약품 리스트를 다르게 제시하고 있다.[108]

북한의 보건의료 공급체계는 중앙에서 각 도급 의약품관리소로 전달된 후 시와 리 단위로 순차적으로 전달[109]되므로 '3.b.3 지속가능성을 기반으로 저렴하고 구매 가능한 필수의약품 구성을 가지고 있는 의료시설 비율'은 데이터가 없는 것이 타당하다. 우리 정부와 국제기구의 대북 보건의료지원을 분석해 보면 의료, 장비 및 물품 구비 지원이 많이 차지한다.[110] 따라서 '필수의약품을 구비하고 있는 의료시설 비율'이라는 대안지표를 제안한다. 필수의약품은 병원 수준(중앙, 군, 리 병원)에 따라, 병원의 목적(모자병원, 일반병원)에 따라 다르게 정의할 수 있고 이를 북한 의료지원사업의 PDM에서 최종 목적 또는 성과(outcome)지표로 사용할 수 있을 것으로 사료된다.

---

108 아래 출처에 공개되어 있으므로 본 장에서는 별도로 제시하지 않음 (https://www.who.int/selection_medicines/country_lists/prk_eml.pdf).

109 서울대학교 통일평화연구원, 2020.

110 김정은은 2018년 신년사에서 "의료봉사 사업에서 인민성을 철저히 구현하며 우리의 설비와 기구, 여러 가지 의약품 생산을 늘려야"(송철종 외, 2020, p. 222) 낙후된 의료시설과 의료장비 및 의약품의 질적 향상의 중요성을 강조한 바 있다.

V. 농업협력 분야 SDGs 목표와 북한 적용

이효정

(E&S 컨설팅 대표, 서울대학교 국제농업개발협력센터 객원연구원)

1. 농업협력 분야 국제 논의 동향

1.1. 식량 불안정의 지속

2012년 개최된 지속가능한 개발 회의(Rio+20)에서 전 세계 지도자들은 모든 사람이 안전하고 영양가 있는 식품에 접근할 수 있는 권리를 재확인했으며, 이는 적절한 식량에 대한 권리 및 기아로부터 자유로울 모든 사람의 기본 권리와 일치한다. Rio+20에서 시작된 기아 제로 챌린지(Zero Hunger Challenge)는 정부, 시민사회, 신앙 공동체, 민간 부문 및 연구 기관이 기아를 종식시키고 최악의 영양실조를 근절하기 위해 단결할 것을 촉구하는 노력이다.

2021년 7월 현재 전 세계 인구는 약 77억 7천 2백만 명[111]이며, 2050년에는 97억 명에 이를 것으로 예측되고 있다.[112] 인구 증가는 곧 식량 소비가 많아진다는 것을 의미하며, 식량 공급을 위한 논의가 시급하게 이루어져야 함을 짐작할 수 있다. 더욱이 2020년부터 전 세계로 확산된 COVID-19 팬데믹으로 국경이 봉쇄되고 국내에서의 이동도 제한됨에 따라 식량 공급망에 차질이 생기며 식량안보의 중요성이 더욱 강조되고 있다.

지난 50여 년간 전 세계 농지면적은 12% 증가한 반면, 관개면적은 2배가 증가하였다. 또한 같은 기간 동안 농업기술의 발전으로 농업 생산량은 2.5-3배가 증가했으며, 특히 주곡 작물에서 증가세가 뚜렷했다.[113] 2007~2008년의 전 세계 애그플레이션(agflation)에 이어, 2011년에도 유사한 양상이 나타난 것을 계기로 식량안보에 관한 국제적 관심이 고조되고 있는 추세이다.[114] 곡물은 식량작물이기도 하지만, 동시에 사료로도 이용되기 때문에 곡물가격의 변동성 확대는 식량안보의 불안으로 직결된다. 그 밖에도 외환이 부족한 개도국 입장에서는 곡물가격의 변동성이 확대되면 무역 수지가 불안정해지고, 일반 경제의 안정이나 성장에도 부정적 영향을 줄 수 있어, 국제 곡물가격의 변동성 완화에 대한 다양한 논의가 FAO를 중심으로 계속되어 왔다.[115]

---

111 미 중앙정보국(CIA) World Factbook https://www.cia.gov/the-world-factbook/countries/world/#people-and-society (접속일 : 2021.11.3.).

112 UN 경제사회국(DESA) https://www.un.org/development/desa/en/news/population/world-population-prospects-2019.html (접속일: 2021.11.7.).

113 서진교·이준원·김한호. 2011. "국제곡물가격의 변동성 요인분석과 한국의 정책적 대응." 대외경제정책연구원 연구보고서. 서울: 대외경제정책연구원.

114 최지현. 2011. "애그플레이션과 국내 식품가격 변동 현황." 식품과학과 산업 44(3):11-19.

식량 불안정(food insecurity)은 개인에게는 영양결핍과 삶의 질 저하를 가져오며, 취약계층의 생계 및 경제 역량에 부정적인 영향을 미쳐 국가적 수준에 까지 경제적·사회적 손실을 야기하는 주된 요인이 되기도 한다.[116] 지속가능한 경제발전과 이를 통한 빈곤 극복의 상관관계는 지금까지 개발협력 분야의 여러 자료에서 입증되고 있다.

식량안보(Food security)는 모든 국민이 건강과 생활을 유지하기 위해 충분하고, 안정적이며, 영양가 있는 식량에 물리적, 경제적으로 접근이 가능한 상태로 정의된다.[117] 식량안보는 충분한 양의 식량을 공급하고 소비하는 문제가 아니라, 식량에 대한 접근성을 높이고, 낭비와 손실을 줄이며, 지속가능하고 충분한 양질의 영양을 공급하는 차원의 문제라고 할 수 있다.[118] 〈표 5-1〉에서는 식량안보를 가용성(availability), 접근성 (access), 안정성(stability), 활용성(utilization)으로 구분하여 정의하고 각각의 측정 지표에 대해 설명하고 있다.

〈표 5-1〉 식량안보의 정의와 측정지표[119]

구분	정의	측정지표
식량의 가용성 (Food availability)	국내 생산 및 수입(식량 원조 포함)을 통해 적절한 품질과 공급량의 확충 여부를 의미함.	평균 식품 에너지 공급량의 적절성 평균 식량생산 가치 곡물, 구근류로부터 얻는 에너지 공급량의 비중 평균 단백질 공급량 평균 동물성 단백질 공급량

115 이효정·지성태. 2016. 국제개발협력 심화편:농림수산. pp. 183-153.

116 FAO. 2015. "The State of Food and Agriculture." Rome: FAO.

117 FAO. 2006. "Food Security." Policy Brief Issue 2. Rome: FAO.

118 UNGA. 2013. Agriculture development, "Food security and nutrition: Report of the Secretary-General." Sixty-eighth session Item 25 of the provisional agenda (A/68/150).

119 FAO. 2006. "Food Security." Policy Brief Issue 2. Rome: FAO.

식량의 접근성 (Food access)	영양가 있는 식량자원 획득을 위해 혹은 국가가 식량자원에 접근하는 것이 얼마만큼 수월한지를 평가하는 개념으로써, 식량자원의 독점적 생산뿐만 아니라 자원을 획득할 수 있는 권리까지 고려됨.	총 도로 포장률 도로 밀도 철도 밀도 1인당 GDP(구매력 상당치 기준) 국내 식품 가격지수 영양 부족률 빈곤층에서 식품지출 비중 식량부족의 심각성 식량 부적절률
식량의 안정성 (Food stability)	단순히 식량을 획득하지 못하는 상황에서 나아가 식량을 획득하기 위한 일에 종사할 수 없는 상황에 처해질 수 있는 위험의 강도를 나타냄.	곡물 수입 의존도 관개농경지 비율 총 상품수출액 대비 식량 수입액 정치 안정과 폭력/테러의 부재 국내 식량 가격 변동성 1인당 식량 생산 변동률 1인당 식량 공급 변동률
식량의 활용성 (Food utilization)	적절한 영양소, 위생, 건강 측면에서 식량이 효율적으로 활용되는지를 의미함. 영양결핍과 같이 개인이 특정 영양소를 이용할 수 없어 질병에 걸리는 경우도 활용성 측면에서는 심각한 문제로 인식됨.	개선된 수자원 접근성 개선된 위생시설 접근성 식량 낭비에 영향을 받는 5세 미만 아동 비율 발육이 부진한 5세 미만 아동 비율 저체중인 5세 미만 아동 비율 저체중 성인 비율 임산부 중 빈혈 발병률 5세 미만 어린이 중 빈혈 발병률 비타민 A 부족률 요오드 부족률

1.2. 영양개선

적절한 칼로리 섭취 외에도 적절한 영양에는 미량 영양소 가용성 및 건강한 식단을 포함하여 주의를 기울여야 하는 다른 차원이 있다. 임산부의 빈혈, 영유아 시기의 미량 영양소가 부족하면 두뇌 발달을 포함한 신체적 발달에 장기적으로 영향을 줄 수 있다. 특히 임신 초기부터 생후 1,000일까지 적절한 영양 섭취가 중요하며, 건강에 해로운 식단과 생활

방식은 선진국과 개발도상국 모두에서 비전염성 질병의 발병률 증가와 밀접하게 관련되어 있다.

우리나라에서는 영양문제를 주로 보건이나 식품영양의 영역에서 다루고 있으며, 농업분야 국제개발협력에서는 경제적 성과(소득 증대), 기술적 성과(농업 기술 역량 강화)에 초점이 맞춰져 있어 영양문제는 관심이 크지 않았다. 그러나, 식량을 생산하고, 섭취함으로써 가져올 수 있는 사업의 성과(outcome)는 영양개선이다. 따라서, 임산부의 건강, 영유아의 발달뿐만 아니라 국민의 건강 증진과 삶의 질 개선에까지 개념을 확장시킬 필요가 있으며, 이를 위해 품질 좋은 식품을 생산하고 시장에 공급하는 가치사슬의 모든 과정에 영양을 우선 고려해야 한다.

1.3. 식품 손실과 낭비의 방지

극도의 빈곤과 기아는 주로 농촌 지역에서 발생하며, 그들은 대부분 자기 소유의 토지가 없거나 소규모 토지만 소유하고 있는 소농과 그 가족이다. 따라서 SDGs에서 추구하는 모든 사람들의 빈곤과 기아 근절은 식량 생산, 농업 생산성 및 농촌 소득 증대와 직접적으로 연결되어 있다.

농업 시스템에서는 생산성을 높이고 손실을 줄이는 것이 가장 중요하다. 전 세계적으로 생산된 식품의 30%가 소비자에게 가는 과정에서 손실되거나 낭비되고 있으며, 생산과 소비를 포함한 지속가능한 농업 관행과 식품 공급시스템은 별개의 개념이 아니라 통합된 관점에서 추구되어야 한다.

특히 COVID-19 팬데믹 이후 국경 봉쇄로 인한 글로벌 식품 공급망이 단절되는 일이 발생하였고, 국내 이동이 제한됨에 따라 식품의 공급에도 차질이 빚어졌다. 기아 해결을 위해서는 일차적으로 농업 생산을 지속가능하게 늘리는 것이 중요하지만, 글로벌 공급망을 개선하고, 식량의 손실과 낭비를 줄이는 것으로 증산의 효과도 가져올 수 있다.

1.4. 기후변화 적응 및 대응

기후변화와 관련하여 기온, 강수량 및 해충의 변화를 감안할 때, 전 세계 모든 곳에서 식품 시스템의 지속가능성을 개선하기 위한 연구개발에 대한 투자를 늘려야 한다. 지역 식량 시스템의 회복력을 구축하는 것은 식량안보와 양질의 영양을 확보하는 데 중요하기 때문이다.

토지, 건강한 토양, 물 및 식물 유전자원은 식량 생산의 핵심 요소이며, 세계 여러 지역에서 점점 희소해지고 있기 때문에 이를 지속가능한 방식으로 사용하고 관리해야 한다. 지속가능한 농업 관행을 통해 황폐한 토지의 복원을 포함하여 기존 농지의 수확량을 높이는 것도 농업 생산을 위해 산림을 개간해야만 하는 소농의 농사 방식을 개선할 수 있는 방법이 된다. 또한 관개시설을 개선하고 물 저장 기술을 개발하여 부족한 물을 효율적으로 관리하고 새로운 가뭄 저항성 작물 품종 개발과 함께 건조지의 생산성을 유지하는 데 기여할 수 있다.

토지 황폐화를 멈추고 되돌리는 것도 미래 식량 수요를 충족시키는 데 중요하다. 최신 과학 기술을 바탕으로 지속가능한 토양, 토지, 물, 양분 및 해충 관리, 유기 비료의 광범위한 사용을 통해 생산적인 식품 시스템을 구축하는 것이 중요하다. 농업, 물, 에너지, 토지 및 기후변화 간의 상충 관계를 적절히 해결하고 시너지를 달성하기 위해서는 한 국가가 아닌 글로벌 수준에서의 협력이 반드시 필요하다.

기후변화와 관련된 기온, 강수량 및 해충의 변화를 감안할 때, 농식품 가치사슬의 모든 단계에서 지속가능성을 개선하기 위한 연구, 개발 및 기술 확산에 대한 투자를 늘려야 한다. 식량 시스템의 회복력을 구축하는 것은 미래에 발생할 수 있는 대규모 식량부족을 방지하고 양질의 영양을 보장하는 데 가장 중요한 대응방안이라 할 수 있다.

1.5. 4차 산업혁명과 농업[120]

농업은 글로벌 GDP 중 세 번째로 큰 비중을 차지하는 단일산업[121]으로, 농업부문의 혁신은 앞서 언급한 식량 시스템의 전환을 위한 기초가 될 것이다. '혁신'을 말할 때 함께 대두되는 용어가 '기술'이다. 농업 분야에서의 기술은 식량을 생산하는데 필요한 투입재(종자, 비료, 기계)에서부터 재배-수확-저장-유통의 모든 가치사슬 단계에서 필요한 다양한 기술을 의미한다. 이러한 기술의 발전과 혁신을 통해 인류가 감당해야 할 미래의 큰 변화에 대응할 수 있으며, 소위 '4차 산업혁명'에서 언급되는 여러 가지 첨단 기술 분야는 농업에서도 공히 적용되는 바이기도 하다.

먼저, 수요 형태의 변화를 일으키는 농업기술에서 2030년까지 인류가 소비하는 육류의 10-15%를 대체하기 위한 '대체 단백질' 기술이 개발되고 있는데, 이는 축산분야에서 가장 큰 문제점으로 제기된 온실가스 배출, 물 사용, 토지 수탈 등의 문제를 해결하기 위한 방안이기도 하다. '식량 안전(Food safety)', 품질, 이력 추적을 위한 식품 센싱 기술'을 통해 식량 손실을 줄이는 것을 목표로 하며, '개인 맞춤형 영양유전학 기술'을 통해서는 과체중, 비만 인구의 감소에 기여하게 된다.

120 World Economic Forum. 2018. Innovation with a Purpose: The role of technology innovation in accelerating food systems transformation. WEF.

121 서비스업 63.6%, 제조업 30.5%, 농업 5.9% (자료: 농촌진흥청, 2017).

가치사슬 연계 확장을 위한 농업기술로 제시된 것은 '모바일 서비스'의 확장이다. 2030년까지 개발도상국 소농의 모바일 사용률이 70-90%에 이를 것으로 예상하고 있으며, 모바일을 기반으로 시장 가격 정보, 재배기술, 기상정보 등을 제공함으로써 정보 불평등을 해소하는 역할을 하기도 한다. '빅데이터 및 보험분석 기술'을 통해서는 생산-공급 수량 예측이 가능하게 되고, 이를 통해 농민의 소득이 증대되는 결과를 가져올 수 있다. '사물인터넷을 통한 실시간 공급이력 관리 기술'과 '블록체인을 통한 이력 추적'을 통해 적재적소의 생산과 유통이 가능해져 식량 손실을 최소화할 수 있으며, 그 과정에서 발생하는 온실가스를 줄일 수 있다.

효율적 생산시스템의 창조를 위한 농업기술로는 '투입재 및 물 사용 최적화를 위한 정밀 농업 기술'이 제시되었다. 기존의 대규모 토목공사에서 발생하는 토지 수탈, 과도한 수자원의 이용 등의 문제점을 점적관수(Drip Irrigation)라는 기술을 통해 보완하고 있는 것이 한 예가 될 수 있다. '유전자조작을 통한 다기능 종자개발,' '작물 회복성 향상을 위한 바이오 기술,' '생물학적 방제 및 토양관리'를 통해 새로운 종자의 보급, 새로운 재배기술의 도입으로 생산성 향상을 가져올 수 있으며, 인류가 당면한 과제(농토 면적 감소, 농촌지역 노동 인구 감소, 전 세계 인구 증가) 해결을 위한 해답이 된다. 또한 '신재생에너지 발전 및 저장 기술'을 통해 환경적으로 지속가능한 농업활동이 가능해진다.

2. 농업협력 분야 SDGs 분석

농업은 생명 유지의 가장 근본이 되는 식량을 생산하고 공급하는 역할을 한다. 또한 농업은 기후변화로 인한 식생대의 변화, 기상재난, 병해충의 발생 등으로 직접적인 타격을 받기도 하지만, 농업 생산 및 축산 등의 활동은 기후변화에 영향을 주는 분야이기도 하다. 이 절에서는 지속가능발전목표(SDG) 2번을 중심으로 기아 종식과 식량안보를 위한 목표가 무엇인지 알아보고자 한다. 또한 농업과 식량생산시스템은 지구의 생태계와 어떠한 관계인지에 대해서도 살펴본다.

2.1 SDG 2 기아 종식 및 식량안보

지속가능발전목표(SDGs) 2번은 기아의 종식, 식량안보의 확보, 영양개선 및 지속가능한 농업 활동을 목표로 한다. FAO 등(2020)에 따르면 2019년 약 6억 9천만 명이 영양부족 상태에 있으며, 이는 2014년보다 거의 6천만 명이 증가한 수치이다. 또한 전 세계 영양결핍 유병률 수치는 2030년에 9.8%까지 지속적으로 증가할 것으로 전망되고 있으며, 특히 아프리카 지역은 25.7%로 심각한 위기 상황이 예상된다.[122]

122 FAO, IFAD, UNICEF, WFP and WHO. 2020. 『The State of Food Security and Nutrition in the World 2020 : Transforming food systems for affordable healthy diets』. Rome: FAO. p. 9.

〈그림 5-1〉 대륙별 영양결핍 유병률(PoU) 변화추이(2005-2019)와 2030년 전망치[123]

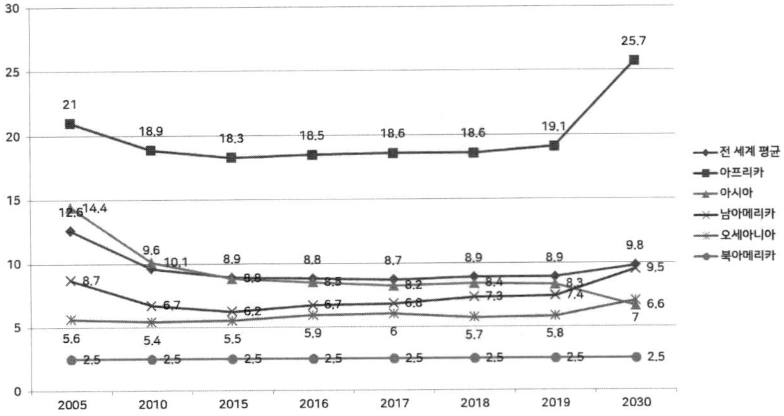

그러나 영양결핍 유병률 수치가 낮아졌다고 해서 식량안보가 확보되었다고 할 수 없다. 다시 말해, 모든 사람이 충분한 영양가 있는 식량을 이용할 수 있는 것은 아니라는 의미이다. 2019년에는 전 세계 인구의 약 25.9%(20억 명)가 중등도 또는 심각한 식량 불안을 겪었는데, 이는 2014년의 22.4%보다 3.5% 증가한 수치이다. 경제적인 수입이 줄거나, 여러 가지 환경적 제약으로 인해 정기적으로 심각한 식량 불안에 직면한 사람들(약 7억 5만 명)은 식량이 부족한 상황이며, 최악의 경우 하루 또는 며칠 동안 먹지 못한다. 최근 식량 불안의 증가는 주로 사하라 사막 이남의 아프리카와 라틴아메리카의 상황이 악화되었기 때문이다. 또한 2016~2019년 추정에 따르면 모든 지역의 남성보다 성인 여성의 식량 불안정이 더 높은 것으로 나타났다.

세계는 계속되는 분쟁, 기후변화로 인한 가뭄, 홍수, 산불 등의 기상재난에 시달리고 있으며, 여러 가지 위기와 더불어 2020년부터 지속되고

123 12번 동일.

있는 COVID-19 팬데믹으로 인해 식량 시스템이 위협받고 있다. 특히 빈곤층의 구매력과 식량 생산 및 유통 능력을 직간접적으로 감소시킨다. 2020년 COVID-19로 인해 최대 1억 2,300만 명 이상의 사람들이 영양부족으로 고통받고 있다.[124]

SDG 2번의 주요 개념인 식량안보(Food security)는 모든 국민이 언제나 건강 및 생활을 유지하기 위해 충분하고, 안정적이며, 영양가 있는 식량에 경제적, 물리적으로 접근이 가능한 상태를 의미한다. 이는 충분한 양의 식량을 공급하는 것뿐만 아니라 유통과 소비과정에서 불필요한 손실과 낭비를 줄이며, 지속가능하고 충분한 영양을 공급하는 차원의 문제이기도 하다.[125] SDGs 2번의 이행점검을 위한 주요 성과지표로는 영양결핍 유병률, 5세 미만 아동의 저신장·저체중, 지속가능한 농법으로 경작되는 농지의 면적(친환경적인 농업 생산 활동을 의미), 농업부문에 대한 정부의 투자가 있다.

〈표 5-2〉 SDG 2의 세부 목표 및 측정 지표[126]

구분	세부 목표
2.1	2030년까지 기아를 종식시키고, 영유아를 포함한 모든 사람, 특히 빈곤층과 취약계층이 연중 안전하고 영양가 있으며, 충분한 식량에 접근할 수 있도록 보장한다.
2.2	2025년까지 5세 미만 아동의 발육 부진 및 체력 저하에 관해 국제적으로 합의된 목표를 달성하고, 청소년기 소녀, 임산부, 수유 여성 및 노년층의 영양 필요성에 대응하며, 2030년까지 모든 형태의 영양 불량을 종식시킨다.

124 FAO, IFAD, UNICEF, WFP and WHO. 2020. 『The State of Food Security and Nutrition in the World 2020 : Transforming food systems for affordable healthy diets』. Rome: FAO. p.134.

125 14번 동일.

126 UN SDGs 웹사이트 https://sdgs.un.org/goals/goal2 (접속일: 2021.10.2.).

2.3	2030년까지 토지 및 기타 생산 자원과 투입요소, 지식, 금융서비스, 시장 및 부가가치 창출과 비농업부문 고용 기회에 대한 안전하고 평등한 접근 등을 통하여 소농, 특히 여성, 토착민, 가족농, 목축민 및 어업인의 농업 생산성과 소득을 두 배로 늘린다.
2.4	2030년까지 지속가능한 식량생산체제를 확보하는 한편, 생산성과 생산량을 증대하고, 생태계 유지에 도움이 되며, 기후변화, 극심한 기상현상, 가뭄, 홍수 및 기타 재난에 대한 적응력을 강화시키고, 점진적으로 토지와 토양의 질을 개선시키는 회복력 있는 농업 원칙을 이행한다.
2.5	2020년까지 국가적, 지역적, 국제적 수준에서 건전하게 관리되고 있는 다양한 종자 및 식물은행을 포함하여 종자, 농작물, 가축 및 관련 야생종의 유전적 다양성을 유지하고, 국제적으로 합의된 대로, 유전자원과 전통 지식 활용에 대한 접근을 촉진하고, 그로 인한 이익을 공평하고 공정하게 공유하도록 보장한다.
2.a	개발도상국, 특히 최빈국의 농업분야 생산 역량을 강화하기 위하여, 국제협력 증진을 통해 농촌 사회기반시설, 농업 연구 및 지원서비스, 기술개발, 식물, 축산 유전자은행 설립에 대한 투자를 확대한다.
2.b	도하개발라운드(DDR)의 지침에 따라, 모든 형태의 농업수출보조금 및 동등한 효과를 가진 모든 수출조치의 병행적 제거를 통하여 세계 농산물시장 내 무역 제한 및 왜곡을 바로잡고 예방한다.
2.c	식료품 시장 및 파생상품 시장의 적절한 기능을 보장할 수 있는 방안을 채택하고, 과도한 식량가격의 변동성을 제한할 수 있도록 식량 저장과 같은 시장 정보에 적시 접근을 원활하게 하기 위한 조치를 채택한다.

2.2. SDGs와 농업 및 식량 시스템

2050년 전 세계 인구는 약 98억 명까지 증가할 것이고, 식량 소비가 현재보다 70%가량 증대될 것으로 예상되고 있다. 하지만, 도시화로 인해 농지면적과 농촌지역 노동 인력은 점점 줄어들고 있으며, 기후변화로 인해 식량의 생산량 또한 크게 감소하고 있다. 근원적 차원의 식량 시스템 변화 없이는 인류의 미래를 위한 식량 공급에 위험이 심각한 상황인 것이다.[127]

127 World Economic Forum. 2018. Innovation with a Purpose: The role of technology

〈식량 시스템의 근원적 변화의 필요성〉

- 20억 명 이상의 인구가 미량원소 결핍 상태인 반면, 20억 명 이상의 성인은 과체중 또는 비만 상태
- 8억 명 이상의 농촌지역 주민은 빈곤선 이하로 생활
- 농업부문은 전 세계 온실가스 배출량의 30% 이상을 차지하며 기후변화로 인해 식량 시스템이 위협받고 있음
- 농업부문은 전 세계 담수 소비의 70% 이상을 차지
- 개발도상국 식량 소비량의 80% 이상을 5억 명의 소농이 생산함

농업은 지속가능발전목표(SDGs)의 여러 분야와 맞닿아 있다. 기아와 빈곤 극복(SDGs 1, 2)을 위해 자연 자원(SDGs 6, 13, 14, 15)을 이용하여 식량을 생산(SDGs 2, 12)하며, 이 과정에서 경제적·사회적 관점에서 발전(SDGs 3, 4, 5, 7, 8)에 기여한다. SDGs의 거의 모든 목표에 걸쳐 연관되어 있는 농업분야는 1차 산업의 개념에서 나아가 SDGs 달성을 위해 여전히 중요한 분야이다.

〈표 5-3〉 지속가능발전목표(SDGs)와 농업 및 식량 시스템[128]

SDGs	농업과 식량 시스템 연관 내용
1	전 세계 빈곤인구의 80%가 농촌지역에 거주하며 농업에 종사하고 있음
2	전 세계적으로는 충분한 식량이 공급되고 있지만, 여전히 8억 명은 만성적인 영양결핍 상태
3	영양불량은 전 세계에서 발생하는 질병의 가장 큰 원인 중 하나. 40억 명은 미량원소 결핍 또는 과체중을 겪고 있음.
4	영양불량은 5세 미만 아동의 1/4의 학업성취도, 두뇌발달에 영향을 줌

innovation in accelerating food systems transformation. WEF.

128 World Economic Forum. 2018. Innovation with a Purpose: The role of technology innovation in accelerating food systems transformation. WEF.

5	여성은 농업 생산 활동의 43%를 차지함에도 불구하고 토지, 기술, 시장 등의 자원 접근성에 있어 차별받고 있음
6	식량 시스템은 전 세계 담수의 70%를 이용하고 있음
7	현대화된 식량 시스템은 전 세계 에너지의 30%를 소비하고 있으며, 대부분 화석연료에 의존함
8	농업은 전 세계 고용의 가장 큰 부분을 차지하며, 이 중 60%가 개발도상국의 노동자임
9	9억 명의 농촌지역 주민은 농업에 종사하고 있으나 전기 접근성 없음
10	10명중 7명이 지난 30년간 건강한 식품에 대한 접근 불평등
11	2030년까지 전 세계 인구의 60%가 도시 지역에 거주할 것으로 예상되며, 소비시장의 변화, 토지와 자원의 이용에 대한 부담 증대
12	전 세계 생산량의 약 1/3에 해당하는 13억 톤의 식량이 낭비되거나 손실되고 있음
13	식량 시스템은 전 세계 온실가스 배출량의 20~30%를 차지하며, 기후변화로 인해 작물생산성이 25% 이상 감소됨
14	어류는 동물성 단백질 섭취의 17%를 차지하나, 이 중 30%가 남획된 자원임
15	농업은 산림녹화에서 가장 중요한 요소임. 2016년 기준 3천만 ha 이상으로 녹화가 진행 중임
16	8억 1천 5백만 명은 영양부족 상태로서, 식량 불안정은 분쟁의 원인이자 결과가 되고 있음
17	파트너십은 식량 시스템 전환의 결정적인 요소임. 2030년까지 민간부문에서 매년 2조 3천억 달러가 투자될 계획임

3. 농업협력 분야 북한 현황 및 VNR 분석

북한이 지닌 여러 어려움 중 식량문제는 가장 시급하고, 중요한 사항이다. 본 절에서는 북한의 식량 생산현황, 영양 관련 현황을 알아보고, 북한의 경제 및 농업 관련 정책과 농업 지도 체계에 대해 살펴본다. 이를 통해 북한이 추구하는 농업발전의 목표를 이해하고, 향후 농업분야

협력의 방향을 설계해 본다.

3.1 북한의 농업 현황

가. 북한의 식량 생산 현황

농촌진흥청의 발표에 따르면 2020년 북한의 식량작물 생산량은 총 440만 톤으로, 전년 대비 약 24만 톤(5.2%) 감소한 상황이다.[129] 작물 생육기간 동안 평균 기온은 19.8도로 전년 대비 0.5도 낮고, 강수량은 1,218.1mm로 전년 대비 650.3mm 많았으며, 일사량은 전년 대비 6.4% 적은 191.2MJ이었다. 따라서, 재배 환경이 작물 생산에 불리한 조건이었고, 특히 8~9월 태풍 피해까지 더해져 더욱 작황이 좋지 않았다.

세계식량농업기구(FAO)와 세계식량계획(WFP)에서 공동 발표한 '기아 분쟁지대(Hunger Hotspots, 2021)'에서 식량 불안정(food insecurity)의 동인으로 분쟁, 경제 위기, 자연재해, 국경 간 위협 등을 제시하며, 북한은 특히 8~9월 사이에 사이클론의 영향이 가장 큰 해를 가져온다고 발표하였다. 북한의 식량 불안정 원인은 인도적 지원 부족과 무역 차질에서 기인하고 있으며, 특히 무역 규제에 따른 식량 접근성 제한으로 식량 격차(food gap)가 발생하고 있다.

국제기구의 자료는 2년에 걸쳐 작기를 중심으로 조사되는 반면, 우리나라의 농촌진흥청은 단년을 기준으로 조사되기 때문에 자료값이 일정하게 나오기 어려운 상황이며, 이로 인해 발표 기관마다 편차가 발생한다. 〈표 5-4〉는 유엔 세계식량농업기구(FAO)가 발표한 2020~2021년 북한의 식량 생산과 부족분 현황을 설명한다. 북한의 국내 생산은 4,889

129 농촌진흥청 2020.12.18.일자 보도자료.

백 만 톤이며, 식량이나 사료, 종자의 형태로 필요한 식량은 5,952백 만 톤으로, 1,603백 만 톤의 식량이 추가적으로 요구되는 상황이나, 예상되는 수입량은 205백 만 톤에 그쳐, 858백 만 톤의 식량이 부족한 것으로 나타났다.

〈표 5-4〉 2020/2021년 북한의 식량 생산 및 부족분 현황[130]

단위: 백만 톤

구분	쌀(도정)	옥수수	밀, 보리	기타 곡류	감자	콩	합계
국내	1,395	2,214	146	161	697	276	4,889
주 작기 생산 (봄-가을)	1,395	2,214	-	161	377	276	4,423
겨울/봄 생산	-	-	146	-	320	-	466
총 이용	1,930	2,636	256	161	697	276	5,952
식량	1,605	1,954	207	124	413	238	4,541
사료	-	137	-	-	38	-	175
종자 요구도	46	58	14	13	72	10	213
수확 후 손실	279	487	31	24	174	28	1,023
식량 재고	0	0	0	0	0	0	0
수입 요구량	535	407	106	0	0	0	1,603
수입(예상)분	-	-	-	-	-	-	205
부족분	-	-	-	-	-	-	858

130 FAO. 2021. Global information and early warning system on food and agriculture (GIEWS) (접속일: 2021.6.14.).

나. 북한 식량 및 영양 관련 지표 현황

식량안보 측정의 가장 중요한 지표는 영양결핍 유병률, 5세 미만 아동의 저체중 비율, 포괄적인 영양불량 상태를 나타내는 5세 미만 아동의 비만율, 가임기 여성의 빈혈 유병률을 남북한 비교한 데이터이다.[131]

북한의 영양결핍 유병률은 2004-2006년 33.8%에서 2018-2020년 42.4%로 높아졌으며, 가임기 여성의 빈혈 유병률은 2012년 31.7%에서 2019년 33.9%로 증가한 것으로 조사되었다.[132] 5세 미만 아동의 비만율 또한 같은 기간 1.3%에서 1.9%로 증가한 반면, 저체중 비율은 26.1%에서 18.2%로 상당 부분 개선되었으나, 여전히 5명 중 1명의 아동이 발육 상태가 좋지 않은 것을 알 수 있다.

〈그림 5-2〉 전체 인구 중 영양결핍 유병률 (%)

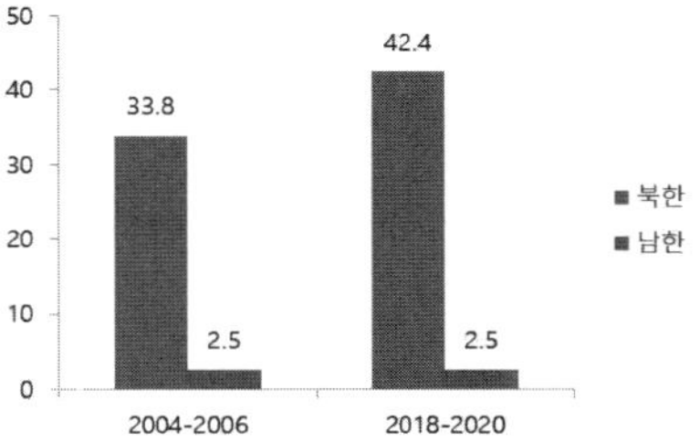

〈그림 5-3〉 가임기 여성의 빈혈 유병률 (%)[133]

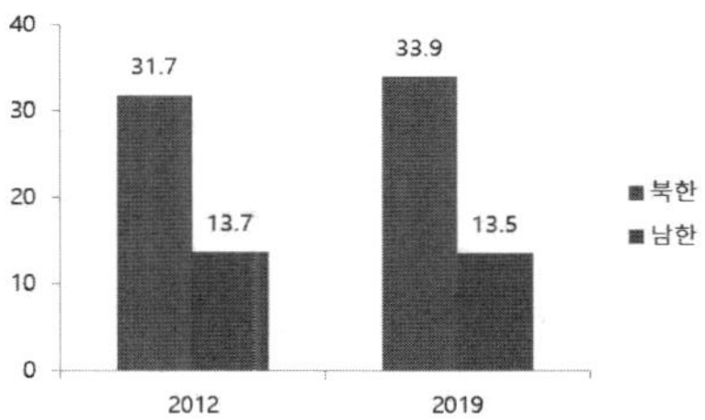

---

131 FAO 세계 식량안보 및 영양 웹사이트 http://www.fao.org/publications/sofi/en/ (접속일: 2021.8.9.).

132 FAO. 2021. Global information and early warning system on food and agriculture (GIEWS) (접속일: 2021.6.14).

133 FAO 세계 식량안보 및 영양 웹사이트 http://www.fao.org/publications/sofi/en/ (접속일: 2021.8.9).

〈그림 5-4〉 5세 미만 아동의 저체중 비율 (%)

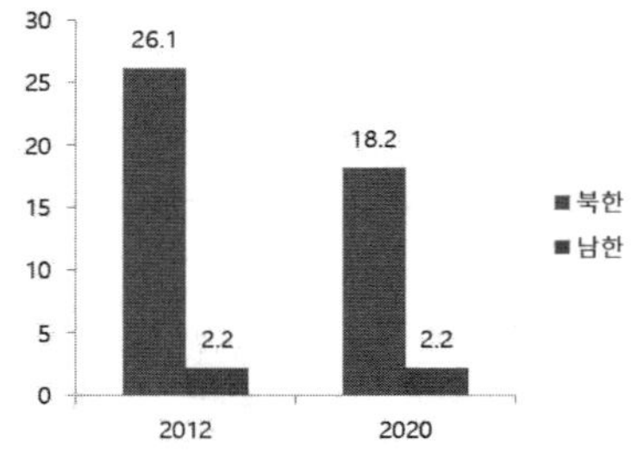

〈그림 5-5〉 5세 미만 아동의 비만율 (%)[134]

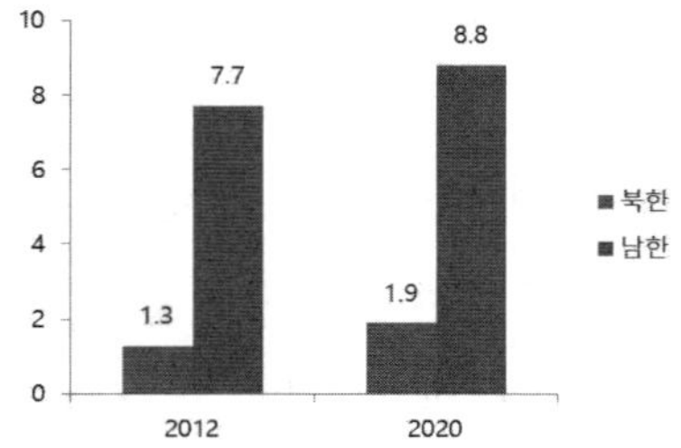

한편 세계식량농업기구(FAO)가 발표한 자료에 따르면 2017-2019년 북한의 영양결핍 유병률(PoU)은 47.6%이다. 국가의 인구 데이터를 바탕으로 시나리오 시뮬레이션한 결과 2028-2030년에는 52.2%까지 상승하여 국민의 절반 이상이 영양결핍 상태에 도달하리라고 전망하고 있다(〈그림 5-6〉 참조). 따라서, SDG 2번에서 목표(2.1)로 하는 영양결핍 지표 달성이 가장 시급하고 중요하며, 이는 FAO(2019)의 현지조사 보고서에서도 마찬가지로 인도적 지원 차원에서 식량의 현물 지원이 시급하게 이루어져야 함을 지적한 바와 맥락을 같이 한다고 볼 수 있다.

또한, COVID-19 팬데믹 이후 공식적으로 집계된 통계치가 나와 있지 않은 상태이지만 북한의 식량 수급이 좋지 않은 상황임은 짐작할 수 있다. 2020년 COVID-19 당시 중국과의 수출입이 완전히 막힌 상태에서 전국적으로 수해까지 입으면서 식량 생산량은 김정은 시대의 최저 수준을 기록하였다(최용호 2021).

이에, 2021년 초 북한은 제8차 당대회에서 『국가경제발전 5개년 계획

134 FAO 세계 식량안보 및 영양 웹사이트 http://www.fao.org/publications/sofi/en/ (검색일: 2021.8.9.).

〈그림 5-6〉 북한의 영양결핍 유병률 변화추이(2000~2019)와 2030년 전망치[135]

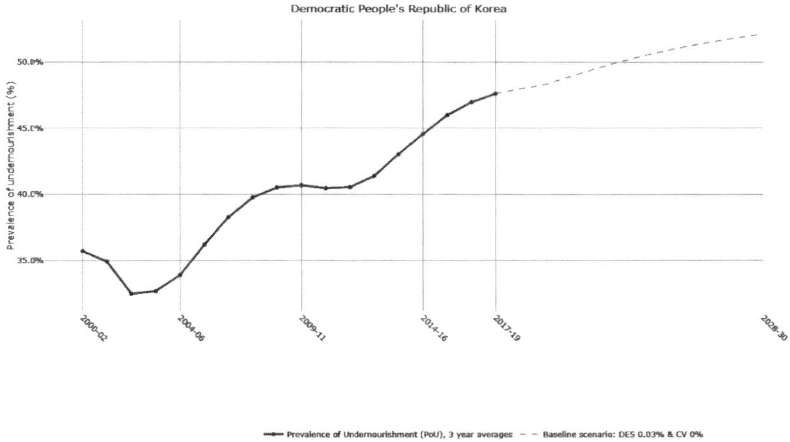

(2021-2025)』을 발표하고 지속되는 경제침체의 국면 반전을 꾀하고 있다. 동 계획에서는 '당이 이미 제시한 알곡고지 무조건 점령', '농업의 지속적 발전을 위한 물질기술적 토대 구축'을 주요 목표로 제시하고 있다. 농업 부문의 주요 전략적 과업으로는 종자혁명(신품종 개발), 과학 농사(농업 기술 개발), 저수확지에서의 증산(생산성 증대), 새 땅 찾기와 간석지 개간(농지 확대), 농산과 축산, 과수의 발전(원예작물 재배 확대), 농경지의 수리화 및 기계화 등을 제시하고 있다.

특히, 김정은 시대에서 강조하고 있는 분야가 농업 기술의 혁신을 통한 성산성 증대이며, 협동농장 잉여 산출물의 일정 부분을 개인 간 거래가 가능하게 함으로써 어느 정도 시장경제가 작동하고 있다. 생산에서 판매까지 가치사슬의 연계와 확대가 이어지고 있으나, 경제 전반의 침체

135 FAO 세계 식량안보 및 영양 웹사이트 http://www.fao.org/publications/sofi/en/ (검색일: 2021.6.5.).

와 2017년 이후 국제사회의 대북제재가 강화되면서 대외경제 관계가 더욱 악화되고 장기화되고 있어 해결이 쉽지 않을 전망이다. 또한 2020년 COVID-19 팬데믹과 함께 수해가 발생하면서 농업의 생산 기반 자체가 무너진 상황이어서 국제사회의 지원이 시급하다.

다. 북한의 농업 관리 체계

앞서 SDG 2번 지표별 관리 주체가 되는 부처와 기관을 살펴보았다면, 지표의 적용방안을 제시하기에 앞서 북한 농업의 현황을 우선 파악하는 것이 중요하다. 농업성을 중심으로 도농촌경리위원회, 군협동농장경영위원회, 리협동농장 관리위원회로 거버넌스 체계가 구축되어 있으며, 협동농장의 작업반은 여러 분조로 나뉘어 활동하고 있다.

〈그림 5-7〉 북한의 농업지도 관리체계[136]

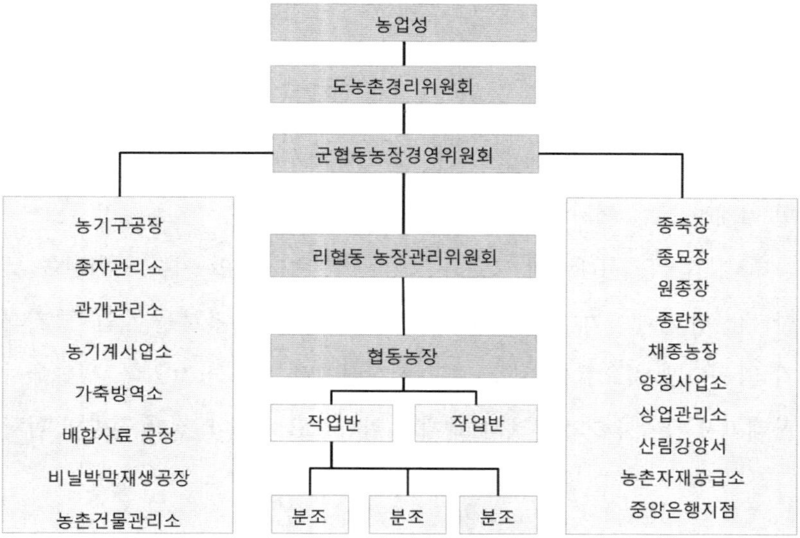

136 정정현. 2018. 북한의 협동농장 생산체제에 있어 분조관리제의 변화와 농업협

〈그림 5-7〉의 북한 농업지도 관리체계에서 가장 하위 단위에 있는 '분조'는 기존에 10~25명으로 구성되어 있었으나, '7.1 경제관리 개선 조치'에서는 분조를 4~6명의 단위로 축소하였다. 생산 분배를 정량제에서 정률제로 개편하여 국가와 분조가 각각 7:3으로 배분하고, 시장 가격의 70% 수준으로 국가가 수매하고 나머지는 분조에서 자율적으로 판매 혹은 현물 분배를 허용하도록 했다(처분권 부여). SDG 2에서는 소농(가족농)을 포함한 여성 농민, 취약층을 주요 지원 대상으로 한다. 농장 공동체 중심의 기존 북한 생산 체계가 점차 개별 가정(소농)의 사유를 허용하는 방향으로 변화함에 따라 국제사회의 대응(지원) 방식도 달라져야 할 것이다.

라. 북한의 경제정책과 농업부문 정책

〈표 5-5〉에서는 2000년대 이후 북한의 경제정책 목표와 농업부문의 정책을 설명하고 있다. 김정은 정권에서 강조하는 과학기술강국 목표 달성을 위해 농업부문에서도 종자 혁명이나, 농업기술의 혁신, 과학기술의 지도와 같이 기술 중심의 정책을 펼치고 있다. 2000년대 초반까지만 해도 '사회주의 경제, 자립경제 건설' 등의 추상적 정책 목표가 있었다고 한다면, 2010년 이후에는 '전력', '에너지', '비료 공장' 등 산업 분야별 구체적 목표가 제시되고 있다.

특히 농업부문에서는 주체농업의 관철과 같은 관념적 정책에서 우량종자, 농기계 도입, 온실남새(채소 온실) 등의 기술적 목표치가 구체화되고, 분야도 축산, 산림, 양어 등으로 다양화되고 있다. 또한 2010년대 이후 협동 농장 및 개인의 축산부문 확대 등 시장경제의 요소를 목표의

력 방안에 관한 연구. 협동조합경제경영연구. 48:53-74.

하나로 제시하고 있는 것이 특징이다.

〈표 5-5〉 2000년대 이후 북한의 경제정책 목표와 농업부문 정책[137]

연도	경제목표	농업 정책
2000	사회주의 경제, 자립경제 건설 과학 및 기술혁신을 주동 경제적 타산과 물자 절약 추진	주체농업 관철 종자 혁명, 감자 농사 혁명, 두벌농사 집짐승 사육, 양어사업 활성화 토지정리, 개천태성호 물길공사 추진 산림조성
2001	사회주의 경제, 자립경제 건설 강력한 국가경쟁력 다짐 인민경제의 기술적 개건 경제조직 사업의 효율적 추진	농업 생산 증대를 통해 인민생활 향상 종자 혁명, 감자 농사 혁명, 두벌농사 양어 사업 활성화 현대적 축산기지 설치 토지정리, 개천태성호 물길공사 추진
2018	국가경제발전5개년 전략 3년차 수행 인민경제 자립성과 주체성을 강화 지방 전력으로 지방공업 전력 보장 린비료공장 건설 계획대로 추진 금성뜨락또르 공장 현대화 기업-협동단체 책임관리제 지원	농업전선의 앙양 우량종자, 다수확 농법, 능률적인 농기계 도입 농사를 과학기술적으로 영위 축산물, 과일, 온실남새, 버섯 생산 황해남도 물길 2단계 공사 린비료 공장 건설 계획 추진 금성뜨락또르 공장 현대화 산림복구 전투성과 확대
2019	우리식 사회주의 경제 건설 사회주의 경제법칙에 따라 계획화, 가격사업, 재정금융관리 개선 국가경제발전 5개년 전략 목표 수행 지방의 다양한 에네르기 자원 개발 리용 린비료공장건설, 화학비료 공장 만가동	농업전선의 증산투쟁 과학기술적 지도, 영농물자 보장 농장원의 의사와 리익 존중, 사회주의 분배원칙 구현 산림복구전투 2단계 과업 추진 원림록화 개선 축산업 발전의 4대 고리 강조 축산기지 현대화 활성화 협동농장 공동 축산, 개인부업 축산장려

137 김영훈. 2019. 남북한 경협 재개 국면의 농업교류협력 구상과 추진 방안. 한국농촌경제연구원.

마. 대북 민간지원단체의 북한 지원 현황

<표 5-6>에서는 우리나라 민간단체별 대북지원 사업의 주요 내용을 설명하고 있다. 씨감자, 옥수수 종자, 딸기 묘종 등 주로 종자 공급 위주의 사업을 지원했으며, 비료, 농기계, 농자재 등의 사업도 진행했다. 특히 종자의 품질 제고를 통해 생산성도 증가하고, 품질 좋은 농산물을 생산하는 것이 식량안보를 위한 시급한 현안이며, 생산 인프라 위주의 지원이 이루어졌다. 사업은 시범사업의 형태로 진행되었다.

<표 5-6> 대북 민간지원 단체별 북한 지원 사업 내용[138]

단체명	사업 내용
경남통일농업협력회	협동농장, 통일딸기 묘종, 육묘농장 지원
광주광역시남북교류협의회	배합사료공장 건립 지원
국제사랑재단	농기자재 지원
국제옥수수재단	종자 저장용 창고 및 옥수수 종자 지원
굿네이버스인터내셔날	낙농 및 사료공장 지원 사업
굿피플인터내셔널	옥수수 종자 지원, 비료 지원
기아대책	농기자재, 젖소, 염소, 비료, 시범농장 지원
남북강원도교류협력협회	치어방류 및 연어부화장 건립 지원
남북나눔운동	농촌시범마을 조성사업
남북농업발전민간연대	씨감자, 비료 지원
농업협동조합중앙회	옥수수 종자 및 사료, 씨감자, 농기자재 지원
민족사랑나눔	종묘장 및 채소재배 온실 지원
북고성농업협력단	영농자재, 온실, 양돈장 지원
새누리좋은사람들	유산양 도입 영양공급, 온실 지원
새마을운동중앙회	비료, 종자, 농기자재 지원
우리겨레하나되기 운동본부	농업용 기자재 지원
우리민족서로돕기운동	농촌현대화 지원사업 및 돼지공장 설립
월드비전	채소, 씨감자, 과수묘목생산 및 전문가 역량 강화 사업 지원
전남도민남북교류협의회	농기계 공장 건설 및 기자재 지원

138 대북협력민간단체협의회. 2015. 대북지원 20년 백서.

통일농수산사업단	종자 및 비료, 농기자재 지원
평화3000	못자리 비닐 장막, 비료 지원
한국대학생선교회(CCC)	젖소 염소 보내기 운동 및 축산 지원 개발
한국JTS	비료, 비닐, 농기자재 지원
한민족복지재단	협동농장 복토직파농법기술 전수 및 농기계, 농자재 지원

바. 2000년대 추진한 농업 협력 사업 현황

〈표 5-7〉에서는 과거에 추진했거나 합의한 분야별 사업 내용을 설명하고 있다. 협동농장 지원사업으로는 금강산, 개성지역, 평양 일대를 지원하였고, 주로 육묘시설, 농업 기자재, 사료 지원 등의 활동이 있었다. 옥수수 신품종, 씨감자 등을 지원함으로써 식량생산의 기반을 마련하였으며, 특히 종자를 스스로 생산할 수 있는 시설을 지원한 것이 중요했다. 북한이 원하는 첫 번째 수요는 농업 과학기술로써, 북한 농업과학원과의 협력을 통해 우량 유전자원을 교환하고, 농약기술, 병해충 관리 기술 등을 전수하였으며, 공동 과학 심포지움을 통해 서로 교류할 수 있는 채널을 마련한 것이 중요했다.

〈표 5-7〉 과거 추진 또는 합의한 농업 협력 분야별 사업[139]

구분	2000년대 추진한 농업협력	2000년대 합의한 농업 협력
협동농장	금강산, 개성지역 협동농장 협력사업 평양 당곡리 협동농장 현대화 사업	육묘시설, 농업기자재, 배합사료 지원 영농기술 지원
종자분야	옥수수 신품종 개발 지원 씨감자 생산기술 및 생산기반 확충	현대적 종자생산시설 지원 종자 가공, 보관, 처리시설 지원

139 김영훈. 2019. 남북한 경협 재개 국면의 농업교류협력 구상과 추진 방안. 한국농촌경제연구원.

농업과학 기술	북한 농업과학원과 공동연구 남북 농업과학 심포지움 개최	우량 유전자원 교환 및 공동연구 유전자원 저장고 건설, 육종 및 재배기술 생물농약개발 및 생산기술 협력 농작물 생육예보, 병해충 관리 기술 검역, 방역 기술
개별 농업 협력	농림축산분야에서 다양한 개별협력	축산, 과수, 채소, 잠업, 특작
산림분야	병해충 방제, 양묘장 조성, 묘목 지원	양묘장 조성, 산림 병해충 방제 산림복구 녹화
투자 협력	고성온실농장 투자협력사업	수출, 투자확대를 위한 협력 방안 협의

3.2 북한의 농업관련 SDGs VNR 현황

본 절에서는 2020년 북한이 발표한 SDG 자발적 이행점검보고서 중에서 SDG 2번 목표와 이행현황을 살펴본다. 북한은 모든 SDG 2번 목표에 대해 언급하고 있지 않은데, 특히 농가의 소득과 관련한 지표는 제외한 것이 특징이다.

가. UN이 바라본 북한의 SDGs 2번 이행 현황

북한이 제시한 내용을 살펴보기에 앞서 국제사회가 진단한 북한의 SDG 2번 이행현황에 대해 살펴보고자 한다. 〈표 5-8〉에서는 북한의 SDG 2번 목표와 지표별 이행 현황을 나타내고 있다. 북한의 영양결핍 유병률 지표(SDG 2.1)는 2018년 47.6%로 국민의 절반가량이 영양을 제대로 공급받지 못하고 있는 상황이다. 반면 5세 미만 아동의 발육부진 비율(SDG 2.2)은 상대적으로 낮은 19.1%를 보이고 있는데, 이는 탁아소 급식으로 인해 성인보다는 식사 제공이 꾸준하게 이루어지기 때문인 것으로 추측되지만, 여러 가지 복합적인 요인이 작용한 결과일 것이다. 그러나 이 지표는 2020년 COVID-19 팬데믹으로 인해 식량 생산과 배급에 직접적인 영향이 있었을 것이며, 상당 부분 영향을 받았을 것으로 예상된다. 5세 미만 아동의 저체중, 성인 인구의 비만율, 영양 수준, 곡물 생산성 지표는 SDG를 달성할 수 있을 것으로 전망된다. 농업 생산 과정에서 지속가능한 질소의 시비량[140] 지수는 0.5로써 현상 유지를 하고 있는 상황이며, 이것이 증가해야만 농지의 비옥도가 좋아져서 생산성 증대에 기여할 수 있다.

〈표 5-8〉 북한의 SDG 2 지표별 이행 현황[141]

지표명	수치	연도	현황	추이
영양결핍 유병률(PoU)(5)	47.6	2018	부진	↓
5세 미만 아동의 발육부진(%)	19.1	2017	부진	→
5세 미만 아동의 저체중(%)	2.5	2017	달성	↑
비만율 (BMI≥30, 성인 인구의 %)	6.8	2016	달성	↑
영양 수준(최고 2-3 최악)	2.1	2017	달성	↑
곡물 생산성(수확 면적 ha당 톤)	3.6	2018	달성	↑
지속가능한 질소 시비 지수(최고 0-1.41 최악)	0.5	2015	유지	→

나. 북한이 발표한 SDG 2번 이행 현황

북한이 2021년 7월에 발표한 자발적 이행점검(VNR) 보고서에 따르면, 북한은 SDG 2번 목표의 13개 세부 지표 중 6개의 현황을 제시하고 있다. 〈표 5-9〉에서는 북한이 VNR에서 발표한 총 6개(2.1.1, 2.2.1, 2.2.2,

140 공급하는 비료의 양(저자 주).

141 SDG Dashboard 웹사이트(https://dashboards.sdgindex.org/profiles/prk, 접속일: 2021.10.18.).

2.4.1, 2.5.1, 2.5.2)의 지표에 대해 설명하고 있다.

〈표 5-9〉 북한의 VNR에서 제시한 SDG 2번 목표 현황[142]

지표	단위	2015	2018	2020
2.1.1. 식량 부족분	1,000t	1,147	1,486	-
2.2.1. 5세 미만 아동의 저신장	%	27.9	19.1	17.4
2.2.2. 5세 미만 아동의 영양결핍	%	- (2012)	4.8 (2017)	4.5
2.4.1. 지속가능한 농업 생산 면적 비율	%	95	96	95
2.5.1. 식량 및 농업을 위해 중장기 보존 시설에 확보되어 있는 식물과 동물의 유전자원의 수	종	168	265	-
2.5.2. 멸종 위기에 있거나 멸종 위기에 있지 않은, 혹은 알려지지 않은 멸종 위기에 처한 것으로 분류되는 지역 품종의 비율	종	60,374 (2014)	86,268	-

다. 지표 분석

북한이 발표한 SDG 2번 목표 중 2.1.1. 식량 부족분의 경우 2018년 1,486,000톤이 부족한 것으로 나타났다. 이는 2015년 1,140,000톤보다 346,000톤 증가한 양이다. 또한 이는 FAO와 WFP가 2019년 조사한 '공동 긴급식량안보 평가보고서'[143]에 제시한 159만 톤보다 적은 수치로써,

142 Government of the Democratic People's Republic of Korea. 2021. 『Voluntary National Review on the Implementation of the 2030 Agenda for the Sustainable Development』.

143 FAO and WFP. 2019. 『Joint Rapid Food Security Assessment』. Rome: FAO and WFP.

당시 1인당 1일 식량 배급량은 2018년 380g에서 2019년 300g으로 감소한 수치를 감안하더라도 상당한 차이가 있다고 볼 수 있다.

동 보고서에서는 2019년 당시 총 1,010만 명(인구의 40%) 이상이 식량 부족한 상태이며, 긴급하게 식량 지원이 필요한 상황이라고 하였다. 특히, 적절하고 긴급한 인도주의적 지원이 없다면 5월부터 9월까지의 춘궁기에 상황이 더욱 악화될 우려가 있다고 하였으며, 이는 북한의 농업 생산 사이클에 따라 매해 유사하게 발생할 우려가 높다.

5세 미만 아동의 저신장 비율(2.2.1)은 2015년 27.9%에서 2018년 19.1%, 2020년 17.4%로 지속적인 감소 추세를 보이며, 아동에 대한 영양 공급 상황이 호전되고 있는 것으로 나타났다. 또한 5세 미만 아동의 영양결핍(2.2.2) 지표는 2017년 4.8%에서 2020년 4.5%로 감소했다. FAO에 따르면[144], 2017-2019년 북한 전체 인구의 영양결핍 유병률이 47.6%로 조사된 것과 비교해 볼 때, 아동의 영양결핍 상태가 낮은 것은 공동 탁아소를 통해서 영양을 공급하고 있기 때문으로 추측해볼 수 있다.

지속가능한 농업 생산 면적 비율(2.4.1)의 경우 역설적이게도 화학 비료의 공급량 자체가 적기 때문에 95%라는 높은 수치를 나타내고 있는 것으로 볼 수 있다. 생물다양성 보호를 위해 멸종 위기에 처한 품종을 등록하고 종자를 보관하는 것은 매우 중요한 국가적 과업인데, 북한의 경우 멸종 위기에 처한 것으로 분류되는 품종이 2014년 60,374종에서 2018년 86,268종으로 조사되었다. 자연 환경의 특성상 국가별로 양적인 목표를 정해놓는다는 것은 어렵거나 무의미한 지표로써, 해당 수치가 증가했다는 것은 북한의 과학기술이 발전하여 생태계에 대한 조사와

---

144 FAO 세계 식량안보 및 영양 웹사이트 http://www.fao.org/publications/sofi/en/ (검색일: 2021.6.5.)

기록이 수행되고 있다는 것을 의미한다.

2021년 VNR에서 발표되지 않은 지표 중 '2.3.1 노동단위 당 생산량,' '2.3.2 소농의 평균 소득,' '2.5.a.2 농업 부문에 대한 공식적인 전체 지원금', '2.5.c.1 식품 가격의 이상치 지표' 등은 북한에서 제공하는 자료에 의존할 수밖에 없는 지표이다. 이는 특히 북한 농장의 지배 구조나 북한의 경제 체제와 관련한 사항이므로 국제사회와 절대적으로 비교할 수는 없는 여건임을 감안하여 데이터를 수집할 수밖에 없다.

4. 농업협력 분야 SDGs의 북한 적용

본 절에서는 북한 농업의 기본 단위인 협동농장의 현황과 작물별 작부체계에 대한 이해를 바탕으로 향후 농업협력 사업 구상 시 사업수혜대상, 지원 대상 작물 선정에 이해를 돕고자 한다. 이러한 이해를 바탕으로 시나리오를 구상하고, PDM과 사업 성과관리 방안에 대해 설명한다.

4.1 농업협력 분야 사업 시나리오

SDGs에서는 특별히 농촌지역의 협동조합에 대해 지표로써 언급하고 있지는 않지만, 통상적으로 개발협력분야에서는 농가들이 모여 공동의 작업, 공동 출하를 바탕으로 규모의 경제를 실현할 수 있는 최소 단위로 협동조합을 대상으로 지원이 이루어진다. 국제협동조합연맹(International Cooperative Alliance, ICA)에서 정의하는 협동조합이란 '공동으로 소유하고 민주적으로 운영되는 조직을 통하여 공동의 경제적·사회적·문화적 필요를 충족시키기 위해 자발적으로 결성된 사람들의 자치적인 조직'이다.[145] 따라서, 북한의 농업 생산 기본 단위인 협동농장과 협동조합은 조직의 태생부터 다른 주체이다. 그러나 본 절에서는 개발협력 사업의 수혜대상자(beneficiaries)의 의미로 협동농장을 선정하고 시나리오를 풀어가기로 한다.

〈표 5-13〉은 북한의 대표적인 협동농장 현황을 설명하고 있다. 농장의 크기와 참여하고 있는 농가의 수도 다양하게 구성되어 있으며, 농장별로 약 400~1,100ha 면적에 200~800여 호의 농가가 논농사, 밭농사를 주로 하고, 농장에 따라 시설채소 생산, 축산 등이 적절하게 이루어지고 있다. 이는 〈표 5-10〉에서 제시하는 지역별 작부 유형 바탕으로 계절과 작물에 따라 체계적으로 지원함을 설명한다.

〈표 5-10〉 북한의 협동농장 현황[146]

구분	삼일포 협동농장	금천리 협동농장	천덕리 협동농장	대청 협동농장
면적	500ha	430ha	760ha	1154ha
농가호수	300호	200호	890호	820호
논농사	320ha	200ha	80ha	774ha
밭농사	180ha	230ha	655ha	370ha
시설채소	10동	50동	10동	-
축산	양돈 250두	양돈 500두	양돈 1300두	양돈 986두 염소 216두 닭1510두 토끼 832두

145 국제협동조합연맹 웹사이트 https://www.ica.coop/en/cooperatives/what-is-a-co-operative (검색일: 2021.11.20.).

146 허성기. 2021. "북한농업 생산성 향상을 위한 식량작물분야 협력방안" 『NH 북한농업리뷰』 (2021년 2호).

기타	-	농산물 저장창고	밭농사 종류 목화 350ha 옥수수 200ha 과수 55ha 콩 50ha	밭농사 종류 밭 253ha 과수 98ha 뽕나무 19ha

〈표 5-11〉은 주요 지대별 가능한 작부 체계의 유형을 설명하고 있다. 동해안 남북·북부지대, 북부 내륙지대·고산지대는 봄보리와 배추, 콩과 옥수수, 감자를 단작하고, 수양산 이남지대에서는 가을보리/밀/감자와 벼, 옥수수/콩, 옥수수/수수 등의 2모작을, 수양산 이북지대에서는 가을밀/봄감자/옥수수와 옥수수/콩/무배추 등의 2모작 등으로 작부 유형을 설정하고, 작물과 농업기술이 지원되어야 한다.

〈표 5-11〉 북한의 농업지대별 적용 가능 작부 유형[147]

지대 명	주요 지역	작부 체계가능 유형
수양산 이남지대	황해남도	가을보리/밀/감자-벼 가을밀-옥수수/콩 가을보리-옥수수/수수 등 2모작
수양산 이북지대	황해북도, 평안 남북도	가을밀-들깨, 봄보리-옥수수 봄감자-옥수수/콩 옥수수-무/배추 등 2모작 감자 2기작
동해안 남북지대	강원도 함경남도 남부	봄보리-배추, 콩/옥수수/감자 단작
중부 산간지대	황해북도, 평안남북도	가을밀-들깨, 봄보리-옥수수 봄감자-옥수수/콩
동해안 북부지대	함경남북도	봄보리-배추, 콩/옥수수 감자 단작
북부 내륙지대	자강도	봄보리-배추, 콩/옥수수 감자 단작
북부 고산지대	양강도	봄보리-배추, 콩/옥수수 감자 단작

147 허성기. 2021. "북한농업 생산성 향상을 위한 식량작물분야 협력방안" 『NH 북한농업리뷰』 (2021년 2호).

지난 대북사업의 경험을 바탕으로 향후 북한과의 협력이 SDGs를 중심으로 이루어질 것이라는 전제하에, 대북지원사업에 참여한 경험이 있거나, 현재 대북 업무를 담당하고 있는 유관기관 전문가 집단 인터뷰[148]를 시행한 결과 몇 가지 공통점을 발견할 수 있었다.

첫째, 기존에는 쌀과 비료 등의 현물지원 위주였고, 이를 두고 퍼주기 논란이 있던 것도 사실이다. 그러나 지속가능한 북한의 식량문제 해결을 위해 농업의 기반을 복구하는 방향으로 지원해왔으며, 이것은 VNR에서 밝힌 바와 같이 북한의 SDGs 달성을 위한 지원과도 맥락을 같이 한다고 할 수 있다.

특히 농업부문은 대북협력민간단체협의회(2015)에서 발간한 『대북지원 20년 백서』에서도 언급된 바와 같이 '남북농업과학심포지엄'이라는 플랫폼을 통해 남북의 농업기술 과학자들이 정보를 교환하고, 상호 간 신뢰를 형성하는 방법을 통해 지속가능성을 확보할 수 있다. 사업의 성과관리를 위해서는 기초선에 대한 조사와 이후 진행되는 사업에 대한 모니터링, 평가가 중요하다. 농업부문은 생산성, 유통량 등의 지표가 가장 중요한 지표이나, 농민을 대상으로 기초 데이터를 얻는 것은 거의 불가능에 가깝다고 볼 수 있다. 따라서, 향후 사업이 진행된다면, 시범포장을 중심으로 작물별 생산성 데이터를 확보하는 것이 가장 중요하며, 과학자들 사이의 정보 교류 플랫폼(심포지엄)을 통해서 지역별, 세부 분야별(식량작물, 원예작물, 축산 등) 연구와 조사가 수행되어야 한다. 이렇게 수집된 데이터를 바탕으로 한 사업이 지원되어야 하며, 기술 역량, 인적 역

148 2021년 9월 9일 비대면으로 전문가집단 인터뷰를 진행함. 월드비전 김**팀장, 컨선월드와이드 김** 대표, 통일농수산사업단 백** 사무총장, 서울시 남북협력추진단 이 *주무관, 수출입은행 북한동북아연구센터 책임연구원 홍** 박사 등이 참여함.

량 강화를 지원 사업이 추진되어야 한다.

분단 이후 남과 북이 상당 기간 교류가 없었기 때문에 남북 간의 영농 방식에는 상당한 차이가 있으며, 이를 이해하지 않고서 기술지원, 역량 강화를 한다는 것이 어려운 상황이다. 상호 간 영농기술의 현황과 문제점, 목표점을 찾기 위해 정보교류가 중요하다고 볼 수 있다.

둘째, 그렇다면 농업부문에서도 어떠한 세부분야가 우선적으로 지원되어야 할까. 앞서 살펴본 바와 같이 COVID-19 이후 북한의 식량여건이 더욱 좋지 않을 것으로 예상되는 바, 우선적으로 씨감자, 벼 종자 등 식량작물 위주로 사업이 진행되어야 한다. 순서상으로는 인도적 지원이 먼저 시행되어야 하며, 동시에 종자의 보급이 함께 이루어져야 한다.

중장기적 관점에서는 수확 후 관리 기술 지원사업도 중요한 사업 중 하나가 될 것이다. 기존 사업 담당자와 인터뷰한 내용에 따르면[149] 씨감자 생산 기반 조성 사업 이후에 북측에서 요구했던 것이 저장고였다. 저장고와 가공시설 등에 대한 지원을 위해 남북의 농학자들이 모이는 심포지움에 우리나라의 식품기업이 참여한 경우도 있었다. 무병 씨감자 보급 기술, 생산기술에서 저장과 가공까지 이어지는 가치사슬의 연계가 지속가능성 관점에서 매우 중요하며, 이는 SDG 12(지속가능한 생산과 소비)의 달성에도 기여가 가능한 사업요소로써, 구체적으로는 SDG 12.3의 지표인 '수확 후 손실의 감소율'에 해당한다.

또한 겨울철 낮은 기온으로 노지 재배가 어렵고, 지속되는 기상재난으로 농업 생산활동에 어려움을 겪는 북한이 온실(특히 스마트팜)에 대한 높은 관심을 갖는 것은 당연하다. 우리나라는 스마트팜 기술력이 높고, 농업기술, 기자재 등의 역량을 이미 갖추고 있으며 신북방국가를 대상

149 월드비전 김** 팀장의 인터뷰 내용에서 인용함 (저자 주).

으로 하는 ODA 지원사업에도 주요 활동으로 추진되고 있다. 그러나 스마트팜에 필수적인 것은 에너지이다. 광열비는 스마트팜의 생산 비용 중에 상당 부분을 차지하며, 특히 겨울철 난방비용은 한국의 일반 농가에서도 부담을 가질 수밖에 없는데, 북한의 경우 에너지 문제가 해결되지 않으면 현실적으로 스마트팜까지 보급하기에는 무리일 수 있다. 이중피복 비닐하우스 수준에서 채소(남새)를 생산하고, 영양개선 지표까지 모니터링하는 것으로 사업의 성과관리를 설계할 수 있다.

셋째, 누구를 대상으로 사업을 지원해야 할까. 통상적으로 ODA 사업에서는 소농(small-holder farmers)을 대상으로 지원되지만, 북한의 경우 이미 협동농장의 형태로 농업활동이 이루어지고 있고, 협동농장관리위원회, 분조 협동농장 경영위원회 등이 운영되고 있어, 사업수행 체계 측면에서는 이미 구성을 갖추고 있다고 볼 수 있다. 과거 삼일포 협동농장과 주위의 10개 협동농장을 합쳐서 2,000ha가량을 개발하는 것을 목표로 사업이 진행된 적이 있는데,[150] 이 사업의 성공으로 송도리 협동농장과 인근 8개의 협동농장을 동시에 개발하는 사업으로 확대된 경험이 있다. 북한이 지닌 체제(협동농장 중심)를 인정하고, 이를 토대로 하여 사업을 수행하면 사업 효과성 측면에서도 성과가 좋을 것으로 판단된다.

본 절에서는 향후 대북지원사업이 시작될 상황을 가정하여 농업부문 지원사업의 시나리오를 만들어보기로 한다. 국내 전문가들의 인터뷰 결과와 북한의 농업개발 분야 주요 정책 분석을 바탕으로, 채소온실(남새농장) 건립사업을 대상으로 선정하였다. 또한 온실 분야는 우리나라의 기술적 역량이 뛰어난 분야이고, 우리나라 주요 외교정책 중 하나인 신북방정책에서도 중요한 산업으로 다루어지고 있다. 이는 겨울이 춥고,

---

150 통일농수산사업단 백** 사무총장의 인터뷰 내용에서 인용함(저자 주).

기상재난이 빈번하게 발생하는 북한의 자연환경에서도 시설재배를 통해 연중 다양한 채소를 공급함으로써 국민의 영양개선까지 고려할 수 있는 사업이라고 볼 수 있다.

지금부터는 새로운 사업을 기획하는 관점에서 대상 지역의 문제점을 파악하고, 변화이론에 따라 사업의 투입-산출물-성과-영향의 논리 체계를 세워가는 과정을 설명하고자 한다.

4.2. 사업설계매트릭스(PDM)

지금까지 분석한 북한 농업의 문제점에 기반, 북한이 지향하는 SDGs 목표 달성에 기여하기 위해 채소 재배를 통한 식량안보 및 영양개선을 목표로 하는 사업을 구상한다.

시설온실을 건립하는 것으로 인프라를 지원하고, 이 과정에서 온실의 운영 역량 강화, 재배 기술 교육 및 훈련 등 채소 생산과 관련한 활동이 투입된다. 이를 통해 산출물은 생산증대, 협동농장의 활동 증가로 이어지고(OUTPUT), 주민들의 식량 접근성 확대, 영양개선으로 결과(OUTCOME)가 도출된다. 이것은 궁극적으로 북한 SDG 2번 식량안보 및 영양개선의 목표 달성에 기여하게 된다.

〈그림 5-8〉 변화이론에 따른 농업사업의 단계별 목표(예)

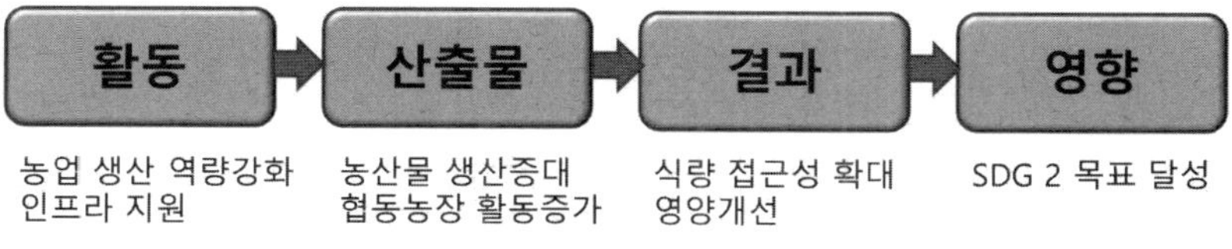

〈표 5-12〉 개성시 채소 온실 보급 사업 PDM의 예

요약 (Narrative Summary)	객관적 검증지표 (Objectively Verifiable Indicators)	검증수단 (Means of Verification)	중요가정 (Important Assumptions)
영향(Impacts) 식량안보 및 영양개선 달성 (SDGs 2)	식량안보 및 영양 개선 지표 (식량안보 : The Food Insecurity Experience Scale (FIES)	SDGs 자발적 이행점검 보고서(SDG 2번)	온실의 전국단위 보급
성과(Outcomes) 1. 온실생산 체계 구축 2. 채소 보급률 증대	온실재배로 증가된 채소생산량 및 수확기간 사업을 통해 공급된 채소량 (학교, 협동농장, 장마당 판매량)	사업 수행 결과보고서 각 단지별 생산량 통계 연간 채소 공급 통계 (배급량)	중앙정부 차원의 채소 온실 단지 운영 및 지원 공공조달의 안정적 운영 국민의 지속적 채소 소비증가
산출물(Outputs) 채소(남새)온실 기술 인프라 구축 채소 생산 농업기술 역량 강화	건설된 온실 단지의 수온실 관리 교육 수료자 수(공무원, 농업분야 이해관계자, 기술자, 과학자, 협동조합-남녀/나이 분리) 채소 생산 교육을 받은 농민 대상 훈련·교육 횟수(회) / 훈련받은 농민 수(명) (남녀분리)	PMC 사업 수행 결과 보고서 기술인프라 건축보고서 교육 보고서 농산물 직거래(조합-소매상) 현황보고서 (or 협동농장 생산보고서)	중앙정부의 재정지원 지속 온실기술에 대한 북한 농업 과학자들의 관심
활동(Activities) 1. 온실 기술인프라 구축 1.1. 온실 단지 형성 (온실, 육묘장) 1.2. 온실 기자재 지원 2. 온실 농업기술 역량 강화	투입물(Inputs) 한국 정부 (사업예산) 700만 불 (사업기간) 2023-2027 수원기관 : 농업성, 개성시	선행조건(Pre-conditions) - 북한의 정치경제적 안정 - 북한의 프로그램 이행 의지와 적극적인 지원 - 사업기간 중 이상기후 및 재난이 발생하지 않음	

2.1. 농업성 및 농업 분야 기술인력 교육 2.2. 우량종자 소개 및 공급채널 구축 3. 수확 후 관리역량 강화 3.1. 농산물 표준품질 관리 체계 구축 3.2. 수확 후 관리 시설 구축 4. 새로운 유통 및 판매망 구축 4.1. 지속가능한 공공조달 시스템 구축	온실 건축 부지(OO㎢), 저장고, 집하장, 육묘장 건축 부지 제공 (대상지역, 건축 면적은 현지 조사 후 결정)	- 안정적인 온실 기자재 보급(수입 및 수원 국내 조달)

4.3. 모니터링 & 평가(M&E)

사업의 성과관리를 위해서는 기획 단계에서부터 모니터링에 대한 계획이 상세히 수립되어야 한다. 다름의 산출물 총괄표(POD)에서는 사업 활동 요소별로 품질의 승인기준과 방법, 점검 시기 등에 대해 구체적으로 기술하고 있다. PDM에서 기술한 활동 내용별로 예상되는 산출물을 적시하고, 품질의 규격과 승인 방법을 설명하는데, 활동에 따라 현지에서 1차 자료를 직접 만들어서 검수 보고서를 만들거나, 수혜자 또는 이해관계자를 인터뷰하거나 관련 보고서를 검토해 만드는 방법이 있다.

가. 프로젝트 개요 (표 5-13)

사업명 (기간/규모)	개성시 채소 온실 보급 사업
성과목표 (Outcome)/ 프로젝트 산출물 (Output)	1. 온실생산 체계 구축 1.1. 채소 온실 기술인프라 구축 1.2. 온실 농업 기술 역량 강화
	2. 채소 보급률 증대 2.1. 채소생산 농업기술 역량 강화 2.2. 수확 후 관리역량 강화 2.3. 유통 및 판매망 구축

나. 산출물 품질기준 총괄표 (표 5-14)

번호	프로젝트 산출물명 (예산)	품질승인 기준	품질승인 방법	품질점검 시기
1.1	온실 구축 기반시설 구축(관개, 상하수도) 온실 기자재 지원	-건축감리기준 -기자재 세부 사양 부합도	-승인주체: 감리업체, PMC -검토방법: 현지검수, 완공 보고서 문헌검토	-온실 완공후 (2023)
1.2	온실 농업 기술 역량 강화 온실 운영 및 관리 기술 교육	-교육훈련 관련 보고서 상 기초선 대비 역량강화 수준	-승인주체: PMC -검토방법: 현지검수, 국내전문가 자문	-온실 완공후 매년 4분기 (2023-2027)
2.1	우수 품종 종자 보급 체계 구축 -육묘장 건축 -우수 품종 보급	-건축감리기준 -연구계획서 대비 품종 선발 결과	-승인주체:PMC, -검토방법: 현지검수, 국내종자개발 전문가 자문	-육묘장 완공 (2023) -적응성 실험 (2023-26까지 매년 4분기)
2.2	수확 후 관리 역량 강화 -농산물 표준품질관리 체계 구축 -수확 후관리 시설 구축	-품질 등급 및 규격 체계 현실 부합 정도 -건축감리기준 -기자재 세부 사양 부합도	-승인주체: 감리업체, PMC -검토방법: 현지검수, 완공보고서 문헌검토, 결과보고서 문헌검토, 인터뷰	-품질 등급 및 규격 체계 수립 (2024. 1분기) -선별·포장·저장고 완공 (2024. 1분기)

2.3	새로운 유통 및 판매망 구축 -학교, 군부대 급식을 위한 지속가능한 공공조달 시스템 구축	-목표치 대비 판매채널 구축 정도	-승인주체: PMC -검토방법: 결과보고서 문헌검토, 인터뷰	-시범판매 (2023-2026 매분기)

4.4 기초선 및 대안지표

〈표 5-15〉는 SDG 2의 지표 현황 및 관리기구, 그리고 북한의 공식적인 지표 보유 여부를 나타내고 있다. SDG 2번 지표는 국제적으로 FAO, WHO, WFP, UNICEF가 공동으로 조사하는 보고서를 기반으로 하고 있으며, 이번 VNR 발표에서 발표된 지표 이외의 지표도 국제사회에서는 수집하고 관리하고 있다. 그러나 이번에 북한이 발표하지 않는 자료는 극심한 수준의 식량 불안정에 처한 인구 현황(2.1.2.), 노동 단위당 생산량(2.3.1.), 농가 평균 소득(2.3.2.), 농업 부문에 대한 정부의 지출(2.5.a.1.), 농업 수출지원금(2.5.b.2), 식품 가격 이상치 지표(2.5.c.1.) 등으로, 이는 국제사회에서도 입수가 어려운 데이터이다. 특히 농가의 생산량, 소득과 같은 지표는 접근이 어렵고, 다른 대체 지표를 제시하기 어려운 상황이다. 다만 공적개발원조와 같은 농업부문에 대한 공식적인 지원금은 전 세계 공적개발원조를 총괄하는 OECD 개발원조위원회(Development Assistance Committee, DAC)의 통계에서 찾을 수 있다〈표 5-16〉.

〈표 5-15〉 SDG 2번 목표의 세부 지표별 및 관리 기구와 북한의 지표 보유 여부[151]

SDG 2번 목표의 세부 지표	관리 기관	파트너 기관	VNR	대체 지표
2.1.1 영양결핍 유병률(POU)	FAO	-	O	
2.1.2 식량 불안 경험 척도(FIES)를 기준으로, 중간 혹은 극심한 수준의 식량 불안정에 처해 있는 인구 현황	FAO	-	X	-
2.2.1 5세 미만 아동 중 연령대비 신장이 WHO 아동 성장표준 중간값으로부터 표준편차가 -2 미만인 발육 부진 현황	UNICEF, WHO	-	O	
2.2.2 5세 미만 아동 중 신장 대비 체중이 WHO 아동성장표준 중간값으로부터 표준편차가 >+2 또는 <-2인 영양 불량 현황(형태별: 저체중, 과체중)	UNICEF, WHO	-	O	
2.3.1 노동단위 당 생산량(농업, 축산업, 산림업 사업체 규모별)	FAO	-	X	-
2.3.2 소농의 평균 소득(성별, 토착상태별)	FAO	World Bank	X	-
2.4.1 생산적이고 지속가능한 농업에 이용되는 농지면적 비율	FAO	UNEP	O	
2.5.1 식량 및 농업을 위해 중장기 보존 시설에 확보된 식물과 동물 유전자원 수	FAO	UNEP	O	
2.5.2 멸종 위기에 있거나 멸종 위기에 있지 않거나 혹은 알려지지 않은 멸종 위기에 처한 것으로 분류되는 지역품종의 비율	FAO	UNEP	O	
2.5.a.1 정부 지출의 농업 편향 지수	FAO		X	-

151 UN, “Provisional Proposed Tiers for Global SDG Indicators, draft as of March 24. 2016’ p. 2 〈https://unstats.un.org/sdgs/files/meetings/iaeg-sdgs-meeting-03/Provisional-Proposed-Tiers-for-SDG-Indicators-24-03-16.pdf〉 (검색일: 2021.5.21.); UN(2021) 〈https://unstats.un.org/sdgs/iaeg-sdgs/tier-classification/〉 (검색일: 2021.5.4.).

2.5.a.2 농업 부문에 대한 공식적인 전체 지원금 (공적개발원조와 다른 공식적인 지원금을 합한 금액)	OECD	FAO	X	OECD
2.5.b.2 농업 수출지원금	WTO		X	-
2.5.c.1 식품 가격의 이상치 지표 (IPA)	FAO		X	-

〈표 5-16〉에서는 OECD 개발원조위원회(DAC)가 발표한 북한의 농림수산 분야 지원 현황을 나타내고 있다. 북한이 2010년부터 2019년까지 국제사회로부터 지원받은 ODA 지원액은 약 2억 8천 8백만 달러이며, 이 중 농림수산 분야는 1천 3백만 달러로 해마다 전체 지원액의 3~7% 내외로 지원받고 있는 것으로 나타났다.

〈표 5-16〉 OECD DAC 회원국 對 북한 농림수산 분야 지원 현황

단위: 백만 달러(USD)

구분	2010	2011	2012	2013	2014	2015	2016	2017	2018	2019	합계
ODA 총액	25.5	34.1	34.1	26.8	39.9	32.4	26.3	19.4	25.0	25.2	288.7
농림수산 분야	1.8	1.2	1.0	1.2	1.7	1.8	1.4	1.1	0.9	0.9	13
농업 분야	1.8	1.2	1.0	1.2	1.6	1.8	1.4	1.1	0.9	0.9	12.9
임업 분야	-	-	-	-	-	-	-	0.002	-	-	0.002
수산 분야	-	-	-	-	0.018	-	-	-	-	-	0.018
전체 ODA 중 농림수산 분야 비중(%)	7.1	3.5	2.9	4.5	4.3	5.6	5.3	5.7	3.6	3.6	-

주: OECD DAC의 ODA 원조액(gross disbursement) 및 불변가(constant price) 기준.[152]

152 OECD.Stat(https://stats.oecd.org/Index.aspx?DataSetCode=CRS1, 검색일: 2021.9.28.~2021.10.6.).
자료: OECD. Stat 웹사이트를 바탕으로 저자 재구성.

한편 〈표 5-17〉에서는 북한이 VNR에서 발표한 지표를 관리하고 있는 관련 부처를 설명하고 있다. 북한은 SDG 2번의 목표를 "농업 생산성 강화와 영양개선을 통한 식량 자급의 달성"으로 제시하고 있으며, 식량 접근성과 관련한 2.1은 농업부와 재무부의 소관사항이다. 영양상태와 관련한 2.2 목표는 연방계획위원회와 보건부 담당이며, 지속가능한 식량 생산체계와 기후변화 대응과 관련한 2.4 목표에 대해서는 위기 및 재난관리 연방위원회, 재무부, 농업부, 토지 및 환경보호부, 도시관리부 등이 관리하고 있는 것으로 나타났다. 생물다양성, 유전자원과 관련한 2.5 목표는 농업부, 의과학 아카데미가 담당하고 있다.

〈표 5-17〉 북한의 SDG 2번 지표와 북한의 담당부처·기관[153]

SDGs	목표		담당부처·기관
2. 농업 생산성 강화와 영양개선을 통한 식량 자급의 달성	2.1	2030년까지 기아를 종식시키고, 영유아를 포함한 모든 사람, 특히 빈곤층과 취약계층이 연중 안전하고 영양가 있으며, 충분한 식량에 접근할 수 있도록 보장한다.	농업부 재무부
	2.2	2025년까지 5세 미만 아동의 발육 부진 및 체력 저하에 관해 국제적으로 합의된 목표를 달성하고, 청소년기 소녀, 임산부, 수유 여성 및 노년층의 영양 필요성에 대응하며, 2030년까지 모든 형태의 영양 불량을 종식시킨다.	연방계획위원회 보건부
	2.4	2030년까지 지속가능한 식량생산체제를 확보하는 한편, 생산성과 생산량을 증대하고, 생태계 유지에 도움이 되며, 기후변화, 극심한 기상현상, 가뭄, 홍수 및 기타 재난에 대한 적응력을 강화시키고, 점진적으로 토지와 토양의 질을 개선시키는 회복력 있는 농업 원칙을 이행한다.	위기 및 재난관리 연방위원회 재무부 농업부 토지 및 환경보호부 도시관리부

153 Government of the Democratic People's Republic of Korea. 2021. 『Voluntary National Review on the Implementation of the 2030 Agenda for the Sustainable Development』.

2. 농업 생산·성 강화·와 영양개 선을 통 한 식량 자급의 달성	2.5	2020년까지 국가적, 지역적, 국제적 수준에서 건전하게 관리되고 있는 다양한 종자 및 식물은행을 포함하여 종자, 농작물, 가축 및 관련 야생종의 유전적 다양성을 유지하고, 국제적으로 합의된 대로, 유전자원과 전통 지식 활용에 대한 접근을 촉진하고, 그로 인한 이익을 공평하고 공정하게 공유하도록 보장한다.	농업부 의과학 아카데미

한편, ODA 예산은 기획재정부의 예산 구조에 따라 앞서 제시한 PDM을 바탕으로 항목을 재배치해서 설명해야 한다. PDM이 사업의 활동요소별로 구분되었다면, 예산은 건축, 기자재 등의 인프라 지원 항목, 한국 전문가의 현지 파견 비용을 의미하는 전문가 파견, 수원국 수혜자들을 교육, 훈련하는 역량 강화 항목, 그리고 전체 사업비의 약 5%에 해당하는 성과관리 예산(기초선, 종료선 조사, 모니터링과 평가 항목)까지 포함한 내역으로 예산을 작성해야 한다.

본 시나리오에서는 전체 사업비를 700만 달러로 가정하고 설계했다. 관개 시설, 기반 조성과 건축비용을 포함한 온실 단지 형성에 237만 달러, 온실의 지속가능한 유지관리를 위해서 반드시 필요한 에너지는 태양광으로 공급받는 것으로 가정했다. 발전기, 보일러 등의 기자재, 농산물의 품질 관리를 위한 기자재, 저장 시설 등을 포함한 전체 건축 비용은 492만 달러이다.

사업의 총괄 PM, 현지 상주를 가정하여 투입 일수가 많은 작물 재배 전문가, 농산물 유통 및 품질관리 전문가, 성과관리 전문가 등의 전문가 파견 항목에 154만 달러를 책정했다. 현지 농민을 대상으로 재배기술, 품질관리기술을 교육하는 예산으로 31만 달러, 기초선 및 종료선 조사 비용, 모니터링과 평가 비용까지 포함한 성과관리 예산으로 23만 달러를 포함해 총 700만 달러로 예산을 수립했다.

〈표 5-18〉 사업 지출항목별 예상 규모(시나리오 기반)

구 분		예산	비고
건축비 기자재 지원	온실 단지 형성	237	관개 시설, 기반 조성, 건축비용
	육묘장 건축	40	건축비용
	태양광, 발전기 및 보일러	39	장비비용(사이트별 1식)
	저장시설 건축	150	건축비용 (설계, 감리 포함)
	유통, 품질 안전 기자재 제공	26	저울, 잔류농약 검사기 등 기자재 제공
	소계	492	
전문가 파견	총괄 PM	29	사업 총괄 관리
	작물 재배 전문가	92	채소 및 과채 작물 재배 컨설팅/ 현지 연수 (현지 상주)
	농산물 유통 전문가	16	표준규격 수립, 마케팅, 현지 연수
	농산물 품질 전문가	8	품질 자문 및 현지연수
	사업 성과관리 전문가	9	사업 성과관리 및 기초선/종료선 조사
	소계	154	
역량 강화	농업부 및 농업분야 기술 인력 교육	29	현지연수 (6개월x4년x2개 과정)
	품질관리 교육	2	현지연수 (2개월x2년)
	소계	31	
성과 관리	기초선·종료선 조사	13	기초선 및 종료선 현지 조사
	모니터링·평가	10	매년 모니터링, 종료 평가
	소계	23	
합계		700	

4.5 사업 성과관리 방안

앞 절에서 제시한 시나리오를 바탕으로 사업의 성과를 관리하는 성과 점검양식의 예를 들어본다. PDM과 산출물 관리 양식(POD)을 연차별로 나누어 목표치까지 제시하여 모니터링하고 성과를 점검한다. 아래의 양식표에 기초선 조사 결과와 함께 연차별 목표치, 달성 정도를 파악하여 관리하게 된다

<표 5-19> 성과점검양식(예)

성과점검양식					
사업명	개성시 채소온실 보급사업				
작성자	000	작성일	2022년 01월 01일	양식번호	

성과 Outcome	지표	구분		1차 년도	2차 년도	3차 년도	4차년도	5차년도	목표치
			기초선						
			2022	2022	2023	2024	2025	2026	2027
온실생산 체계 구축	온실재배로 증가된 채소 생산량 및 수확기간	데이터/실적							
		연간실적	연간실적						
			연간목표치						
			연간달성률						
		총 달성률	%						

성과데이터 산출 근거

분모	협동농장에서 생산되는 채소의 연간 생산량
분자	온실에서 재배된 채소의 연간 생산량(품목별 구분)

		지표	구분	기초선	1차 년도	2차 년도	3차 년도	4차년도	5차년도	목표치
				2022	2022	2023	2024	2025	2026	2027
산출물 (outputs)	채소온실 인프라 구축	1. 온실단지 형성(온실, 육묘장) 연간실적	데이터/실적							
			연간실적	연간실적						
				연간목표치						
				연간달성률						
			총 달성률							
		2. 온실 기자재 지원 연간실적	데이터/실적							
			연간실적	연간실적						
				연간목표치						
				연간달성률						
			총 달성률							

산출물 (outputs)	2. 채소 생산 기술 역량 강화	1. 농업성 및 농업분야 기술인력 교육 연간실적	데이터/실적							
			연간실적	연간실적						
				연간목표치						
				연간달성률						
			총 달성률							
		2. 우량종자 소개 및 공급채널 구축 연간실적	데이터/실적							
			연간실적	연간실적						
				연간목표치						
				연간달성률						
			총 달성률							
산출물 (outputs)	3. 수확 후 관리 역량 강화	1. 농산물 표준 품질관리 체계 구축 연간실적	데이터/실적							
			연간실적	연간실적						
				연간목표치						
				연간달성률						
			총 달성률							
		2. 수확 후 관리시설 구축 연간실적	데이터/실적							
			연간실적	연간실적						
				연간목표치						
				연간달성률						
			총 달성률							

Ⅵ. 산림협력 분야 SDGs 목표와 북한 적용

구자춘

(한국농촌경제연구원 산림정책연구부 연구위원)

1. 산림협력 분야 국제 논의 동향

산림은 지구 표면의 30%를 차지하는 필수 생태계이다. 인간은 산과 떼려야 뗄 수 없는 관계를 맺어 왔으며, 산림의 지속가능한 이용과 보전과 관련한 다양한 이슈가 제기되었다.

본 장에서는 북한 산림에 대한 논의에 앞서 국제적으로 논의되고 있는 산림 관련 이슈를 제시하고자 한다. 이는 북한에도 같이 적용될 수 있는 규범이기 때문이다. 본 장에서는 국제식량농업기구(Food Agriculture Organization, FAO)가 5년에 한 번씩 세계 산림 현황 보고서(The state of world's forests)에 대한 검토 결과를 제시하고자 한다. 아울러 2021년 11월, 영국 글래스고에서 개최된 세계 기후변화 당사국 총회(UNFCCC COP 26)의 산림 부분 이슈도 소개하였다.

1.1. 세계 산림 현황

FAO(2020)가 발간한 2020년 기준 '세계 산림 현황 보고서'의 주요 내용은 다음과 같다. 산림에 8,600만 개의 일자리가 있으며, 8억 8천만 명의 생계의 수단으로 활용되고 있다. 지난 10년 동안, 연간 470만ha의 산림이 감소하였다. 감소율이 전기보다 개선되었는데, 이는 산림 불법 벌채를 방지한 효과가 반영된 것이다. 이는 결과에 기반한 지불이 효과적으로 작용했다고 평가했다.

산림은 기후변화협약(UNFCCC, United Nations Framework Convention on Climate Change), 생물다양성협약(UNCBD, United Nations Convention of Biodiversity), 사막화 방지협약(UNCCD, United Nations Convention to Combat Desertification)의 주요 대상으로, 국가 상황을 고려한 다양한 보전, 복원 사업이 추진되고 있다. 먼저 생물다양성협약과 관련하여 2020년까지 육지 면적의 17%를 보호지역으로 지정하겠다는 '아이치 생물다양성 목표 11'은 달성했으나, 보호지역 지정만으로는 생물다양성을 온전히 보전할 수 없다는 데 의견을 모았다. 2020년까지 지속가능한 보전을 담보한 지역 농업·양식업·임업을 하겠다는 '아이치 생물다양성 목표 7'은 달성하지 못한 것으로 확인되었다.

한편, 본 연구에서 다루는 지속가능목표(SDG, Sustainable Development Goals)와 관련하여, 산림의 생물다양성과 생태계에 대한 부정적 흐름이 일부 확인되었으며, 산림 벌채와 생물다양성 손실을 중단시키기 위해 먹거리 시스템의 전환이 필요하다고 주장하였다. 또한 SDG의 효과적 달성을 위해 대단위 산림 복원의 필요성을 주장하였다. SDG 이행 수단으로, 먹거리 시스템 개선과 대단위 산림 복원이 제기된 것에 주목할 필요가 있다.

1.2. 기후변화협약과 산림

2021년 10월 개최된 기후변화협약 당사국 총회(COP 26)에서 '산림 및 토지 이용에 관한 글래스고 정상선언문(11.2.)'이 발표되었다. 본 선언은 128개국이 서명하였으며, 2030년까지 산림 파괴와 토지 황폐화를 막고 복원하겠다는 각국의 목표를 반영한 결과이다. 이와 함께 한국을 포함한 12개 선진국이 산림 파괴와 토지 황폐화를 막고 복원하는 데 필요한 재원, 120억 달러를 2025년까지 열대림 보전 및 복원을 위한 공적개발원조에 지원하겠다는 서약(Global Forest Finance Pledge)도 발표하였다. 정상선언문 초안(Draft)의 국문본은 아래와 같다.

산림과 토지이용에 관한 글래스고 정상선언문

우리는 아래와 같은 사항에 동의한다.

세계가 지속가능한 개발목표를 달성하고 인위적인 온실가스 배출과 흡수원에 의한 탄소 제거의 균형을 맞추고 기후변화에 적응하도록 중요하고 상호의존적인 산림, 생물다양성 및 지속가능한 토지 이용의 역할을 강조한다.

유엔기후변화협약 및 파리협정, 생물다양성협약, 유엔사막화 방지협약, 지속가능발전목표 기타 관련 이니셔티브에 대한 각국 또는 공동의 의지를 재확인한다.

지속가능한 토지 이용과 농업, 산림과 기타 육상생태계에 대한 보전·보호·지속가능한 경영·회복에 대한 각국 또는 공동의 의지를 재확인한다.

우리의 토지 이용·기후·생물다양성·지속가능한 목표를 달성하기 위해서는 지속가능한 생산과 소비, 인프라 개발, 무역, 금융 및 투자, 소작농·원주민·산림관리를 담당하는 지역주민에 대한 지원의 상호연결성에 있어 국제적 또는 국가적인 혁신이 필요하다는 점을 인식한다.

따라서 우리는 지속가능한 개발과 포용적인 농촌 변화를 이끌면서 2030년까지 산림 손실 및 토지 황폐화를 멈추고 회복시키기 위해 협력할 것을 약속한다.

우리는 다음과 같은 공동 노력을 강화할 것이다.

1. 산림 및 육상생태계를 보전하는 데 힘쓰고 회복을 가속화한다.

2. 산림 파괴 및 토지 황폐화를 발생시키지 않으면서 지속가능한 개발과 상품 생산 및 소비를 촉진하는 국제 및 국내 무역·개발 정책을 이행한다.
3. 공동체 역량 강화, 토지 소유권 제도 개선, 수익성이 있고 지속가능한 농업 발전, 산림의 복합적 가치 인식을 통해 취약성을 줄이고 회복력을 구축하며 농촌생활을 향상시킨다.
4. 필요한 경우, 지속가능한 농업을 장려하고, 식량 안보를 증진하며 환경에 대해 피해를 막기 위한 농업 정책 및 프로그램을 이행하고 방향을 재설정한다.
5. 지속가능한 농업 및 산림경영, 산림보전·복원과 원주민과 지역사회에 대한 지원이 가능하도록 국제사회의 재정적 의지를 재확인하고 다양한 재정 및 투자원을 획기적으로 늘린다.
6. 파리협정과 산림 손실·황폐화로부터 회복시키기 위한 국제적인 목표와 자본시장 간의 연계를 촉진하고, 산림, 지속가능한 토지이용, 생물다양성 및 기후목표를 발전시키는 탄력적인 경제로의 전환을 가속화하기 위한 강력한 정책 및 제도가 마련되도록 한다.

우리는 모든 지도자들이 지속가능한 토지 이용 및 전환을 위해 협력할 것을 촉구한다. 이는 지구온도 상승폭을 1.5℃로 제한하는 조치를 가속화하고, 기후변화 취약성을 줄이는 등 파리협정의 목표를 달성하는 데 필수적이다. 우리는 함께 기후변화와 싸우고, 탄력적이고 포용적인 성장을 도모하며 산림 손실을 중단하고 손실로부터 회복할 수 있다.

자료: 대한민국 정책 브리핑
(https://www.korea.kr/news/pressReleaseView.do?newsId=156479492)

본 선언문에서 지속가능성 목표 달성과 관련하여 주목할 만한 부분은 네 가지이다. 첫째, 온실가스 감축을 위한 수단으로 산림의 보전, 복원, 복구, 지속가능한 이용을 제안했다. 둘째, 2030년까지 산림 손실 및 황폐화를 멈추기로 합의했다. 셋째, 이를 위해 지역주민에 대한 지원이 필요하고, 국가 및 국제사회의 재정 마련의 필요성을 제시했다. 넷째, 지속가능성을 담보하기 위해 생물다양성, 기후변화, 사막화 방지, 파리협약을 함께 운영하고자 했다.

2. 산림협력 분야 SDGs 분석

산림은 SDG 15(육상 생태계)와 직접 관련되어 있다. 산림은 육상 생태계의 일부이기 때문이다. SDG 15는 〈표 6-1〉와 같이 육상생태계 보호, 복원 및 지속가능한 이용 증진, 산림의 지속가능한 관리, 사막화 방지, 토지 황폐화 중지 및 역전 및 생물다양성 손실 방지 등 12개의 세부 목표로 구성되며, 각 목표 달성 여부를 평가하기 의한 14개의 성과지표가 마련되어 있다.

<표 6-1> SDG 15(육상생태계)의 세부 목표 및 성과지표

세부 목표	내용	성과지표
	2020년까지 국제협약 의무에 따라 숲, 습지, 산악 지역, 건조지 등을 포함한 육지와 내수면 생태계 서비스의 보존, 복원, 지속가능한 사용을 보장한다.	1. 총 육지면적중 산림 면적의 비율
	2020년까지 국제협약 의무에 따라 숲, 습지, 산악 지역, 건조지 등을 포함한 육지와 내수면 생태계 서비스의 보존, 복원, 지속가능한 사용을 보장한다.	2. 육상 및 담수 다양성을 위해 보호구역으로 지정되어 있는 중요 지역의 비율
	2020년까지 전 세계 모든 유형의 숲에 대한 지속가능한 관리 이행을 촉진하고, 삼림파괴를 중단하며, 황폐화된 숲을 복원하고 조림과 확대한다.	1. 지속가능한 산림 관리에서의 진전

	2030년까지 사막화를 방지하고, 사막화, 가뭄, 홍수로 영향받은 토지를 포함한 모든 황폐화된 토지와 토양을 복원하고 토지 황폐화가 없는 세상을 이루도록 노력한다.	1. 총 토지 면적 중 황폐화된 토지 비율
	2030년까지 지속가능한 발전에 필수적인 이익을 주는 산림 생태계의 수용력 강화를 위해, 생물다양성을 포함한 산림 생태계 보존을 보장한다.	1. 산 생물다양성을 위한 중요 장소 보호구역 범위
	2030년까지 지속가능한 발전에 필수적인 이익을 주는 산림 생태계의 수용력 강화를 위해, 생물다양성을 포함한 산림 생태계 보존을 보장한다.	2. 산 녹색 보호 지수
	자연서식지 황폐화를 줄이기 위한 신속하고 강력한 조치를 취하고 생물다양성 손실을 중단하며, 2020년까지 멸종위기 종을 보호하고 멸종을 예방한다.	1. 적색목록지수(Red list index)
	국제적 합의에 따라, 유전자원 활용에 따른 이익을 공평하고 동등하게 분배하고 유전자원에 대한 적절한 접근을 촉진한다.	1. 공정하고 공평한 이익의 분배를 보장하기 위해 법적, 행정적, 그리고 정책적인 기반을 채택한 국가의 수
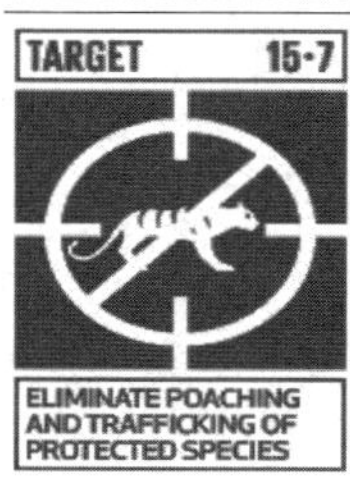	동·식물 보호종의 포획 및 밀거래 종식을 위해 조속한 조치를 취하고, 불법 야생동물 상품의 수요 및 공급을 모두 해결한다.	1. 불법적으로 거래되거나 밀렵된 야생생물의 거래 비율

	2020년까지 육상 및 수중생태계를 교란하는 외래종의 유입을 방지하고, 그로 인한 영향을 현저히 감소하는 방안을 도입하며, 우선 관리종을 통제 및 박멸한다.	1. 외래침입종의 유입 예방과 통제를 위해 국가 차원의 법률과 적당한 수단을 채택하고 있는 국가의 비율
	2020년까지 생태계와 생물다양성의 가치를 국가 및 지역별 계획, 개발과정, 빈곤 감소전략 및 회계에 통합한다.	1. 2011-2020 생물다양성 전략계획의 Aichi 생물다양성 목표2에 따라 수립된 국가목표의 진전도
	생물다양성과 생태계 보전 및 지속가능한 사용을 위해 모든 재원을 동원하고 대폭 확대한다.	1. 생물다양성과 생태계의 지속가능한 이용과 보존을 위한 ODA 및 공공지출
	지속가능한 삼림 관리에 대한 재원 마련을 위해, 모든 수준에서 주요 자원을 동원하고 개발도상국이 보전 및 재조림을 포함한 산림 관리를 증진할 수 있도록 충분한 인센티브를 제공한다.	1. 생물다양성과 생태계의 지속가능한 이용과 보존을 위한 ODA 및 공공지출
	지속가능한 생계 유지를 위한 지역 공동체의 역량 강화를 포함해, 보호종의 포획과 밀거래 근절을 위한 국제적 지원을 강화한다.	1. 불법적으로 거래되거나 밀렵된 야생생물의 거래 비율

자료: 환경부(2011), https://sloday.com, www.globalgoals.org

주: 음영은 대북 산림사업을 적용할 수 있다고 판단되는 성과지표임.

후술하겠지만, 우리나라의 대북 산림사업은 양묘, 조림, 병해충방제, 임농복합경영으로 구분할 수 있다. 이를 통해 직간접적으로 영향을 미칠 수 있는 지표는 15.1.1. 산림 면적 비율, 15.1.2. 육상 및 담수 다양성을 위해 보호구역으로 지정된 중요 지역 비율, 15.2.1. 지속가능한 산림 관리에서의 진전, 15.3.1. 총 토지 면적 중 황폐화된 토지 비율, 15.4.1. 산 생물다양성을 위한 중요 장소 보호구역 범위, 15.4.2. 산 녹색 보호 지수, 15.5.1. 적색목록지수(Red list index) 등 7개 정도로 판단된다. 나머지 지표는 측정 단위가 국가로 맞지 않고, 지출액 등은 지원 사업으로 변화시킬 수 없다는 점에서 적용할 수 없다. 이에 적용 불가한 지표에 대해서는 추가로 논의하지 않는다.

산림은 SDG 13(기후행동)과도 간접적으로 관련 있다. 산림이 토지 이용 중 유일한 온실가스 흡수원이기 때문이다. 즉, 나무와 풀의 잎이 공기 중의 이산화탄소, 뿌리에서 빨아올린 물, 햇빛으로 광합성 하여 몸에 '탄소'를 고정하기 때문이다. SDG 13은 〈표 6-2〉와 같이 5대 목표, 7개의 성과지표로 구성되어 있다. 단, 성과지표의 측정 단위가 국가와 인구이며, 특정 국가에 한정한 투자 총액으로, 대북 산림사업을 통해 직접 지표를 개선할 수는 없다고 판단된다. 이에 SDG 13에 대한 추가적인 논의는 진행하지 않는다.

<표 6-2> SDG 13(기후행동)의 세부 목표 및 성과지표

세부 목표	내용	성과지표
	모든 국가에서 기후 관련 위험 및 자연재해에 대한 복원력과 적응력을 강화한다.	1 : 국가적인 그리고 지역적인 재난위험 감축전략이 있는 국가의 수
	모든 국가에서 기후 관련 위험 및 자연재해에 대한 복원력과 적응력을 강화한다.	2 : 인구 100,000명당 재난으로 인해 사망, 실종 그리고 피해를 입은 인구 수

TARGET 13·2 INTEGRATE CLIMATE CHANGE MEASURES INTO POLICIES AND PLANNING	기후변화에 대한 조치를 국가 정책, 전략, 계획에 통합한다.	1. 식량 생산을 위협하지 않는 방법으로 온실가스 배출을 줄이고, 기후 회복력을 기르며, 기후변화의 부정적 영향에 적응하는 능력을 증가시킬 수 있는 통합된 정책 전략계획의 수립과 운용을 홍보하는 국가의 수
TARGET 13·3 BUILD KNOWLEDGE AND CAPACITY TO MEET CLIMATE CHANGE	기후변화 완화, 적응, 영향 감소, 조기 경보 등에 관한 교육, 인식 제고, 인적·제도적 역량을 강화한다. 기후변화 완화, 적응, 영향 감소, 조기 경보 등에 관한 교육, 인식 제고, 인적·제도적 역량을 강화한다.	1. 완화, 적응, 영향 감소, 조기 경보를 1차, 2차, 3차 교육과정에 포함시킨 국가들의 수 2. 적응, 완화, 그리고 기술 이전 및 개발 이행을 위한 기관, 체계, 그리고 개인적인 역량 강화를 홍보한 국가의 수
TARGET 13·A UNFCCC IMPLEMENT THE UN FRAMEWORK CONVENTION ON CLIMATE CHANGE	유엔기후변화협약의 선진 당사국이 공동으로 매년 1천억 달러를 동원하겠다는 목표를 2020년까지 이행하며, 빠른 시일 내에 출자를 통해 녹색기후기금(GCF)의 완전한 운용을 시작한다.	1. 약속된 1천억 달러 투입에 대해 2020년부터 실제 동원되는 연도별 금액
TARGET 13·B PROMOTE MECHANISMS TO RAISE CAPACITY FOR CLIMATE PLANNING AND MANAGEMENT	여성, 청년, 지역 공동체 및 소외된 공동체에 초점을 맞추는 것을 포함해 최빈국과 군소도서개발국에서 기후변화 관련 효과적인 계획과 관리를 위한 역량 계발 메커니즘을 증진한다.	지표 1 : 여성, 청소년, 및 지역 및 소외 공동체에 초점을 두는 것을 포함하여, 효과적인 기후변화 관련 계획, 관리 역량을 제고하기 위한 메커니즘 개발을 위해 금융 및 기술 지원 등 특별한 지원을 받고 있는 최빈 개도국과 군소도서개도국의 수

자료: 환경부(2011), https://sloday.com, www.globalgoals.org

3. 산림협력 분야 북한 현황 및 VNR 분석

산림 분야 SDG는 산림의 양과 질을 기준으로 한다. 본 절에서는 대북 산림사업의 결과가 되는 북한의 산림 현황을 살펴보고, 대북 산림사업의 원인이 되는 지금까지의 대북 산림사업의 성과와 한계를 짚어 보았다.

3.1 북한 산림 현황

북한의 산림 현황을 나타내는 여러 통계자료가 있으며, 그 값이 조금씩 다르다. 이는 해상도 등의 측정 방법과 산림을 판정하는 기준 등의 차이에 따른 것이다. 본 장에서는 전 세계 모든 나라를 같은 잣대로 비교할 수 있는 Global Forest Watch를 기준으로 결과를 제시할 것이다(그림 6-1). 피복률 기준을 30%로 했을 때, 2020년 기준, 북한의 산림 면적은 4,948,130ha로 추정된다. 〈그림 6-2〉와 같이 피복률 기준을 낮출수록 산림의 면적은 증가한다. 피복률을 10%로 하는 경우의 산림 면적은 5,611,457ha이고, 50%로 했을 때 산림 면적은 3,891,563ha이다. 이후의 결과는 피복률 30%를 기준으로 했음을 밝혀둔다.

〈그림 6-1〉 Global Forest Watch로 확인한 북한의 산림 현황

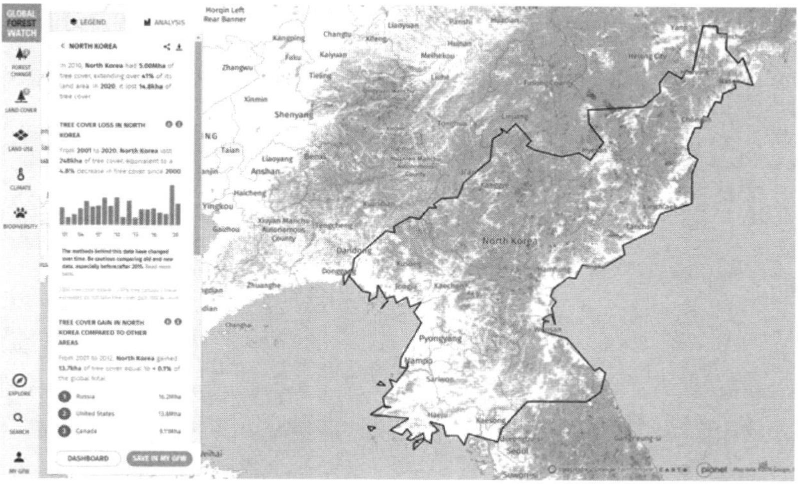

자료: Global forest watch(https://www.globalforestwatch.org)

〈그림 6-2〉 피복률 정의에 따른 북한 산림 면적 비교

(단위: ha, %)

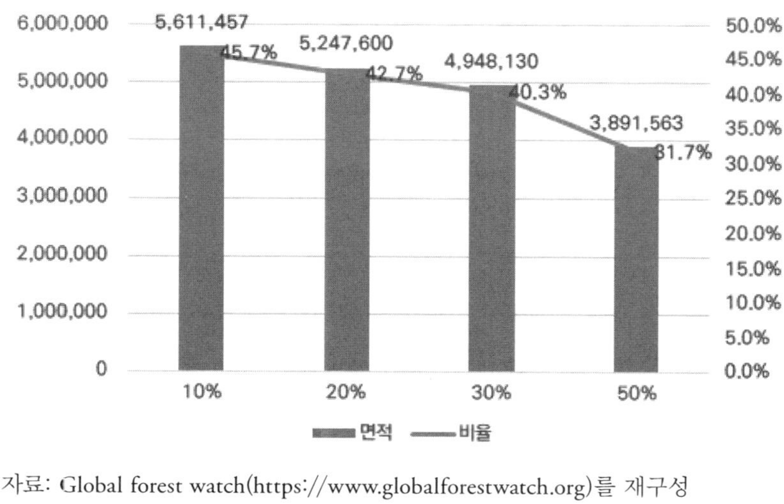

자료: Global forest watch(https://www.globalforestwatch.org)를 재구성

〈그림 6-3〉은 2000년 이후의 북한 산림 면적의 변화와 해당연도의 소실 면적을 나타낸 것으로, 감소세가 뚜렷하다. 이를 수치로 계산하면 연평균 12,459ha씩 소실되고 있다. 이 면적은 여의도 면적(290ha)의 43배에 해당한다. 단, 연평균 감소 면적은 연도별로 정도의 차이가 있다. 2019년 소실 면적은 27,000ha로, 평균의 감소 면적의 두 배가 넘는다.

〈그림 6-3〉 북한의 산림 면적 변화 추이

(단위: ha)

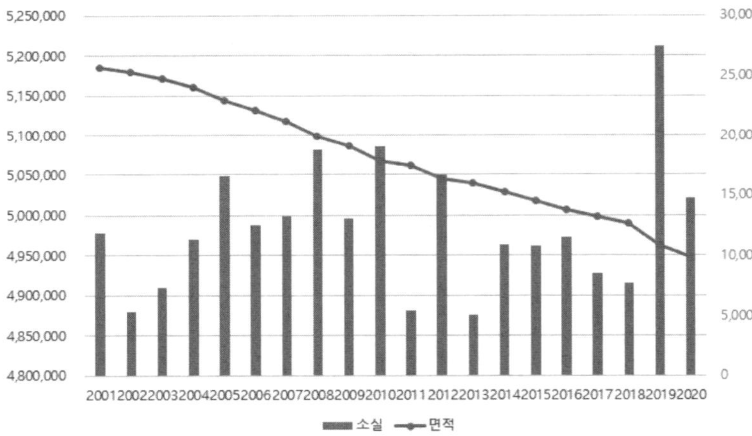

자료: Global forest watch(https://www.globalforestwatch.org/)을 재구성

북한 산림에 대한 연구를 담당하고 있는 국립산림과학원[154]의 연구 결과에 따르면, 2018년 기준, 북한의 황폐 산림 면적은 262만ha이며, 이는 북한 산림 면적의 32%에 해당한다(그림 6-4). 양아람 외(2020)는 북한 산림이 황폐화되는 원인을 〈그림 6-5〉로 정리하여 제시하였다. 식량난,

154 2021년 현재, 국제산림연구과에서 북한 산림에 대해 연구하고 있음.

에너지난, 외화 부족, 자연재해, 농지 등 기반시설 파괴가 산림 파괴에 종합적으로 영향을 미쳤다고 했다. 또한, 식량 부족에 따른 산지 개간과 에너지 부족에 따른 땔감 채취가 산림 파괴의 주된 원인으로 작용했다고 설명했다.

〈그림 6-4〉 2018년 기준, 북한산림실태지도

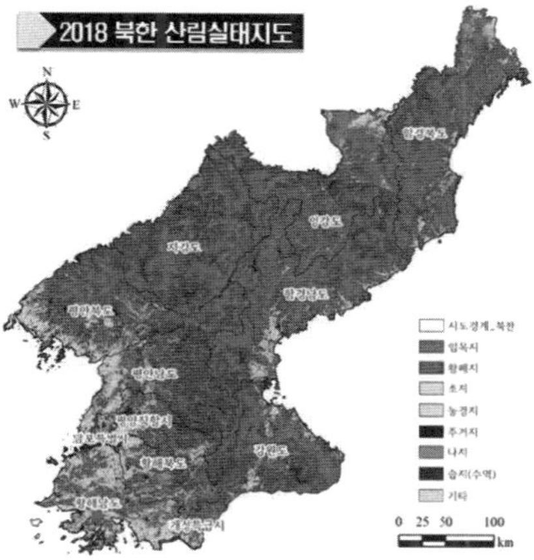

자료: 양아람 외(2020).

〈그림 6-5〉 북한 산림황폐화가 가져온 악순환 개념도

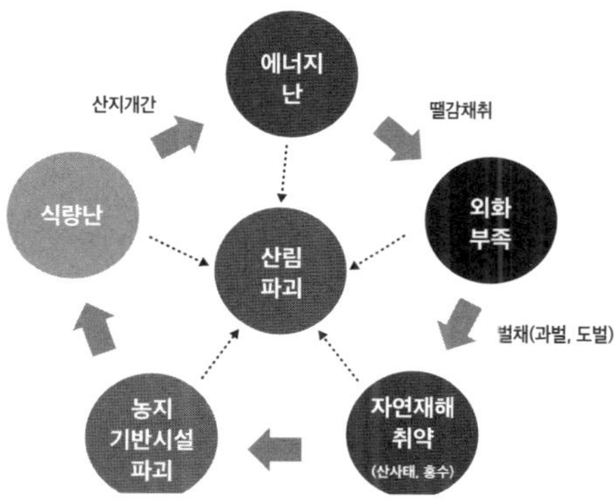

자료: 양아람 외(2020)

한편, 최근 북한의 산림 면적이 유의미하게 증가했다는 눈에 띄는 연구 결과가 발표되었다. 정성학(2021)은 감소가 증가로 바뀐 시점이 2015년이며, 이때부터 연평균 0.4%씩 증가하고 있다고 실증하였다(그림 6-6). 그는 북한이 국가적으로 추진한 '산림복구 10개년 계획'이 긍정적인 영향을 미쳤다고 주장했다. 김정일 위원장도 2015년 신년사에서 "산림복구전투를 힘 있게 벌여 조국의 산들을 황금산·보물산으로 전변시켜야 한다"고 언급하였으며, 2021년 1월 당 대회에서는 "지난 5년 동안, 산림 1백만ha를 새로 조성했다"고 밝힌 바 있다.

〈그림 6-6〉 북한의 산림 면적 변화 추이(2001~2019)

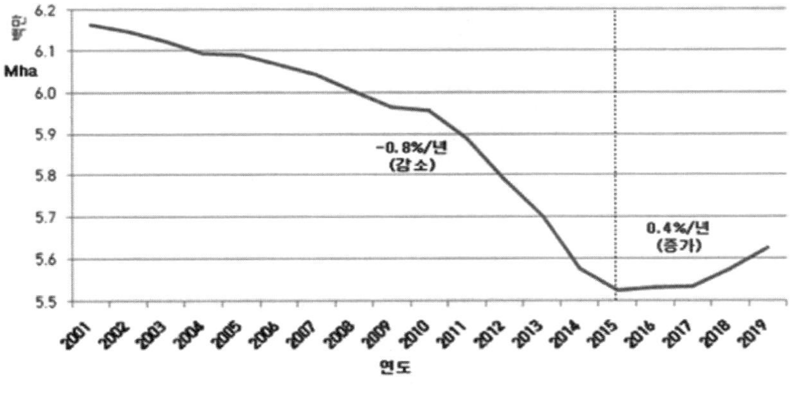

자료: 정성학(2021)

정성학(2021)은 북한에서 산림 복구와 소실이 동시에 일어나고 있다고 했다. 〈그림 6-7〉과 같이 평양 인근 뒷산의 비탈면에 민둥산이 복구된 모습과 〈그림 6-8〉과 같이 평안남도 상차동처럼 공동묘지가 조성되고 산림이 벌채된 모습도 구글 어스(Google Earth)를 통해 함께 제시하였다. 이는 평양 등 주요 도시 인근의 산림은 복구되고 있으나, 상대적으로 행정력이 미치지 못하는 원거리에서는 벌채도 진행되고 있음을 나타내는 결과이다.

〈그림 6-7〉 산림복구 지역의 위성영상

평양 샛마을 뒷동산에서 비탈지 황폐사면에 나무를 심어 민둥산 일부를 복구하였다./사진=구글어스 영상

자료: 정성학(2021)

〈그림 6-8〉 산림소실 지역의 위성영상

평안남도 상차동에서는 마을 인근 야산에 공동묘지가 조성되고, 수목벌채 및 산지훼손이 진행되고 있다. /사진=구글어스 영상

자료: 정성학(2021)

이상을 요약하면, 북한의 산림복구 사업이 집중적으로 추진되었고, 일정 부분 효과도 거두었으나, 행정력이 미치지 못하는 도시 외곽 지역을 중심으로 산림 훼손이 진행되고 있으며, 여전히 복구되어야 할 지역이 많다는 정도로 정리할 수 있다.

3.2. 대북 산림사업의 성과 및 한계

이 장에서는 SDG라는 목표의 원인이 되는 대북 산림사업에 대해 다루었다. 문헌 검토와 초점집단면접을 토대로 지금까지 대북사업의 성과와 한계를 짚었다. 문헌 검토의 대상은 대북협력민간단체협의회(2015)가 발간한 '대북지원 20년 백서'와 Kim et al. (2020)의 Why is inter-forestry cooperation hard to accomplish?를 대상으로 검토하였다.

'대북지원 20년 백서'

보고서의 시간적 범위는 1995년부터 2015년까지이며, 산림녹화를 '사회인프라 지원' 부분에서 다루고 있다. 산림뿐만 아니라 대부분의 대북사업이 2010년 3월 천안함 사건에 따른 5·24조치로 공식적으로 중단되었다. 대북사업에 참여한 민간단체는 겨레의 숲, 남북강원도협력협회, 새누리좋은사람들, 국제사랑재단, 남북나눔 등이다. 시간대별 추진 경과는 〈그림 6-9〉와 같다.

산림복구를 위한 수단을 기준으로, 양묘, 조림, 병해충 방제, 임농복합으로 구분할 수 있다. 임농복합이란 하나의 토지(산지)에 임업과 농업을 결합하여 생산하는 것을 뜻한다. 북한에서 임농복합이 주목받은 이유는 산림 황폐화의 주된 원인이 식량 및 연료에 있기 때문이다.

보고서의 결론에서 대북 산림사업의 발전을 위한 방안을 제시하고 있다. 이를 정리하면 다음과 같다. 첫째, 산림사업에 상당한 시간이 필요하므로, 현장에서 다양한 참여 주체(북한 중앙 당국, 지방 정부, 관리기관, 현지 주민 등)가 지속적으로 참여할 수 있도록 차별적 인센티브 제공이 필요하다. 둘째, 산림보전 및 복구는 에너지, 식량 등과 복합적으로 얽혀 있어 통합적 접근방식 요구된다. 예컨대 천덕리 사업처럼 산림복구, 에너지 지원, 농업, 축산, 보건의료, 인도적 구호, 교육 등 종합패키지 사업으로 점진적으로 확대하는 것이 효과적이다. 이때, 소규모 마을 단위(협동농장)로 사업을 시작하는 것이 바람직하다. 셋째, 효율성 제고를 위해 컨소시엄 구성하는 등 국내 NGO간 협력시스템 강화가 필요하다. 넷째, 산림사업에 막대한 비용이 소요되므로 사전에 산림 상황을 정확히 파악하여 현실성 있는 산림복구 계획을 수립해야 한다. 이는 백서 발간이 6년이 지난 지금에도 유효한 제안이라 판단된다.

〈그림 6-9〉 민간 단체의 대북사업 추진 경과

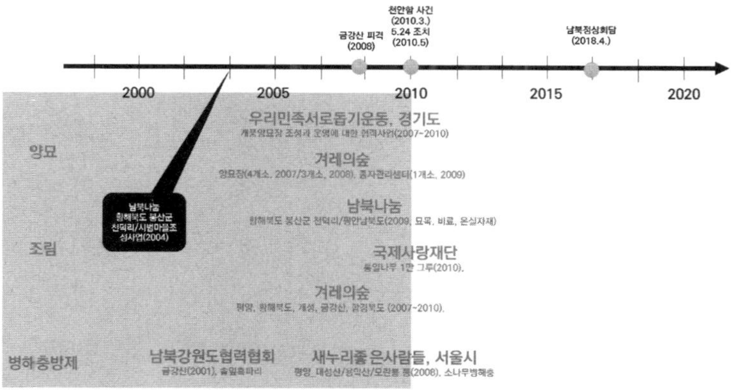

자료: 대북협력민간단체협의회(2015)를 재구성

"Why is inter-forestry cooperation hard to accomplish?"

이 논문의 시간적 범위는 이명박 정부가 시작된 2008년부터 지금의 문재인 정부까지이다. 우리나라는 물론 국제사회의 대북사업까지도 다루고 있다. 국제사회의 협력은 양자와 다자협력으로 나뉘며, 전자에는 유럽연합(독일, 스위스, 영국, 노르웨이, 이탈리아, 프랑스), 중국, 일본, 호주, 미국이 포함되고, 후자에는 UNICEF, WHO, UNDP, WFP, UNESCO, FAO, IFAD, UNEP, UNESCAP, UNFCCC, UNCBD 등의 국제기구가 포함된다.

우리나라의 대북 산림사업을 '민간'과 '공공'으로 구분하고, 후자는 다시 집권 '정부'를 기준으로 구분하여 고찰하였다.

이명박 정부(2008년부터 2013년까지): 북한 산림 황폐화 방지를 위해 정부 주도의 포괄적 정책을 최초 수립하였다(2008). 이에 따라 국립산림과학원과 녹색성장위원회(북한조림특별대책반)에 역할을 부여하였으며, FAO/UNEP 등과 협력 조림 논의하고 FAO와 북한 산림 복원을 위한 양해각서를 체결하였다(2009). 하지만 2010년 5·24조치(2010)로 대북 정책 사업이 중단되었다.

박근혜 정부(2013년부터 2017년까지): 드레스덴 선언을 발표(2014.3)하면서, 적극적 대북 정책을 추진하려고 했다. 특히, 산림 복원, 병해충 방제, 시범농장건설, 북한생태환경 공동조사 등의 농업, 축산, 임업으로 구성된 농촌 단지를 제안하였으며, 경험 많은 독일과 유럽 NGO의 참여를 기대하였다. 통일준비위원회를 발족(2014.7.~2017.6.)하였으며, 산림녹화를 주요 의제로 채택했고 Green Asia Organization(NGO)도 설립하였다. 하지만 북한은 남한 정책에 관심이 없었으며, 민간인 구호 단체 활동만 허용하였다.

문재인 정부(2017년부터 2022년까지): 남북정상회담 개최(2018.4.27.)로 대북사업의 물꼬가 텄다. 판문점 선언 이행위원회의 사업으로 남북 산림협력 연구과제 착수되었다. 평양공동선언문(2018.9.)에 경제·산림·보건 분야의 협력 강화가 비중 있게 포함되었다. 경제교류의 일환으로 남북 산림협력의 성공적 성과 내기로 합의하였으며, 2019년 남북 산림협력을 위해 837억 원을 추가로 배정하였다. 하지만, 실무회담(2018.12.)에서 결국 합의에 이르지 못했다. UN 제재로 금지된 물질과 금전적 지원 요구가 주된 이유였다. 그럼에도 산림청은 2019년 1월, 남북산림협력단이라는 조직을 신설하고, 북한 지역을 대상으로 제2의 산림녹화 준비를 시작하였다. 2019년 2월, 하노이 북미정상회담이 결렬되고, 남북 관계가 한 발도 앞으로 나가지 못했다. 2020년 6월, 북한이 개성의 공동연락사무소 폭파하면서 공공 부문의 대북 산림사업은 추진되지 못하고 있다. 남북정상회담 개최 이후, 공공 부분에서 추진된 정책 사업은 〈그림 6-10〉과 같다.

한편, 보고서에서는 1999년부터 북한 산림의 지속가능성을 향상시키기 위해 산림녹화, 양묘장 건립, 병해충 방제 등 남북 산림협력 사업을 추진하는 과정에서 통일부, 산림청을 비롯한 중앙 정부 기관이 표면적으로 남북 산림 협력을 관리했으나, 대부분 실질적 협력 사업은 지방자치단체와 민간(비정부기구)이 시행했다고 평가했다.

〈그림 6-10〉 공공 부문의 대북사업 추진 경과

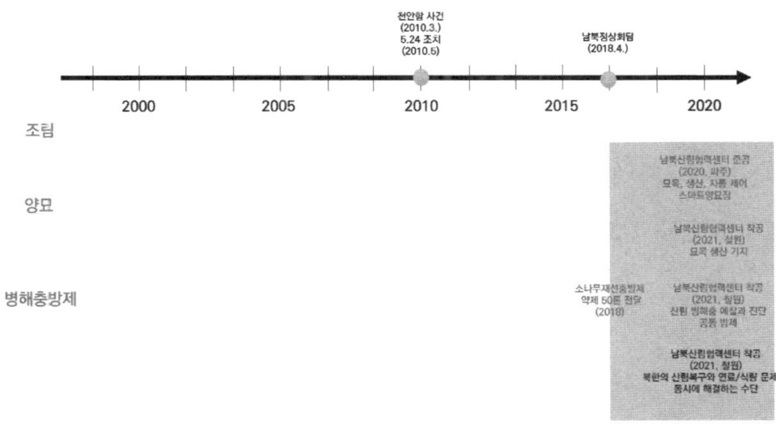

국제사회의 경우, 다양한 주체가 대북 산림사업에 참여하고 있다. <그림 6-11>은 대북 산림사업과 관련된 남한(South Korea), 북한(North Korea), 국제기구(International Organization)를 나타낸 것이다. 이 그림이 시사하는 바는 두 가지다. 하나는 주체가 다양하다는 것이고, 나머지 하나는 국제기구와 관계를 맺는 북한의 대상 기관과 남한이 관계를 맺는 대상 기관에 엇박자가 있다는 것이다. 남한은 그림의 위쪽 주체들에만 닿고, 국제기구는 그림의 아래쪽 주체들에만 연결되기 때문이다.

양자협력의 주요 내용은 다음과 같다. 먼저, EU는 지속가능한 임업 훈련 센터 설립에 자금 지원하였으며, 스위스개발협력청(SDC, Swiss Agency for Development and Cooperation)은 세계혼농임업센터와 임농복합사업을 위한 사면관리, 기술지원 등의 프로그램을 운영하였다. 지역 주민들에게 음식, 사료 및 기타 제품을 제공하는 동시에 황폐한 산지를 복원하는 임농복합 방식을 택한 것이다. 이탈리아 협력개발청(AICS, Italian Agency for Development Cooperation)은 환경지속가능성을 위한 역량 구축과 식량 안보 문제와 관련된 농업 개발 프로젝트를 지원하였다. 유럽을 제외한 나머지 국가의 양자협력이 눈에 띄지 않는 이유는 미국, 캐나다, 일본의 경우, 북한과 정치적 이슈에 쉽게 영향을 받기 때문이다. 독일, 호주, 스웨덴, 스위스 등 유럽 국가는 반복적이고 장기적인 협력 사업을 추진하여 북한과 안정적인 관계를 구축하였으나, 여전히 모니터링하는데 어려움을 겪고 있으며, 사업의 지속가능성이 담보되지 못하고 있다.

〈그림 6-11〉 대북 산림사업 수행 주체(남한, 북한, 국제기구)

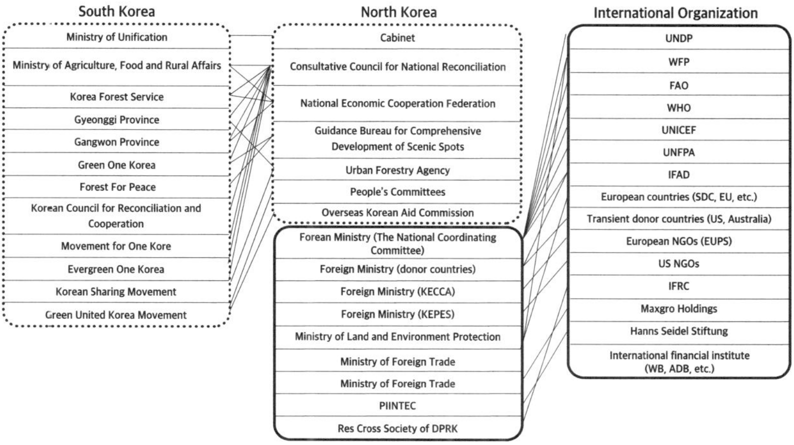

자료: Kim et al.(2020)

지난 20년 동안 국제기구들은 실용주의적 지원정책을 통해 북한과 신뢰를 쌓아왔다. FAO는 ARCDM, 농경지의 생태적 보전 프로젝트를, IFAD는 땔감 재배 및 침식 방지 프로젝트를, UNEP는 환경 교육 및 환경 모니터링 프로그램에 대한 기술 지원을, WFP는 경사지 재조림을, UNDP는 토지 침식 방지 프로젝트, 양묘장 재건, 기술 교육 프로그램 및 베이징 임업 대학과의 협력 교육 프로그램을 진행하였다.

지속가능한 대북 산림협력이 어려운 이유를 세 가지로 요약하였으며, 이를 해결하기 위한 방안 마련이 필요하다고 해석할 수 있다.

첫째, 남북의 주요 주체들과 국제기구 간의 연계 부족하기 때문이다. 〈표 6-3〉와 같이 북한이 원하는 것, 남한이 할 수 있는 것, 국제사회가 추진하는 것 사이에 미스매치가 존재한다는 것이다.

둘째, 국제사회 이해관계자에 대한 정보 공유 제한이 크다는 점이다. 무엇보다 정보를 공개했을 때, 북한의 정치경제체제에 위협으로 작용한다는 우려 때문이다. 이는 북한이 신탁기금을 활용하지 못하는 이유다. 신탁기금을 활용하기 위해서는 비핵화 합의 조건으로, 아시아개발은행이 요구하는 투명성과 책임요건을 충족해야만 하는데, 북한이 이를 수용하지 못한 것이다.

셋째, 정치적 여건 변화가 걸림돌로 작용했기 때문이다. 남한 선거 결과, 북미 및 북일 관계 경색 등이 대북사업에 지대한 영향을 미쳤음이 이를 증명한다.

〈표 6-3〉 대북 산림복구 사업의 재원 비교

Category	Donors Implemented projects in North Korea	Donors preferred by North Korea	Donors accessible by South Korea	Other
Bilateral ODA	Germany(KfW) Switzerland(SDC) EC China(Department of Foreign Aid) UK(DfID) Sweden(SIDA) Denmark(DANIDA) Norway(NORAD) Italy(AICS) France(AFD) Australia(AusAID) Canada(CIDA) Japan(JICA, JSF) US(USAID, MCC)	Germany(KfW) Switzerland(SDC) EC China(Department of Foreign Aid)		
UN organizations	UNICEF WHO UNDP WFP UNESCO FAO IFAD UNEP UNESCAP UNFCCC UNCBD	UNDP WFP FAO UNCBD	UNICEF WHO UNDP WFP UNESCO FAO IFAD UNEP UNESCAP UNFCCC	UNFIP UNDFW

International financial institutions		AF	WB(IBRD,IDA) ADB IMF EBRD	IFC MIGA CFGB
Trust funds	GEF	GEF GCF UNDP.GM	GCF WB ADB IMF	
International NGOs	EUPS Hanns Seidel Foundation IFRC CARITAS GAA Samaritan's Purse	ICRAF ICIMOD		

자료: Kim et al.(2020)

초접집단면접

대북 산림사업의 성과와 과제를 더 면밀하게 파악하기 위해 대북 산림사업 활동가, 연구자, 행정가를 대상으로, 2021년 9월 29일 오전 10시에서 12시 사이에 초점집단면접을 화상회의로 개최하였다. 산림 대북사업의 SDG 적용방안 자료를 공유하였으며, 사전에 4가지 질문을 제시하였다. 각 질문에 대한 전문가의 견해를 듣고, 상호 토론하는 방식으로 면접을 진행하였다.

- 북한의 SDGs 성과지표 결과를 얼마나 신뢰할 수 있는가? 신뢰성을 높일 방법은 무엇인가?
- 기존 대북사업 및 국외 사업의 연계 추진 시 걸림돌은 무엇이고, 해결할 방법은 무엇인가?
- 산림 이외 대북사업(식량, 연료, 재해 등)과 연계 추진 시 걸림돌은 무엇이고, 해결할 방법은 무엇인가?

• 대북사업(원인)과 SDG 성과지표(결과)의 인과관계(지역 단위)를 위성 영상을 통해 설정하고 모니터링하는 것이 가능한가?

성과지표 신뢰성 확인 및 제고 방안에 대한 의견은 다음과 같다. 자발적국가보고서의 성과지표는 지속가능발전보고서의 그것보다 양적 질적으로 진일보되었으며, 수치의 신뢰성을 차치하고서라도 북한 당국이 공식적으로 인정하여 공표한 자료라는 점에서 의의가 있다. 성과지표 값의 신뢰도를 높이기 위해서는 다양한 주체가 참여하는 학술적이고 실무적인 네트워크를 구축하여 하나의 성과지표 결과값을 산정한 후 북한에 제공할 수 있어야 한다. 지원 물자 전달 확인은 물론 성과지표 확인을 위해 위성영상분석, 국제기구의 자료 검토, 현지 확인 등 모든 수단을 활용해야 한다.

기존 및 국외 사업과의 연계성 강화 방안에 대한 의견은 다음과 같다. 성과위주의 언론보도, 정보 부족, 정치적 여건에 따른 불연속성이 장애요인으로 작용한다. 남한이 북한을 바라보는 시각을 다양화해야 한다. 한 민족으로 보면 양자협력이나, 그렇지 않으면 국제협력이 되기 때문이다. 북한의 특수성과 잠재성을 같이 봐야 한다. 정보 부족 문제를 해결하기 위해 대북 산림사업 이해관계자가 자주 모여 논의하고 그 결과를 일반에 공개해야 한다. 북한의 산림사업 수요를 파악할 수 있는 국제학술행사 등의 자리를 자주 마련해야 한다. 남북의 상호 이해를 맞추는 작업이 더 필요하다. 최근 북한의 묘목 수요가 많이 달라졌기 때문이다. 경제수, 과실수가 아닌 조경수(메타세쿼이아 등)를 원한다. 선택과 집중에 동의하나, 남한이 원하는 지역에 사업을 할 수 없음을 인정해야 한다. 따라서 우선 대상지를 선정할 때, 북한이 공개할 수 있는 지역을 고려해야 한다.

타 목적 사업과 연계성 강화 방안에 대한 의견은 다음과 같다. 산림청, 농림축산식품부, 환경부, 통일부 등의 정부기관과 연구기관의 이해도 차이, 담당자의 잦은 이동이 통합적 접근을 저해하는 요인이다. 하나의 사업을 성공시킨 후, 타 목적 사업을 붙이는 것이 현실적인 대안이다. 남한이 산림녹화 때, 밀가루 사방이 주효했다. 식량과 에너지 문제를 해결해야 산림녹화가 가능하다. 단, 북한의 전달체계에 대한 이해가 필요하다. 천덕리에 연료 보급 사업으로 보일러를 제공했으나, 연탄이 보급되지 않아 장식품으로 전락했고, 뒷산의 나무가 말라죽기만을 기다렸기 때문이다. 지역주민이 산림복구 사업의 참여자라는 점에서 급여와 같은 직접적인 인센티브 제공과 인식개선을 위한 교육도 고려할 시점이 됐다. 양묘장 건설, 묘목 보내기라는 기존 방식에서 탈피하여 공간과 사람에 대한 투자로 전환해야 한다. SDG 측면에서, 지금 시점에 산림 복구를 위해 화석연료인 연탄을 연료로 지원하는 것이 맞는지 재검토가 필요하다. 또한 물-에너지-식량을 통합 관리하는 NEXUS[155] 개념 도입이 필요하다.

1%(30억)에 불과한 산림부문 대북기금을 확대해야 한다는 의견, 탄소배출권을 추가 목표로 설정해야 한다는 의견, 대북사업이 활발히 추진했던 과거와 다른 시대적 상황을 고려하여 국민을 설득해야 한다는 의견도 제시되었다.

155 "상호 유대, 연계 혹은 관계"를 의미한다. 따라서, W-E-F Nexus 기술이란, 인류가 필요로 하는 여러 가지 자원 중, 물(Water), 에너지(Energy), 식량(Food) 자원의 연계성을 파악하고, 자원을 효율적으로 이용하기 위한 통합 관리 기술을 의미한다(정기문 외, 2015).

4. 산림협력 분야 SDGs의 북한 적용

앞 장에서 산림사업의 성과를 측정할 수 있는 SDGs의 지표를 검토하였다. 이 장에서는 현재 시점에서 북한 산림 분야의 SDGs 성과지표 상황을 점검해 보았다. 하지만 2021년 현재 북한 산림에 대한 직접 조사는 불가능하다. 이에 2021년 기준 지속가능개발보고서와 2021년 6월 북한이 직접 발간한 2030년 지속가능목표 달성을 위한 자발적국가보고서의 내용을 검토하는 방식으로 SDGs의 이행수준을 간접적으로 확인하였다.

〈그림 6-12〉 지속가능개발보고서(2021)[156]

〈그림 6-13〉 북한의 자발적국가보고서[157]

156 https://dashboards.sdgindex.org/profiles/korea-dem-rep.

157 https://sustainabledevelopment.un.org/content/documents/282482021_VNR_Report_DPRK.pdf.

4.1. 지속가능개발보고서

2021년 기준 '지속가능개발보고서'를 통해 북한의 SDG 13과 SDG 15의 달성 정도를 간접적으로 확인할 수 있다. 결론부터 말하면, SDG 13은 달성했으나(achieved), SDG 15는 주요 도전이 남아있다(major challenge remain)고 평가된다. 다만, 〈표 6-4〉과 같이 세부 목표에 해당하는 모든 성과지표는 제시되지 않는다. SDG 15의 경우, 5개의 성과지표만이 제시되어 있기 때문이다. 이는 SDG 15에 배정된 전체 14개 성과지표의 35.7%에 불과하여 SDG 15와 관련한 북한의 상황을 정확히 파악할 수 없다.

<표 6-4> 북한 SDG 13과 15의 성과지표 현황

<table>
<tr><th>목표</th><th>성과지표</th><th>측정결과</th><th>기준연도</th><th>판정1)</th><th>추세2)</th></tr>
<tr><td rowspan="3">13</td><td>화석연료 연소와 시멘트 생산을 통해 발생하는 이산화탄소의 양(tCO2/인구)</td><td>1.5</td><td>2019</td><td>초록</td><td>상승</td></tr>
<tr><td>수입품에 내재된 이산화탄소 양(tCO2/인구)</td><td>0.0</td><td>2015</td><td>초록</td><td>상승</td></tr>
<tr><td>화석연료 수출품에 내재된 이산화탄소양(kg/인구)</td><td>NA</td><td>NA</td><td>-</td><td>-</td></tr>
<tr><td rowspan="5">15</td><td>생물다양성에 중요한 육지에서 보호되는 지역의 비율</td><td>0.0</td><td>2019</td><td>주황</td><td>정체</td></tr>
<tr><td>생물다양성에 중요한 담수에서 보호되는 지역의 비율</td><td>0.0</td><td>2019</td><td>빨강</td><td>정체</td></tr>
<tr><td>적색목록지수</td><td>0.9</td><td>2020</td><td>초록</td><td>상승</td></tr>
<tr><td>영구적인 산림훼손 비율(%, 5년 평균)</td><td>0.1</td><td>2018</td><td>노랑</td><td>-</td></tr>
<tr><td>수입품에 내재된 육상과 담수 생태계의 생물다양성 위협(인구 백만 명 기준)</td><td>0.0</td><td>2018</td><td>초록</td><td>-</td></tr>
</table>

자료: https://dashboards.sdgindex.org/profiles/korea-dem-rep.

주1: 초록은 SDG가 달성되었음(achieved)을, 노랑은 도전이 남아 있음(Challenges

remain)을, 주황은 주요한 도전이 남아 있음(Significant challenges remain)을, 빨강은 중요한 도전이 남아 있음(Major challenges remain)을 뜻함.

주2: 상승은 목표 달성 궤도에 올랐거나 유지함(On track or maintaining SDG achievement)을 정체는 변동 없음(Stagnating)을 뜻함.

4.2. 자발적국가보고서

한편, 북한 정부는 2021년 6월, 지속가능목표 달성에 관한 자발적국가보고서(Voluntary National Review)를 공개하여 큰 반향을 일으켰으며, 연구자들의 열렬한 환영을 받았다. 자발적국가보고서의 의미를 세 가지 정도로 정리할 수 있다.

첫째, 지속가능목표를 달성하겠다는 강한 의지를 공식적으로 표명한 것이다.

둘째, 지구적 목표를 국가 목표와 최대한 연계하려고 노력한 것이다. 지구적 SDG의 53%가 국가 목표와 연계한 것으로 확인되었다. 산림에 해당하는 SDG 15의 경우, 지구적 목표인 '육상생태계 보호 및 회복, 지속가능한 산림관리, 토지황폐화 보호, 생물다양성 손실 방지'를 '지속가능한 산림관리, 토양 비옥도 회복, 생물다양성 유지'로 수정 적용하였다. 육상생태계 보호 및 회복이란 문구는 제외하였으나, 해당 지표에서는 내용을 그대로 다루고 있다. 토지황폐화 방지는 토양 비옥도 회복으로, 생물다양성 손실 방지는 유지로 소폭 변경했을 뿐이다.

〈그림 6-14〉 지속가능발전을 위한 국가 시스템

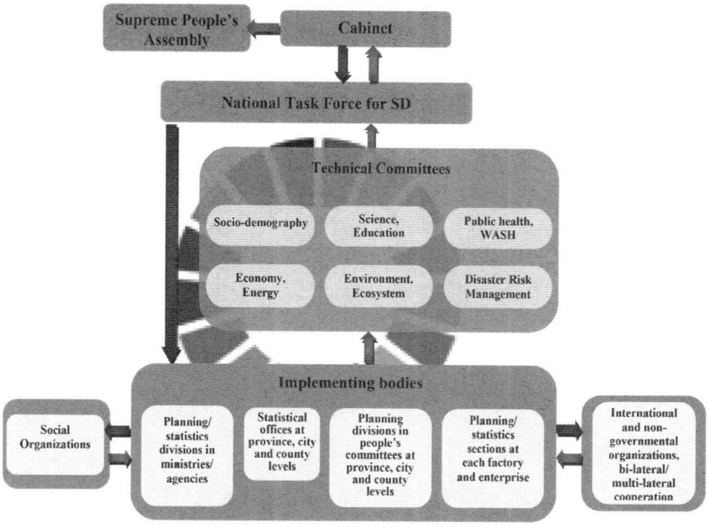

자료: DPRK(2021)

셋째, 〈그림 6-14〉와 같이 목표 달성을 위한 주체를 나열하고, 이들의 역할과 위상을 구조화하여 제시했다는 것이다. 이는 목표 달성의 실행력을 담보하기 위함으로 해석할 수 있다. 최고인민회의와 내각의 아래에 지속가능개발목표 달성을 위한 TF 조직을 두었다. TF 조직 지원하는 기술위원회는 ① 사회·인구, ② 과학·교육, ③ 공공 건강, ④ 경제·에너지, ⑤ 환경·생태계, ⑥ 재난위험관리로 구성된다. 맨 아래 이행주체(Implementing bodies)를 계획과 통계로 구분하고, 중앙정부-지방정부-공장 및 사업체의 위계를 두었다. 이행주체의 한쪽에는 국내사회조직을, 나머지 한쪽에는 국제 및 비정부기구/양자 및 다자협력을 두었다. 산림사업이 장기간이 소요된다는 점, 산림이 지리적 경계를 초월한다는 점, 그간 국제사회로부터의 원조 비중이 높았다는 점, 산림이 인구, 사회, 경제, 환경, 재난에 고루 영향을 미친다는 점에서 이번에 제시된 국가 시스템이 산림사업에 있어 갖는 의미가 크다고 하겠다.

보고서에 제시된 성과지표의 원인이 될 수 있는 사업을 추려보았다. 산림 부문의 사업은 크게 산림 복구 부문과 보호로 나눠볼 수 있다.

먼저 산림 복구 부분에서 2015년부터 산림복구 캠페인을 추진하고 있으며, 이를 통해 비산림 면적의 비율을 2010년 10.6%에서 2019년 5.5%까지 감소시켰다. 또한 산림 면적 확대에 기여했으며, 2015년부터 202년까지 연평균 1.7%가 증가했다고 밝혔다. 이는 정성학(2021)의 분석에서도 정도의 차이는 있으나, 바뀐 흐름은 확인된 바다. 한편, 2015년부터 2024년까지 산림복구 목표를 설정하였는데, 140만ha를 새로 조림하여 황폐 산지를 녹화할 것은 물론 온실가스 1천만 톤을 흡수한다는 목표를 수립했다는 점이 주목할 만하다. 이는 SDG를 UN의 환경협약(기후변화협약, 생물다양성협약, 사막화 방지협약)의 이행 수단으로 설정했음을 뜻한다. 북한은 원활한 산림복구를 위해 〈그림 6-15〉와 같이 국가와 지방의 양묘장을 고도화하여 차질 없는 묘목 생산을 추진하고 있다고 밝혔다.

다음으로, 산림보호는 생물권 보전 지역 유지 및 증가와 멸종위기종 보호에 초점이 맞춰져 있다. 이를 위한 정책수단으로, 국제 기준 연계, 조사·모니터링을 통한 데이터베이스 구축, 순환벌채·혼농임업·유기농 등 지속가능한 농업과 임업의 도입, 밀렵 대상종의 사냥 금지, 산림 유해 곤충 근절 등을 제시하였다. 이 중에서 조사 및 모니터링을 통한 데이터베이스 구축이 가장 눈에 띄는 대목이다. 그동안 대북사업 추진 시, 정보공개의 투명성이 늘 장애 요인으로 작용했기 때문이다.

<그림 6-15> 북한 양묘장 시설 현황

자료: DPRK(2021)

북한 역시 SDG 15가 타 목표와 직간접적으로 연관되어 있으며, 통합 및 연계 관리의 필요성을 인지하고 있음이 확인되었다. 〈그림 6-16〉은 SDG가 관계를 네트워크로 나타낸 것이다. 북한은 15.2로 표시된 '모든 유형의 산림'과 15.4로 표시된 '산악 생태계의 보전'이 농촌 및 산간지역 주민의 생활수준, 식량, 에너지와 직결된다고 판단하였다. 특히, 네트워크 전체 구조에서 15.2. 모든 유형의 산림이 갖는 위상이 '매개중심성' 측면에서 높다. 목표 간 연계 중 주목할 만한 '링크'는 다음과 같다.

15.2(모든 유형의 산림) → 13.1(기후변화 회복력과 적응)

15.2(모든 유형의 산림) ↔ 1.5(모든 인간의 회복력)

7.2(천연 에너지 자원 사용 확대) → 15.2(모든 유형의 산림)

9.5(과학기술의 주도적 역할) → 15.2(모든 유형의 산림)

13.3(기후변화에 대한 교육) → 15.4(산악 생태계의 보전)

〈그림 6-16〉 북한이 설정한 SDG 간 네트워크 구조

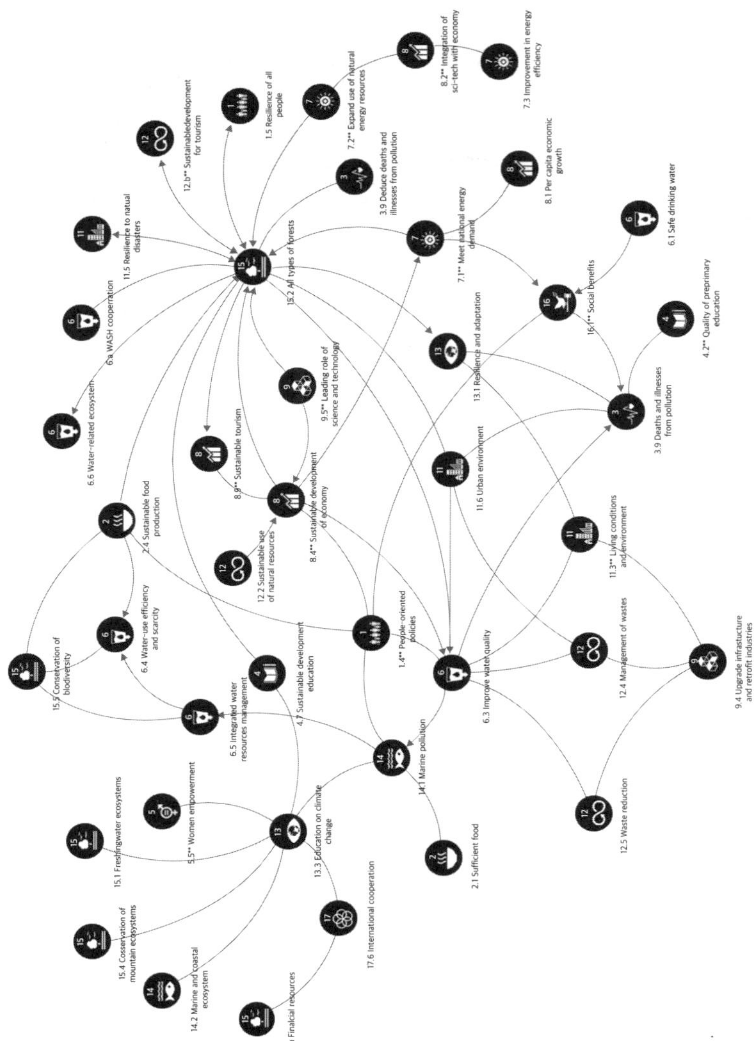

자료: DPRK(2021)

한편, 최형순(2021)은 〈표 6-5〉와 같이 산림은 재해 저감, 기후변화 대응, 관광 개발 협력, 민생안정 및 경제재건 분야와 협력할 수 있다고 밝혔다. 이때, 마식령 스키장, 묘향산, 금강산 등 관광 잠재력에 주목해야 하나, SDG 3 달성을 위한 산림 전용으로 SDG 15가 저해될 수 있다는 '상충'의 문제도 제기하였다.

<표 6-5> 산림 분야가 협력 가능한 목표

2030 아젠다	협력 가능 분야	관련 목표[1]																
		1	2	3	4	5	6	7	8	9	10	11	12	13	14	15	16	17
환경	재해 저감 대응	■	■				■	■				■		■	■			
환경	기후변화 대응																	
경제	관광개발 협력																	
	민생안정/경제재건																	

자료: 최형순(2021)을 재구성.

주1)

1. 모든 곳에서 모든 형태의 빈곤 종식
2. 기아 종식, 식량안보 달성, 개선된 영양상태의 달성과 지속가능한 농업 강화
3. 모든 연령층을 위한 건강한 삶 보장과 웰빙 증진
4. 포용적이고 공평한 양질의 교육보장과 모두를 위한 평생학습 기회 증진
5. 성평등 달성과 모든 여성 및 여아의 권익신장
6. 모두를 위한 물과 위생의 이용가능성과 지속가능한 관리 보장
7. 모두를 위한 적정가격의 신뢰할 수 있고 지속가능하며 현대적인 에너지에 대한 접근 보장
8. 지속적·포용적·지속가능한 경제성장, 완전하고 생산적인 고용과 모두를 위한 양질의 일자리 증진
9. 회복력 있는 사회기반시설 구축, 포용적이고 지속가능한 산업화 증진과 혁신 도모
10. 국내 및 국가 간 불평등 감소
11. 포용적이고 안전하며 회복력 있고 지속가능한 도시와 주거지 조성
12. 지속가능한 소비와 생산 양식의 보장
13. 기후변화와 그로 인한 영향에 맞서기 위한 긴급 대응

14. 지속가능발전을 위하여 대양, 바다, 해양자원의 보전과 지속가능한 이용
15. 육상생태계 보호, 복원 및 지속가능한 이용 증진, 지속가능한 산림 관리, 사막화 방지, 토지황폐화 중지와 회복, 생물다양성 손실 중단
16. 지속가능발전을 위한 평화롭고 포용적인 사회 증진, 모두에게 정의 보장과 모든 수준에서 효과적이고 책임성 있으며 포용적인 제도 구축
17. 이행수단 강화와 지속가능발전을 위한 글로벌 파트너십 재활성화

보고서에 제시된 북한의 SDG의 목표, 담당기관, 성과지표, 달성 계획은 〈표 6-6〉과 같다. 2021년 기준 지속가능개발보고서의 〈표 6-4〉와 비교했을 때, 정보의 양과 질에서 진일보했다고 판단된다. 이 수치들은 최초로 공개된 값이라는 점에서도 의의가 있다. 이 중, 조림, 양묘, 병해충 방제, 임농복합경영으로 대표되는 대북산림사업을 통해 그 수치를 직간접적으로 제고시킬 수 있는 세부 성과지표는 10개로 판단된다. 이들 지표에 대한 계산식은 〈표 6-7〉과 같다.

<표 6-6> 북한 국가 SDG, 담당 기관, 성과지표

목표	담당기관	성과지표	달성 계획
15.1 2020년까지 국제협약 의무에 따라 육상 및 내륙 담수 생태계와 서비스, 특히 산림, 습지, 산 및 마른 땅의 보존, 복원 및 지속가능한 이용 보장	국토환경보호성 림업성 지방정부	15.1.1.총 국토면적 중 산림 면적의 비율(%)	67.3(2015), 69.9(2018), 73.6(2020)
		15.1.2. 육상 및 담수 생물다양성 중요지역 중 보호지역으로 지정된 면적 비율(%)	N/A
15.2 2020년까지 모든 유형 산림의 지속가능한 관리 촉진, 산림 전용 중단, 황폐 산림 복원, 국가 단위 조림 증가	국토환경보호성 림업성 지방정부	15.2.1. 지속가능한 산림경영 이행	
		a) 산림보호지역면적(%)	67.3(2015), 69.9(2018), 73.6(2020)
		b) 연간산림 면적증가율(%)	N/A(2015), 1.3(2015~2018), 1.7(2015~2020)
		c) 헥타르 당 산림축적량(m³/ha)	46(2015), 44(2018), 44(2020)
15.3 2030년까지 가뭄, 홍수, 폭염의 영향을 받은 황폐 토지/토양 복원	농업성 지방정부	15.3.1. 총 토지 면적에 대한 황폐화된 토지의 비율(%)	9.7(2015), 8.1(2018), 7.2(2019)
15.4 2030년까지 지속가능한 개발 역량 강화를 위해 생물다양성을 포함한 산지 생태계 보전 보장	국토환경보호성	15.4.1. 산악 생물다양성을 위한 중요 지역의 보호 지역에 의한 적용 범위(%)	4.6(2015), N/A(2018), N/A(2019)
		15.4.2. 산악 녹색 피복률(%)	89(2015), N/A(2018), N/A(2019)

15.5 2020년까지 자연 서식지 황폐화 감소, 생물다양성 손실 중단, 멸종 위기종 보호	국토환경보호성	15.5.1. 적색목록지수	-
		a) 동물	0.89(2015), N/A(2018), N/A(2019)
		b) 식물	0.94(2015), N/A(2018), N/A(2019)
		c) 하위식물	N/A(2015), N/A(2018), N/A(2019)
		d) 위협받는 종	N/A(2015), N/A(2018), N/A(2019)
15.8 2020년까지 침입 외래종의 유입 방지, 육지 및 수중 생태계에 미치는 영향 최소화, 우선 종 통제 및 근절 15.8 2020년까지 침입 외래종의 유입 방지, 육지 및 수중 생태계에 미치는 영향 최소화, 우선 종 통제 및 근절	국토환경보호성 농업성	15.8.1. 침입 외래종의 예방 또는 통제를 위한 관련 국내법 구비 15.8.1. 침입 외래종의 예방 또는 통제를 위한 관련 국내법 구비	국경에서의 동식물검역에 관한 북한 법
			바이오안전성에관한 카르타헤나의정서
15.9 2020년까지 생태계 및 생물다양성 가치를 국가 및 지역 계획 및 개발 프로세스 및 계정에 통합	국토환경보호성 지방정부	15.9.1. 생물다양성 가치 개발 계획의 통합(%)	10(2015), N/A(2018), N/A(2019)
15.a 생물다양성과 생태계를 보존하고 지속가능하게 사용하기 위한 재정 확보	국토환경보호성 지방정부	15.a.1. 생물다양성 및 생태계의 보존 및 지속가능한 사용에 대한 정부 지출	N/A(2015), N/A(2018), N/A(2019)

자료: DPRK(2021)

주: 음영은 대북 산림사업을 적용할 수 있다고 판단되는 성과지표임.

<표 6-7> 대북 산림사업에 적용 가능한 SDG 성과지표와 산식

성과지표	계산식
15.1.1. 총 국토면적 중 산림 면적의 비율(%)	산림 면적/국토면적
15.1.2. 육상 및 담수 생물다양성 중요 지역 중 보호지역 비율(%)	보호지역/중요지역
15.2.1. 지속가능한 산림경영 이행	-
a) 산림보호지역면적(%)	보호지역/산림 면적
b) 연간산림 면적증가율(%)	(당해년도 산림 면적 - 전년도 산림 면적)/전년도 산림 면적
c) 헥타르 당 산림축적량(㎥/ha)	임목축적/단위면적
15.3.1. 총 토지 면적에 대한 황폐화된 토지의 비율(%)	황폐화 토지 면적/토지 면적
15.4.1. 산악 생물다양성을 위한 중요 지역의 보호 지역 적용 범위(%)	보호지역/ 중요 산악 지역
15.4.2. 산악 녹색 피복률(%) (분자의 녹색 지역(산림 등)은 IPCC의 분류를 따름. 분모의 산악면적은 UNEP-WCMC의 6가지 고도 등급에 따름(Kapos et al. 2000). 해발고도 300미터 이상에 적용함.)	경작지+산림+초지/ 산악 면적
15.5.1. 적색목록지수 (분자: 적색 목록 범주에 속한 종마다 가중치(0~5)를 곱한 후 합하여 계산, 분모: 적색 목록 범주에 속한 종에 최대 가중치를 곱한 후 합하여 계산)	$1-\frac{\sum_{s=1}^{N} W_s}{W_{EX} \cdot N}$ 주) W: 가중치, N; 종수, W_{EX}: 가중치 최대값

자료: 환경부(2011)를 재구성.

5. 산림협력 분야 SDGs의 북한 적용

지금까지 국제 산림논의 동향, 북한 산림현황, 산림부문 SDG 성과지표, 북한의 산림부문 SDG 이행 수준, 대북 산림사업의 성과와 한계를 차례로 살펴보았다. 본 장에서는 각 장에서 얻은 교훈을 바탕으로 대북사업의 방향을 설정하고, 당장 대북 산림사업이 가능하게 되었을 때 북한 정부에 제시할 수 있는 성과관리 방법론을 사업설계매트릭스(Project Design Matrix: PDM)와 모니터링과 평가(Monitoring & Evaluation: M&E)의 예시를 제시하고자 한다.

5.1 산림협력 분야 사업 시나리오

첫째, 시기적 기회를 최대한 살려야 한다. 북한 정부가 2015년부터 산림복구에 대해 강력한 의지를 표명했고, 그 뜻을 유지하고 있기 때문이다. 무엇보다 2021년 6월, 북한 스스로 자발적국가보고서를 통해 SDG 달성을 위한 산림 복구 및 보전 계획을 명확히 수립했다는 점이 변화의 모멘텀으로 작용할 수 있을 것이다. 특히, 산림 보전 부분에서 정기 모니터링을 통한 데이터베이스를 구축하겠다는 계획은 그간 병목으로 작용했던 정보 투명성을 제고하는 수단이라는 점에서 진일보했다고 판단된다. 2021년 하반기, 대북 인도물자 반출 승인(7.30.), 문재인 대통령 종전선언 제안(9.22.) 및 김정은 위원장의 종전선언 언급(9.29.), 남북통신연락선 복원(21.10.4.) 등의 일련의 화해 분위기도 긍정적으로 작용할 것이다.

둘째, 자발적보고서의 성과지표를 최대한 활용해야 한다. 이를 위해서는 〈그림 6-17〉과 같이 대북사업과 SDG 성과지표의 인과관계를 설정하는 것이 중요하며, PDM에 이 내용이 반영되어야 한다. 즉, '원인'이 되는 양묘, 조림, 병해충 방제, 임농복합경영 등 남한의 대북사업이 '결과'인 북한의 산림 면적 증가, 보호지역 증가, 임목축적 증가, 산림황폐지 감소, 산악 녹색 피복률 증가, 적색목록지수 유지 및 증가에 영향을 미친다는 사실을 정량적으로 보여줄 수 있어야 한다. 이때, 성과지표 간의 상관관계도 활용해야 한다. 예컨대 임목축적의 증가가 장기적으로 보호지역 증가와 적색목록지수에 긍정적 영향을 미치기 때문이다. 단, 공간적 범위는 측정 및 영향 가능성을 고려하여 시군 수준으로 한정해야 한다. 또한, '숲가꾸기'처럼 임목축적이란 성과지표의 개선 여지가 크고 남한이 경쟁력을 확보한 사업을 대북 산림사업으로 추가해야 한다. 북한의 자발적보고서에 따른 북한의 입목축적은 44㎥/ha로, 남한 임목축적 146㎥/ha의 30% 수준에 그치고 있으며, 남한은 한국전쟁 이후 산림을 온전히 복원한 노하우를 갖고 있기 때문이다. 아울러 성과지표 설정 및 측정의 정합성 제고도 필요하다. 엄연히 다른 15.1.1과 15.2.1의 성과지표가 동일하며, 15.1.2와 15.4.1의 '중요 지역'에 대한 설정 근거가 명확하지 않기 때문이다. 적색목록지수가 과대평가된 만큼 일부 지표 값의 정확성 확인도 필요하다.

〈그림 6-17〉 대북 산림사업과 SDG 성과지표의 인과관계(안)

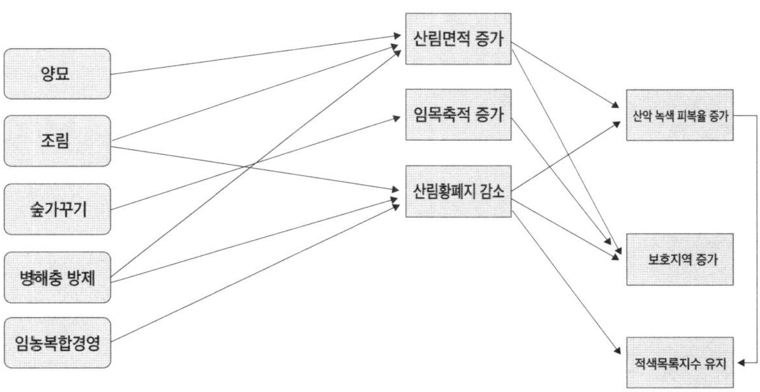

주: 실선 화살표는 긍정적인 영향을, 점선 화살표는 부정적인 영향을 뜻함.

셋째, 대북사업의 효율성 제고를 위해 선택과 집중이 필요하다. 북한 모든 산림에 사업을 추진할 수 없기 때문이다. 〈그림 6-18〉, 〈그림 6-19〉와 같이 위성영상분석 결과를 활용하여 '규모'와 '변화율' 측면에서 산림 황폐화가 심한 곳을 선택하거나, 〈그림 6-20〉, 〈그림 6-21〉과 같이 기존에 양묘, 임농복합경영, 병해충 방제 사업이 추진된 곳에 추가 사업을 투입하는 것이 바람직하다.[158] 이는 과거 사업과 미래 사업의 공간과 시간을 연계한다는 측면에서 의의가 있다. 이때, 초점집단면접의 제안을 반영하여 북한이 정보를 공개할 수 있는 지역에 가중치를 두어야 한다.

넷째, 정보·지식 공유 플랫폼을 구축해야 한다. 성과 검증, 북한의 실수요 파악, 기존 및 타 목적 사업과의 연계성 강화, 공개 가능 지역 확인의 필요성이 제기된 만큼 이를 위한 정보 및 지식 공유 플랫폼을 구축하여 지속적으로 운영해야 한다. 이 플랫폼에는 산림청, 농림축산식품부, 국토부, 환경부, 통일부와 관련 기관, 국내외 대북지원 민간단체, 대학과 연구기관 등이 모두 참여해야 한다. 나아가 국제학술행사 등을 활용하여 북한이 이 플랫폼에 참여할 수 있도록 유도해야 한다. 변화하는 북한의 실제 수요를 파악하고, 전달체계 개선을 유도해야 하기 때문이다.

158 그림에서 짙게 표시된 지역이 우선 지역임

〈그림 6-18〉 산림황폐율 기준 우선지역

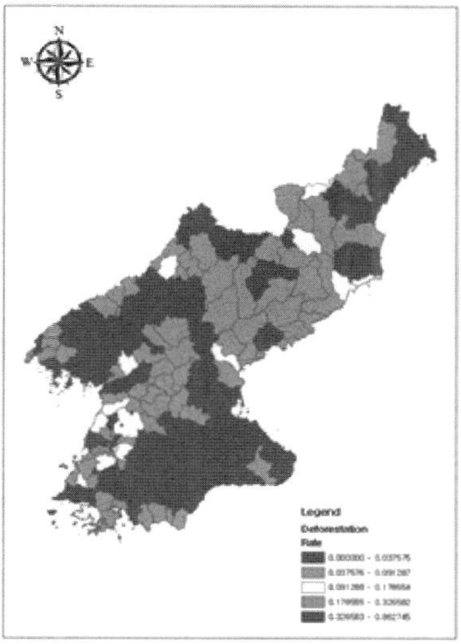

〈그림 6-19〉 산림 황폐면적 기준 우선지역

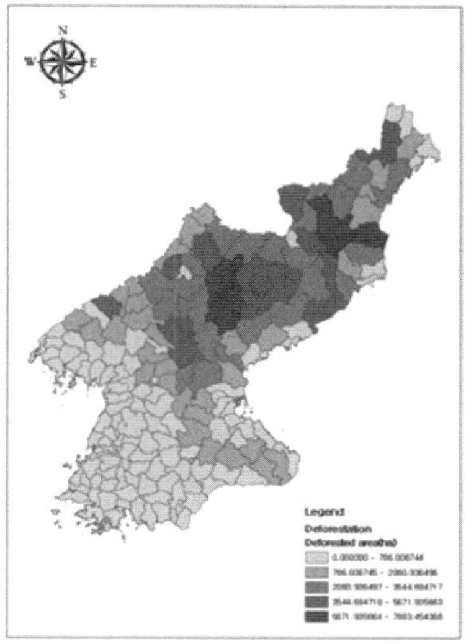

자료: 구자춘 외(미발표자료, Global forest watch의 원자료로 구성)

〈그림 6-20〉 임농복합경영 시행 지역

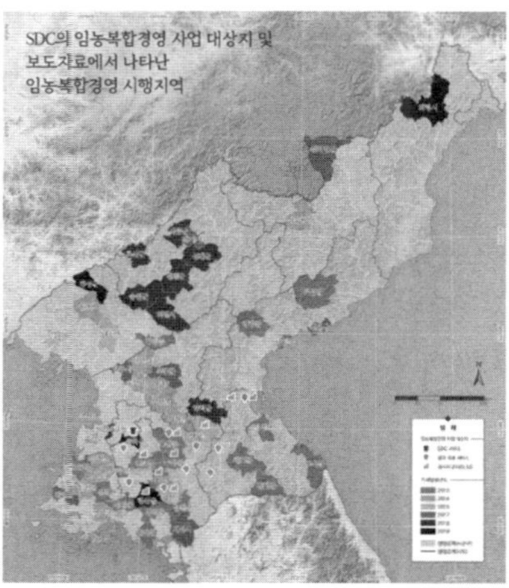

〈그림 6-21〉 병해충 방제 사업 현황

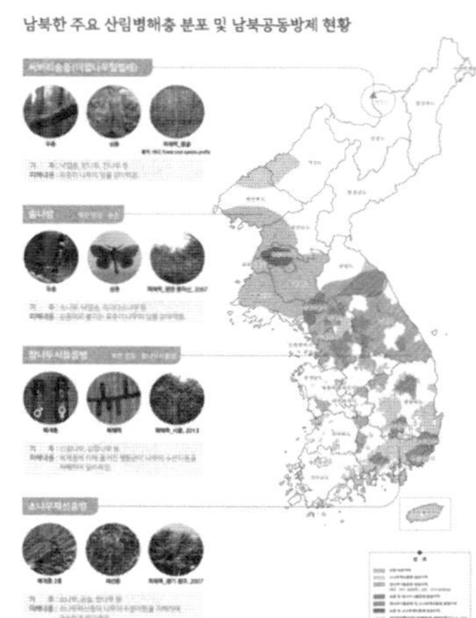

자료: 국립산림과학원(2021)

다섯째, SDG 15 이외의 사업과 연계 추진이 필요하다. 북한 산림 황폐화의 원인이 식량과 에너지에 대한 어려움에서 빚어졌기 때문이다. 북한 스스로도 자발적국가보고서에서 목표 간의 연계를 인지하고 있다. 앞서 SDG 15가, SDG 1, 2, 3, 6, 7, 8, 9, 10, 11, 12, 13, 15와 연계될 수 있음도 확인되었다(최형순, 2021). 2014년, 남북나눔이 황해북도 봉산군 천덕리에 추진했던 마을 조성 패키지 사업을 본보기로 써야 한다. 이때, 〈그림 6-22〉와 같이 타 목적 사업의 성과지표도 포함하되, 수단과 목적 간 동반상승(synergy) 및 상충(trade-off)을 고려해야 한다. 초점집단면접에서 연료 문제해결을 위해 '연탄'을 같이 보급하는 경우, 온실가스 배출량 증가로 타 성과지표 값에 부정적인 영향을 미칠 수 있기 때문이다. 반대로 관광 목적 달성을 위해 산림이 전용될 수도 있기 때문이다. 식량, 에너지 등 타 사업과 연계 추진을 위해서는 지역주민에게 사업의 혜택이 실질적 인센티브의 형태로 지급될 수 있도록 북한의 전달체계가 개선되어야 한다. FAO(2020)의 주장을 빌어 결과 기반 인센티브 제공이 전 세계 산림 감소 저감에 주요했음을 북한에 적극적으로 제시해야 한다. 나아가 REDD+ 사업 이행을 위한 안전장치(safeguard)도 마련되어야 한다. 안전장치에는 지역주민 권리 존중, 이해관계자 참여, 배출지역 이전 방지 등이 포함되어 있다.

〈그림 6-22〉 산림관련 대북사업과 SDG 성과지표의 인과관계(안)

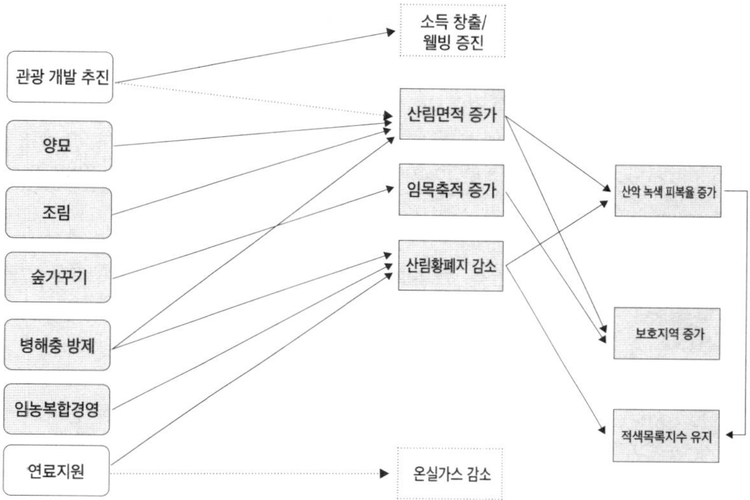

주: 실선 화살표는 긍정적인 영향을, 점선 화살표는 부정적인 영향을 뜻함.

5.2. 사업설계매트릭스(PDM)

대북 산림사업 중 '산림복구사업'을 예로 들어 PDM과 M&E를 차례로 제시하고자 한다. 산림복구사업을 예로 든 이유는 비 산림 지역을 피복하는 것으로 SDG의 목표 중 하나인 산림 면적 증가에 직관적으로 기여할 수 있으며, 2백6십여 만ha에 달하는 황폐 산지를 감소시킨다는 또 다른 SDG에도 직접 기여할 수 있기 때문이다. 또한, 〈그림 6-22〉와 같이 산악피복률과 적색목록지수에도 간접적으로 기여할 수 있다. 이때, 연료 및 식량 보급이 함께 추진되어야 산림 면적의 실효적 증가에 기여할 수 있다. 무엇보다 결과지표(산림 면적, 피복률)는 북한의 공식 문서에 앞서 위성영상을 통해 확인할 수 있다는 점에서도 의미가 있다. 이상 내용을 반영한 북한 조림사업의 PDM은 〈표 6-8〉과 같다.

<표 6-8> 북한 조림사업의 PDM 예시

요약 (Narrative Summary)	객관적 검증지표 (Objectively Verifiable Indicators)	검증 수단 (Means of Verification)	중요 가정 (Important Assumption)
영향(Impact) 1. 산림 면적이 증가한다(15.1.1). 2. 산림황폐지가 감소한다(15.3.1).	○○군의 산림 면적 변화율(%)	위성영상[1] 분석 결과	조림 사업 후의 피복 변화가 위성영상으로 관찰된다.
성과(Outcome) 1. 산악 녹색피복률이 증가한다(15.4.2). 2. 적색목록지수가 유지된다(15.5.1).	1. ○○군의 녹색피복률 변화율(%) 2. ○○군에 서식하는 깃대종의 적색목록지수 변화율(%)	1. 위성영상[2] 분석 결과 2. 북한 VNR 환경 생태 분과 기술위원회(Technical Committee) 평가 자료	1. 조림은 산악지역에 주로 시행된다. 2. 조림 이후 산림 생태계 건강성이 증진된다.
산출물(Output) 1. ○○군 조림 실적 2. ○○군 연료지원 실적 3. ○○군 식량 보급 실적	1. ○○군 조림 실적(ha) 2. ○○군 지원 연료량(J) 3. ○○군 식량 지원량(ton)	1. 조림 사업 결과 보고서 2. 연료 보급 결과 보고서 3. 식량 지원 결과 보고서	연료와 식량 부족으로 산림이 파괴된다.
활동(Activity) 1. 조림 2. 연료지원 3. 식량 보급	-	-	-

주1: Global forest watch(https://www.globalforestwatch.org/) 활용.

주2: 오픈소스 활용: www.openforis.org 활용.

5.3. 모니터링과 평가(M&E)

M&E의 경우에는 〈표 6-9〉와 같이 사업 단위인 시군구를 기준으로 추진하되, 시군구에서 시작, 시도를 거쳐 국가 순으로 확장하여 SDG에 단계적으로 기여할 수 있도록 해야 한다. 이때, 지역 '목표'는 국가 '목표'를 기준으로 하되, 지역의 특성에 맞게 설정하고, 이들의 합이 국가 목표가 되도록 할당해야 할 것이다. 지역의 성과목표 설정은 자발적보고서에서 SDG 사업 추진체계로 제시한 환경/생태계(Environment, Ecosystem) 분과 기술위원회(Technical Committee)에서 담당하면 효과적일 것이다.

<표 6-9> 북한 산림복구 사업의 M&E 예시

영향(Impacts)	지표	지표 정의	기준치 (Baseline)	목표치 (Target)		목표치 산출 근거	성과 입증 수단	지표 측정시기
산림 면적 증가와 황폐산지 감소에 기여	○○도[1]의 산림율	(분모) ○○도의 총 면적 (분자) ○○도의 산림 면적	위성영상 분석 결과	기준치 대비 1.7%/년 증가		북한 산림복구 계획 (2015~)	위성영상[2] 분석 결과	사업 종료 시
성과 (Outcomes)	지표	지표 정의	기준치 (Baseline)	목표치 (Target)		목표치 산출 근거	성과 입증 수단	지표 측정시기
산림 면적 증가와 황폐산지 감소에 기여	●○군의 산림율	분모) ○○도의 총 면적 (분자) ○○군의 산림 면적	위성영상 분석 결과	Yr2	전년 대비 1.7% 증가	북한 산림복구 계획 (2015~)	위성영상 분석 결과	연1회 (연말)
				Yr3	전년 대비 1.7% 증가			
				Yr4	전년 대비 1.7% 증가			
				Yr5	전년 대비 1.7% 증가			
	○●군의 산림율	분모) ○○도의 총 면적 (분자) ○○군의 산림 면적	위성영상 분석 결과	Yr2	전년 대비 1.7% 증가	북한 산림복구 계획 (2015~)	위성영상 분석 결과	연1회 (연말)
				Yr3	전년 대비 1.7% 증가			
				Yr4	전년 대비 1.7% 증가			
				Yr5	전년 대비 1.7% 증가			

주1: ○○도 내에 ●○군과 ○●군이 포함됨.

주2: Global forest watch(https://www.globalforestwatch.org/) 활용.

5.4 기초선 및 대안지표

모니터링 및 평가를 위한 베이스라인(Baseline), 즉 기초선은 성과관리 최초 시기, 대북사업이 추진 직전에 측정한 값으로 설정하면 된다. 산림면적의 경우, 위성영상으로 평가할 수 있어 기초선 파악에 용이하다. 다만, 측정 방식에 따른 차이가 있으므로, 산림에 대한 정의 기준에 합의하고 이를 확정하여 공표해야 한다.

북한 자발적 보고서에 제시된 성과지표는 SDG의 목표를 국가에 맞게 차용했으며, 산림의 양과 질의 변화를 정확히 나타내기에 적합하다고 판단된다. 따라서 대안 지표의 설정은 불필요하다. 단, 〈그림 6-23〉에서 제시한 바대로 해당 지표를 과정지표와 결과지표로 구분하고 순차적으로 적용할 필요가 있다. 적색목록지수가 변화되기까지 산림의 양과 질의 변화가 축적되어야 하기 때문이다.

5.5 기타 성과관리 방안

앞서 산림은 식량 및 에너지와 불가분의 관계를 맺고 있다고 강조하였다. 북한에서 농작물과 목재를 같이 생산하는 이른바 임농복합(agroforestry)을 산림녹화 및 복구의 주요 수단으로 쓴 것도 이 때문이다. 산림부분의 성과를 내기 위해서는 해당 지역의 에너지 및 식량 사업에 대한 성과가 같이 나타나야 한다. 따라서 〈표 6-8〉 PDM에서 제시한 연료 지원 및 식량 보급에 대한 성과를 동시에 관리할 필요가 있다. 즉, 해당 지역에 얼마나 많은 나무를 심었는지와 더불어 연료와 식량 보급률은 얼마나 되는지를 동시에 관리해야 한다는 것이다. 나아가 향후 축적되는 자료를 통해 연료 보급률과 산림비율, 식량 보급율과 산림비율의 정량적 관계도 산출하여 타 지역 사업에 적용할 필요가 있다. 이때, 조림 초기에는 산림비율 대신에 조림한 나무의 생존율을 나타내는 활착율을 대리 지표로 사용해야 할 것이다.

산림은 불법 벌채나 방화와 같은 인위적인 이유에 의해 소실되거나 산불, 병해충, 산사태 등의 자연재해에 의해 소실된다. 소실 후 원 상태로 회복되는 데 상당한 시간이 소요되므로 숲을 조성하고 가꾸는 것만큼 원 상태를 유지하는 데도 상당한 노력이 필요하다. 불법 벌채 등 인위적 소실을 막기 위해서는 지역 내 감시 및 순찰을 지원하는 자에 대한 인센티브 제공이 필요하다. 자연재해의 여부와 정도는 산림의 입지적 조건에 의해 결정되므로, 산불, 산사태, 병해충 발생 확률이 높은 곳에 대한 집중 관리 체계를 구축해야 할 것이다. 이를 위해 남한에서 연구 개발된 자연재해 발생 확률과 원인에 대한 연구 결과를 적용할 것을 제안한다.

VII. 마치며

이 책의 결론을 작성하고 있는 2022년 1월 지금, 북한의 계속된 미사일 도발로 2018년 북한의 평창동계올림픽 참석으로 조성된 한반도의 평화가 다시 위기를 맞고 있다. 이러한 북한의 도발에 대해 보수세력은 무력에 기반한 제재의 대응 순위를 높여야 한다고 주장하고 있으며, 반대세력은 평화를 만들고 지키기 위한 노력이 더 중요하다는 의견을 개진하고 있다.

돌이켜 보면, 햇볕정책 시절 한국전쟁 이후 처음으로 조성된 한반도 평화 분위기가 가능했던 것은 정부 및 민간, 국제사회 등 다양한 측면에서 남북 교류와 협력이 가능했기에, 이러한 비정치적 비군사적 영역에서 남북 간 교류의 북한의 무력 도발의 빈도와 강도를 약화시키는 데 기여하였으며, 대립의 당사자 간 대화의 가능성이 확대되고, 북한이 국제사회에 대한 편입이 확대될수록 국제사회가 우려하는 행동을 자제하는 효과를 가능하게 하였다고 평가할 수 있다.

즉, 우리의 과거 경험에서 한반도에 조성된 긴장을 낮추고, 북한의 인도주의 상황을 완화하며, 지속가능한 한반도의 미래를 꿈꿀 수 있게 했던 것은 북한에 대한 제재가 아니라 교류와 협력 그리고 대화였음을 역사를 통해 검증되었다. 그리고 이러한 교류와 협력을 위한 기본적인 접근법에 있어서 우리 정부와 민간단체는 우리 민족끼리 정신에 기반한 특수성을 강조하는 접근법을 취하였고, 국제사회는 보편적 접근법을 고수하였다.

한국과 국제사회가 상이한 접근법에 기반한 북한과의 교류협력은 두 당사자가 북한으로부터 달성하고자 했던 소정의 목적을 달성한 것으로 평가할 수 있겠다. 한국은 우리 민족끼리 접근법에 기반하여 대북지원사업을 위한 북한과의 대화에 나섬으로써 사업 형성 및 추진의 신속성, 효율성을 확보할 수 있었고, 결과적으로 다양한 형태의 사업을 통해 북한 당국 및 주민과의 접촉면을 넓힘으로써 민족동질성 회복과 북한 주민들의 인도주의 참상 완화에 기여하였다. 반면에 한국의 대북지원 규모에 비해 미미했던 국제사회의 대북지원은 북한의 특수성보다는 국제사회에서 통용되는 보편주의에 기반하여 북한과의 사업 형성 및 추진을 고수함으로써 북한으로 하여금 국제사회의 규범과 가이드라인 그리고 원칙 준수를 학습하게 만드는 계기가 되었다고 평가할 수 있다.

이 책은 한국 정부와 민간단체의 우리 민족끼리 접근법에 기반한 대북사업의 형성, 집행에 있어 나름의 성과와 유용성을 입증하였음에도 불구하고 확인된 한계를 극복하고, 2015년 이래로 국제개발협력 분야에서 국제사회가 강조하고 있는 SDGs(지속가능발전목표)에 기반한 원칙과 가치, 프레임워크의 대북 적용 가능성을 탐색하고자 시도되었다. 따라서 향후 북한에 대한 교류협력이 재개될 경우 북한은 남측이 국제사회가 준용하고 있는 보편적 접근법에 기반한 사업 추진에 대해 거부감을 나타낼 수 있다. 하지만 분명한 것은 우리의 시민사회 그리고 대북사업을 추진함에 있어 국제사회와 우리 정부 및 민간단체 간 협력이 거스를 수 없는 대세가 되었다는 점과 대북사업의 발굴, 추진, 평가에 있어 우리 시민사회는 더 체계적이고 객관적이며 논리적인 접근법을 요구하고 있다는 것이다. 여기서 우리 정부 및 시민사회의 딜레마가 발생하는 것이고, 이 딜레마를 푸는 해법은 온전히 우리의 몫일 수밖에 없다. 따라서 그 유용성을 확인한 우리 민족끼리 접근법과 국제사회가 보편적으로 추구하는 SDGs에 기반한 남북 교류협력 방식을 조화시킬 수 있는 노력과 방식을 찾는 혁신적이고 창의적인 접근법을 모색하는 것이 우리, 특히 대북지원 민간단체의 역할이라고 하겠다.

〈별첨 1〉 SDGs와 국제 인권기준과 연계

Sustainable Development Goals		Related human rights *
1 NO POVERTY	**End poverty in all its forms everywhere** Targets include eradicating extreme poverty; implementing social protection measures; and ensuring equal access of men and women to economic resources.	• **Right to an adequate standard of living** [UDHR art. 25; ICESCR art. 11 CRC art. 27] • **Right to social security** [UDHR art. 22; ICESCR art. 9; CRPD art. 28; CRC art. 26] • **Equal rights of women in economic life** [CEDAW arts. 11, 13, 14(2)(g), 15(2), 16(1)]
2 ZERO HUNGER	**End hunger, achieve food security and improved nutrition, and promote sustainable agriculture** Targets include ending hunger and malnutrition; improving agricultural production, sustainable and resilient food production; correcting trade distortions, and ensuring functioning food commodity markets.	• **Right to adequate food** [UDHR art. 25; ICESCR art. 11 CRC art. 24(2)(c)] • **International cooperation**, including ensuring equitable distribution of world food supplies [UDHR art. 28; ICESCR arts. 2(1), 11(2)]
3 GOOD HEALTH AND WELL-BEING	**Ensure healthy lives and promote well – being for all at all ages** Targets include reducing maternal mortality; ending preventable child deaths; ending or reducing AIDS other diseases; universal health coverage, affordable essential medicines, sexual and reproductive health care; vaccine research, and access to medicines.	• **Right to life** [UDHR art. 3; ICCPR art. 6], particularly of women [CEDAW art. 12] and children [CRC art. 6] • **Right to health** [UDHR art. 25; ICESCR art. 12], particularly of women [CEDAW art. 12]; and children [CRC art.24] • **Special protection for mothers and children** [ICESCR art.10] • **Right to enjoy the benefits of scientific progress and its application** [UDHR art. 27; ICESCR art. 15(1)(b)] • **International cooperation** [UDHR art. 28, DRtD arts. 3-4], particularly in relation to the right to health and children's rights [ICESCR art. 2(1); CRC art. 4]
4 QUALITY EDUCATION	**Ensure inclusive and equitable quality education and promote life-long learning opportunities for all** Targets include universal access to free, quality pre-primary, primary and secondary education; improving vocational skills; equal access to education; expanding education facilities, scholarships, and training of teachers.	• **Right to education** [UDHR art. 26; ICESCR art. 13], particularly in relation to children [CRC arts. 28, 29]; persons with disabilities [CRC art. 23(3), CRPD art. 24]; and indigenous peoples [UNDRIP art. 14] • **Equal rights of women and girls in the field of education** [CEDAW art. 10] • **Right to work, including technical and vocational training** [ICESCR art. 6] • **International cooperation** [UDHR art. 28; DRtD arts. 3-4], particularly in relation to children [CRC arts. 23(4), 28(3)], persons with disabilities [CRPD art. 32], and indigenous peoples [UNDRIP art. 39]
5 GENDER EQUALITY	**Achieve gender equality and empower all women and girls** Targets include eliminating discrimination and violence against women and girls; valuing unpaid care and domestic work; ensuring the full participation of women; access to reproductive health care; and equal access of women to economic resources.	• **Elimination of all forms of discrimination against women** [CEDAW arts. 1-5] and girls [CRC art. 2], particularly in legislation, political and public life (art. 7), economic and social life (arts. 11, 13), and family relations (art. 16)] • **Right to decide the number and spacing of children** [CEDAW arts. 12, 16(1)(e); CRC art. 24(2)(f)] • **Special protection for mothers and children** [ICESCR art. 10] • **Elimination of violence against women and girls** [CEDAW arts. 1- 6; DEVAW arts. 1-4; CRC arts. 24(3), 35] • **Right to just and favourable conditions of work** [ICESCR art. 7; CEDAW art. 11]

6 CLEAN WATER AND SANITATION	**Ensure availability and sustainable management of water and sanitation for all** Targets include ensuring universal and equitable access to safe, affordable drinking water, sanitation and hygiene for all; reducing pollution; increasing water-use efficiency; and promoting participatory management of water and sanitation services.	• **Right to safe drinking water and sanitation** [ICESCR art. 11] • **Right to health** [UDHR art. 25; ICESCR art. 12] • **Equal access to water and sanitation for rural women** [CEDAW art. 14(2)(h)]
7 AFFORDABLE AND CLEAN ENERGY	**Ensure access to affordable, reliable, sustainable and modern energy for all** Targets include ensuring universal access to affordable, reliable and modern energy services.	• **Right to an adequate standard of living** [UDHR art. 25; ICESCR art. 11] • **Right to enjoy the benefits of scientific progress and its application** [UDHR art. 27; ICESCR art. 15(1)(b)]
8 DECENT WORK AND ECONOMIC GROWTH	**Promote sustained, inclusive and sustainable economic growth, full and productive employment and decent work for all** Targets include promoting sustained economic growth; improving resource efficiency in production and consumption; full and productive employment and decent work for all; eradicating forced and child labour and trafficking; protecting labour rights including those of migrant workers; and increasing access to financial services.	• **Right to work and to just and favourable conditions of work** [UDHR art. 23; ICESCR arts. 6, 7, 10; CRPD art. 27; ILO Core Labour Conventions and ILO Declaration on Fundamental Principles and Rights at Work] • **Prohibition of slavery, forced labour, and trafficking of persons** [UDHR art. 4; ICCPR art. 8; CEDAW art. 6; CRC arts. 34-36] • **Equal rights of women in relation to employment** [CEDAW art. 11; ILO Conventions No. 100 and No. 111] • **Prohibition of child labour** [CRC art. 32; ILO Convention No. 182] • **Equal labour rights of migrant workers** [CMW art. 25]
9 INDUSTRY, INNOVATION AND INFRASTRUCTURE	**Build resilient infrastructure, promote inclusive and sustainable industrialisation and foster innovation** Targets include affordable and equitable access to quality infrastructure; employment generating industrialisation; access to financial services and markets; innovation and technology transfer, and increasing access to ICT.	• **Right to enjoy the benefits of scientific progress and its application** [UDHR art. 27; ICESCR art. 15(1)(b)] • **Right to access to information** [UDHR art. 19; ICCPR art. 19(2)] • **Right to adequate housing**, including land and resources [UDHR art. 25; ICESCR art. 11] • **Equal rights of women to financial credit and rural infrastructure** [CEDAW art. 13(b), art. 14(2)]
10 REDUCED INEQUALITIES	**Reduce inequality within and among countries** Targets include promoting higher growth rates for the bottom 40 per cent; promoting social, economic and political inclusion; reducing inequalities in opportunities and outcomes; ensuring social protection for all; securing participation in economic decision making; facilitating migration, and reducing transaction costs for migrant remittances.	• **Right to equality and non-discrimination** [UDHR art. 2; ICESCR art. 2(2); ICCPR arts. 2(1), 26; CERD art. 2(2); CEDAW art. 2; CRC art. 2; CRPD art. 5; CMW art. 7; DRtD art. 8(1)] • **Right to participate in public affairs** [UDHR art. 21; ICCPR art. 25; CEDAW art. 7; ICERD art. 5; CRPD art. 29; DRtD art. 8(2)] • **Right to social security** [UDHR art. 22; ICESCR arts. 9-10; CRPD art. 28] • **Promotion of conditions for international migration** [CMW art. 64] • **Right of migrants to transfer their earnings and savings** [CMW art. 47(1)]
11 SUSTAINABLE CITIES AND COMMUNITIES	**Make cities and human settlements inclusive, safe, resilient and sustainable** Targets include ensuring access to housing, basic services and public transport for all; participatory planning of human settlements; safeguarding cultural and natural heritage; and strengthening resilience to disasters.	• **Right to adequate housing**, including land and resources [UDHR art. 25; ICESCR art. 11] • **Right to participate in cultural life** [UDHR art. 25; ICESCR art. 15; ICERD arts. 5, 7; CRPD art. 30; CRC art. 31] • **Accessibility of transportation, facilities and services** particularly of persons with disabilities [CRPD art. 9(1)], children [CRC art. 23], and rural women [CEDAW art. 14(2)] • **Protection from natural disasters** [CRPD art. 11]
12 RESPONSIBLE CONSUMPTION AND PRODUCTION	**Ensure sustainable consumption and production patterns** Targets include achieving sustainable management and efficient use of natural resources; improving waste management; promoting sustainable public procurement; ensuring access to information; and building capacity for sustainable development.	• **Right to health** including the right to safe, clean, healthy and sustainable environment [UDHR art. 25(1); ICESCR art. 12] • **Right to adequate food** and the **right to safe drinking water** [UDHR art. 25(1); ICESCR art. 11] • **Right of all peoples to freely dispose of their natural resources** [ICCPR, ICESCR art. 1(2)]

자료: https://www.ohchr.org/Documents/Issues/MDGs/Post2015/SDG_HR_Table.pdf.

SDGs 169개 세부 목표 및 지표 현황

세부목표	세부목표명	지표	지표명
1.1	2030년까지 1일 생계비 1.25달러 미만으로 살고 있는 모든 인구를 모든 곳에서 종식	1.1.1	국제 빈곤선 미만에서 살고 있는 인구비율(성, 연령, 고용상태 및 지역별)
1.2	각국의 빈곤정의에 따라 2030년까지 모든 측면에서 빈곤 속에 사는 모든 연령층의 남성, 여성, 그리고 아동 비율을 최소 절반으로 감소	1.2.1	국가 빈곤선 미만에서 살고 있는 인구비율(성 및 연령별)
		1.2.2	국가별 정의에 따른 모든 차원의 빈곤 속에 살고 있는 모든 연령의 남성, 여성 및 아동 비율
1.3	사회안전망을 포함하여 모두를 위해 국가별로 적합한 사회적 보호체제 및 조치를 이행하고, 2030년까지 빈곤층과 취약계층에 대한 실질적 보장을 달성	1.3.1	사회보호제도 보장인구 비율(성, 아동, 실업자, 노인, 장애인, 임산부, 신생아, 산업재해자, 빈곤층 및 취약계층별)
1.4	2030년까지 모든 남성과 여성, 특히 빈곤층과 취약계층이 경제적 자원과 기본 서비스, 토지와 기타 형태의 재산에 대한 소유와 통제, 상속, 천연자원, 적정 신기술 및 소액금융을 포함한 금융서비스에 공평하게 접근할 수 있는 권리 보장	1.4.1	기초 서비스에 접근 가능한 가구에 살고 있는 인구 비율
		1.4.2	(a) 법적으로 인정된 문서를 가지며 (b) 토지권이 보장된다고 인식하는, 안정된 토지권을 갖는 성인 인구 비율(성 및 보유형태별)
1.5	2030년까지 빈곤층과 취약계층의 회복력을 키우고, 기후 관련 극한 상황 혹은 기타 경제적, 사회적, 환경적인 충격과 재난에 대한 노출 및 취약성을 감소	1.5.1	인구 1십만 명당 재난으로 인한 사망, 실종, 직접적 피해를 입은 인구 수
		1.5.2	글로벌 GDP 대비 재난으로 인한 직접적 경제손실비
		1.5.3	「재난위험감축을 위한 센다이프레임워크(2015-2030)」에 따라 국가재난위험 감축 전략을 채택하고 이행하는 국가의 수
		1.5.4	국가의 재난위험감축전략에 따라 지자체 차원에서 전략을 갖추고 있는 비율
1.a	개도국 특히, 최빈국이 모든 차원의 빈곤 퇴치 프로그램과 정책 제공을 위해 증강된 개발협력을 포함하여 다양한 재원 동원 보장 개도국 특히, 최빈국이 모든 차원의 빈곤 퇴치 프로그램과 정책 제공을 위해 증강된 개발협력을 포함하여 다양한 재원 동원 보장	1.a.1	수원국 GNI 대비 빈곤감소 ODA 총액 비율
		1.a.2	정부 총지출 중 필수 서비스(교육, 의료 및 사회적 보호) 지출 비율
1.b	빈곤퇴치 활동에 대한 투자를 촉진하기 위해 빈곤층 친화적이고 성인 지적 개발전략을 기초로 한 국가, 지역, 글로벌 차원의 탄탄한 정책	1.b.1	빈곤친화적 공공사회지출

세부목표	세부목표명	지표	지표명
2.1	2030년까지 기아를 종식시키고 모든 사람, 특히 영·유아를 포함한 빈 2030년까지 기아를 종식시키고 모든 사람, 특히 영·유아를 포함한 빈곤층 및 취약계층이 안전하고 영양가 있으며 충분한 식량에 접근할 수 있도록 보장	2.1.1	영양부족인구 비율
		2.1.2	식량불안경험척도(FIES) 기준으로 중간 또는 심각한 수준의 식량불안 경험인구 비율
2.2	2025년까지 5세 미만의 발육부진 및 쇠약에 관한 국제 목표 달성을 포함하여 2030년까지 모든 형태의 영양 부족을 종식시키고 여성 청소년, 임산부, 수유여성 및 노년층의 영양상태 개선	2.2.1	5세 미만 발육부진 아동 비율
		2.2.2	5세 미만 영양불량 아동 비율(저체중 및 과체중별)
		2.2.3	15-49세 여성 빈혈 유병률(임신여부별)
2.3	2030년까지 토지 및 기타 생산자원과 투입요소, 지식, 금융서비스, 시장 및 부가가치 창출과 비농업부문고용 기회에 대한 안전하고 동등한 접근을 통해 소규모 식량생산자, 특히 여성, 토착민, 가족농, 목축업자 및 어민의 농업 생산성과 소득을 두 배로 증가	2.3.1	노동 단위당 생산량(농림축산업 생산규모별)
		2.3.2	소규모 식량생산자 평균소득(성 및 원주 민여부별)
2.4	2030년까지 생산성과 생산량을 증가시키고 생태계 유지에 도움이 되며 기후변화, 기상 이변, 가문, 홍수 및 기타 자연재해에 대한 적응력을 강화하고 토지와 토양의 질을 점진적으로 향상시킬 수 있는 지속가능한 식량생산체계를 보장하며, 회복력 있는 농업 관행을 이행	2.4.1	생산적이고 지속가능한 농지면적 비율
2.5	2020년까지 국가적, 지역적, 국제적 차원에서 건전하게 관리되고 다변화된 종자 및 식물은행 등을 통해 종자, 재배식물, 가축과 사육동물 및 관련 야생종의 유전적 다양성을 유지하고, 국제적으로 합의된 바와 같이 유전자원과 관련 전통지식의 이용으로부터 발생하는 이익의 공정하고 공평한 분배에 대한 접근을 개선	2.5.1	식량 및 농업을 위해 중장기 보존시설에 확보되어 있는 식물과 동물 유전자원 수
		2.5.2	멸종위험 상태로 분류된 지역 품종의 비율
2.a	개도국 특히, 최빈개도국의 농업 생산역량 강화를 위해 국제협력 증진을 통해 농촌 지역 사회기반시설, 농업 연구 및 지원 서비스, 기술 개발, 식물 및 가축 유전자은행에 대한 투자 확대	2.a.1	농업지향지
		2.a.2	농업부문 총 공적지원(ODA와 기타 공적지원)
2.b	도하개발라운드에 따른 농산품 보조금 철폐를 포함하여 세계농업시장에서의 무역규제 및 왜곡 시정	2.b.1	농업수출보조금

세부목표	세부목표명	지표	지표명
2.c	지나친 식품가격 변동성 제어에 도움이 되도록 식품상품 시장의 정상적인 기능을 위한 조치 채택	2.c.1	식품가격이상지표
3.1	2030년까지 모성사망비를 출생아	3.1.1	모성사망비
	십만 명당 70명 미만으로 감소	3.1.2	숙련된 의료인력이 참여한 출산 비율
3.2	2030년까지 신생아와 5세 미만의 예방가능한 사망을 종식시켜, 모든 국가의 신생아 사망률을 1천 명당 최소 12명 이하, 5세 미만 사망률을 천 명당 최소 25명 이하 목표 2030년까지 신생아와 5세 미만의 예방가능한 사망을 종식시켜, 모든 국가의 신생아 사망률을 1천 명당 최소 12명 이하, 5세 미만 사망률을 천 명당 최소 25명 이하 목표	3.2.1	5세 미만 사망률
		3.2.2	신생아 사망률
3.3	2030년까지 후천성면역결핍증(AIDS), 결핵, 말라리아 및 소외열대질환의 확산을 종식시키고 간염, 수인성 질병 및 기타 전염성 질병 방지	3.3.1	비감염인구 1천 명당 인체면역결핍바이러스(HIV) 신규 감염자 수(성, 연령 및 주요 인구특성별)
		3.3.2	인구 1십만 명당 결핵 발생건수
		3.3.3	인구 1천 명당 말라리아 발생건수
		3.3.4	인구 1십만 명당 B형간염 발생건수
		3.3.5	소외열대질환 치료가 필요한 인구수
3.4	2030년까지 예방과 치료를 통해 비전염성 질병으로 인한 조기 사망을 1/3로	3.4.1	심혈관계질환, 암, 당뇨 또는 만성호흡기질환 사망률
	감소시키고 정신건강과 웰빙을 향상	3.4.2	자살률
3.5	마약 및 해로운 알코올을 포함하여 약물남용 예방 및 치료 강화	3.5.1	약물사용장애 치료개입(약물치료, 심리사회적 재활 및 사후 관리 서비스) 보장 범위
		3.5.2	15세 이상 인구 1인당 연간 순 알코올 소비량
3.6	2020년까지, 도로교통사고로 인한 사망자 및 부상자 수를 절반으로 감소	3.6.1	도로교통사고 사망률
3.7	2030년까지 가족계획, 정보 및 교육 등을 포함한 성 및 생식보건서비스에	3.7.1	현대적 피임법 사용으로 가족계획 욕구가 충족되는 가임기(15-49세) 여성의 비율
	대한 보편적 접근을 보장하고 생식보건을 국가전략과 프로그램에 통합	3.7.2	여성 청소년(10-14세, 15-19세) 인구 1천 명당 출산율
3.8	재정 위험 보호, 양질의 필수 보건서비스, 모두에게 안전하고 효과적 이며 합리적인 가격의 필수 약품 및 백신에 대한 접근 등을 포함하는 보편적 건강보장 서비스 제공	3.8.1	필수보건서비스 보장범위
		3.8.2	가구 총지출 및 소득 대비 의료비 과부담 인구 비율
3.9	2030년까지 유해화학물질, 대기오염, 수질오염, 토양오염으로 인한 사망 및 질병 건수를 상당 수준으로 감소	3.9.1	실내공기오염 및 대기오염으로 인한 사망률
		3.9.2	안전하지 않은 물과 하수처리, 부족한 위생시설로 인한 사망률
		3.9.3	비의도적 중독 사망률

세부목표	세부목표명	지표	지표명
3.a	WHO 담배규제기본협약 이행 강화 특히 모두에게 의약품에 대한 접근을 보장 특히 모두에게 의약품에 대한 접근을 보장	3.a.1	연령표준화한 15세 이상 인구의 현재 흡연율
		3.b.1	의학연구 및 기초보건 부문 ODA 순지출액
		3.b.3	적정한 가격으로 필수 의약품을 지속적으로 구입할 수 있는 의료시설 비율
3.c	최빈개도국 및 개도국에서의 보건인력 양성, 훈련 및 보건 분야 재원을 상당 수준 증가	3.c.1	보건의료인력 밀도 및 분포
3.d	모든 국가, 특히 개도국의 조기경보, 위험 감소, 국가 및 글로벌 보건리스크 관리 역량 강화	3.d.1	국제보건규정(IHR)에 의한 수용능력 및 응급대처능력
		3.d.2	선별된 항생제 내성 유기체에서 기인한 혈류 감염률
4.1	2030년까지 모든 여아와 남아가 적절하고 효과적인 학습성과를 거둘 수 있도록 공평하고 양질의 무상 초등교육과 중등교육의 이수를 보장	4.1.1	(a) 초등학교 2학년 혹은 3학년 시점, (b) 초등학교 말 (c) 중학교 말에 (i) 읽기와 (ii) 수학 분야 최소숙달수준에 도달한 아동 및 청소년 비율(성별)
4.1	2030년까지 모든 여아와 남아가 적절하고 효과적인 학습성과를 거둘 수 있도록 공평하고 양질의 무상 초등교육과 중등교육의 이수를 보장	4.1.2	초중고등학교 교육 완수율
4.2	2030년까지 모든 여아와 남아가 초등교육을 받을 준비가 되도록 양질의 영유아 발달 교육, 보육 및 취학전 교육에 대한 접근을 보장	4.2.1	건강, 학습 및 심리사회적 웰빙 측면에 서 정상 발달과정에 있는 24-59개월 아동 비율(성별)
		4.2.2	(정규 초등교육 입학연령이 되기 1년전) 조직화된 학습 참여 비율(성별)
4.3	2030년까지 모든 여성과 남성에게 적정 비용의 양질의 기술교육, 직업교육 및 대학을 포함한 고등교육에 대한 평등한 접근을 보장	4.3.1	지난 12개월 동안 형식 및 비형식 교육·훈련에 참여한 청소년 및 성인 비율(성별)
4.4	2030년까지 전문. 직업기술 등 취업, 양질의 일자리, 창업활동을 위해 필요한 적합한 기술을 지닌 청소년과 성인의 수를 실질적으로 증가	4.4.1	정보통신기술(ICT) 능력을 보유한 청소년과 성인의 비율(기술유형별)
4.5	2030년까지 교육에서의 성차를 해소하고, 장애인, 토착민, 취약상황에 처한 아동을 포함한 취약계층이 모든 수준의 교육과 직업훈련에 평등하게 접근	4.5.1	교육지표에 대한 형평지수(성, 도농, 소득분위, 장애상태, 원주민, 분쟁영향 여부별)
4.6	2030년까지 모든 청소년과 상당수 성인 남녀의 문해력과 수리력 성취를 보장	4.6.1	특정 연령 집단에서 기능적 (a) 문해력과 (b) 수리력이 최소 일정 수준에 도달한 인구 비율(성별)

세부목표	세부목표명	지표	지표명
4.7	2030년까지 모든 학습자들이 지속가능발전 및 지속가능생활방식, 인권, 성평등, 평화와 비폭력문화증진, 세계시민의식, 문화다양성 및 지속 가능발전을 위한 문화의 기여에 대한 교육을 통해, 지속가능발전을 증진하기 위해 필요한 지식 및 기술습득을 보장	4.7.1	(i) 세계시민교육 (ii) 지속가능발전교육이 (a) 국가교육정책 (b) 교육과정 (c) 교사교육, (d) 학생평가 영역에서 주류화된 정도
4.a	아동, 장애인, 성차를 고려한 교육시설을 건립 및 개선하고, 모두를 위한 안전하고 비폭력적이며, 포용적이고 효과적인 학습 환경을 제공	4.a.1	기본 서비 스 제공하는 학교 비율(서비스 유형별)
4.b	2020년까지 전 세계적으로 개도국, 특히 최빈국, 군소도서개발국, 아프리카 국가나 선진국이나 기타 개도국의 직업훈련, ICT, 과학기술 및 공학분야를 포함한 고등교육에 등록하도록 지원하는 장학금을 실질적으로 확대	4.b.1	장학금의 ODA 금액(연구부문 및 연구 유형별)
4.c	2030년까지 개도국, 특히 최빈국 및 군소도서개발국에서 교사훈련을 위한 국제협력을 통해 양성된 교사를 포함하여 자격을 갖춘 교사 공급을 실질적으로 증대	4.c.1	최소 자격요건을 갖춘 교사 비율(교육단계별)
5.1	모든 곳에서 모든 여성과 여아에 대한 모든 형태의 차별 종식	5.1.1	성에 근거한 비차별과 평등을 증진, 집행, 모니터링 할 수 있는 수 있는 법적 체계 존재 여부
5.2	인신매매, 성적 착취 및 기타 형태의 착취를 포함하여 공적 및 사적영역에서 모든 여성과 여아에 대한 모든 형태의 폭력 근절	5.2.1	파트너가 있(었)던 15세 이상의 여성과 여아 중 지난 12개월 동안 (현재 혹은 과거의) 친밀한 파트너로부터 신체적, 성적, 정서적인 폭력을 당한 경험이 있는 인구 비율(연령 및 폭력형태별)
		5.2.2	15세 이상의 여성과 여아 중에서 지난 12개월 동안 친밀한 파트너 이외에 다른 사람들로부터 성적 폭력을 당한 경험이 있는 인구 비율(연령 및 사건발생 장소별)
5.3	아동 결혼, 조혼 및 강제결혼, 여성 성기절제와 같은 모든 유해한 관습 근절	5.3.1	20~24세 여성 중 15세 이전과 18세 이전에 결혼 또는 동거를 했던 비율
		5.3.2	15~49세 여아와 여성 중 여성성기절제를 한 인구 비율(연령별)
5.4	국가별 상황에 맞는 공공서비스, 사회기반시설 및 사회보호정책의 제공과 가구 및 가족 내 책임부담 촉진을 통해 무보수 가사노동과 돌봄노동을 인지하고 가치를 부여	5.4.1	무급 가정관리 및 돌봄노동에 소요된 시간 비율(성, 견령 및 지역별)

세부목표	세부목표명	지표	지표명
5.5	정치, 경제, 공공부문에서 모든 단계의 의사결정과정에서 여성의 완전하고 효과적인 참여와 리더십에 대한 평등한 기회를 보장	5.5.1	(a) 여성 국회의원 비율 (b) 여성 지방의원 비율
		5.5.2	여성 관리자 비율
5.6	국제인구개발회의(ICPD) 행동계획과 북경행동강령 및 이에 대한 검토회의 결과문서에 따라 모든 이가 성, 생식보건, 재생산권에 대한 보편적인 접근을 보장	5.6.1	성관계, 피임제 사용 및 생식보건에 대한 충분한 정보를 근거로 의사결정을 스스로 하는 15-49세의 여성비율
		5.6.2	성 및 생식 보건에 대한 정보와 교육에 대해 15세 이상의 여성 및 남성의 완전하고 평등한 접근성을 보장하는 법과 제도가 마련된 국가의 수
5.a	경제적 자원, 소유권, 토지 및 기타 형태의 부동산, 상속, 천연자원, 금융서비스 등의 평등한 권리를 여성에게 보장하도록 개혁 실시	5.a.1	(a) 농경지에 대한 소유권 또는 확실한 권리를 가진 전체 농업인구의 비율(성별) (b) 농경지 소유자 또는 토지 관리권을 가진 사람 중 여성의 비율(보유 형태별)
		5.a.2	토지소유에 대한 여성의 평등한 권리를 보장하는 법률적 기반(관습법을 포함)을 갖춘 국가의 비율
5.b	여성의 권한 증대를 위해 유용한 기술 사용 강화 (특히 ICT)	5.b.1	휴대폰 소유 인구 비율(성별)
5.c	모든 수준에서 모든 여성과 여아의 권한강화와 성평등 촉진을 위해 명확한 정책과 집행가능한 법을 채택하고 강화	5.c.1	성평등과 여성의 권한강화를 위해 공공자원을 할당하고 추적하는 시스템을 갖춘 국가의 비율
6.1	2030년까지 모두를 위한 안전하고 적당한 가격의 식수에 대한 보편적 접근 달성	6.1.1	안전하게 관리되는 식수서비스를 이용하는 인구 비율
6.2	2030년까지, 여성과 소녀 및 취약계층에 특별히 주목하면서, 모두를 위한 충분하고 공평한 공중위생과 개인청결에 대한 접근을 달성하고 노상배변을 금지	6.2.1	(a) 안전하게 관리되는 위생서비스시설과 (b) 비누와 물이 있는 손씻기 시설을 이용하는 인구 비율
6.3	2030년까지 오염 감소, 유해 화학물질 투기 근절 및 배출 최소화를 통해 미처리된 하수 비율을 절반으로 줄이고 재활용 및 안전한 재사용을 전 세계적으로 대폭 확대 2030년까지 오염 감소, 유해 화학물질 투기 근절 및 배출 최소화를 통해 미처리된 하수 비율을 절반으로 줄이고 재활용 및 안전한 재사용을 전 세계적으로 대폭 확대	6.3.1	안전하게 처리되는 가정용 및 산업용 하·폐수 비율
		6.3.2	주변 수질이 양호한 수계의 비율

세부목표	세부목표명	지표	지표명
6.4	2030년까지 모든 부문에서 물 사용 효율을 높이고 물 부족 문제를 해결하고 물 부족으로 고통받는 인구 수를 상당한 수준으로 감소시키기 위해 지속가능한 담수의 취수와 공급을 보장 2030년까지 모든 부문에서 물 사용효율을 높이고 물 부족 문제를 해결하고 물 부족으로 고통받는 인구 수를 상당한 수준으로 감소시키기 위해 지속가능한 담수의 취수와 공급을 보장	6.4.1	시간에 따른 물 이용 효율성 변화
		6.4.2	물 스트레스 수준 : 이용가능한 담수 대비 취수 비율
6.5	2030년까지 국경 간 협력을 포함하여 통합된 물 자원 관리 이행 2030년까지 국경 간 협력을 포함하여 통합된 물 자원 관리 이행	6.5.1	통합 수자원관리 이행 정도
		6.5.2	물 협력을 위한 운영협정을 맺고 있는 접경지역 비율
6.6	2020년까지, 산, 산림, 습지, 강, 대수층 및 호수 등 물 관련 생태계를 보호 및 복원	6.6.1	시간 경과에 따른 물 관련 생태계 규모의 변화
6.a	물·위생 활동 및 프로그램과 관련하여 2030년까지 개도국가에 대한 국제협력 및 역량배양 지원을 확대	6.a.1	정부의 지출계획에 포함되어 있는 물과 위생분야 관련 ODA 금액
6.b	물·위생 관리 개선을 위해 지역사회 참여 지원 및 강화	6.b.1	물 및 위생관리에 대한 지방 커뮤니티의 참여를 위한 확립된 행정적 정책과 절차를 갖추고 있는 지방행정단위의 비율
7.1	2030년까지 적절한 가격과 지속가능하며 현대화된 에너지 서비스의 보편적 접근 보장 2030년까지 적절한 가격과 지속가능하며 현대화된 에너지 서비스의 보편적 접근 보장	7.1.1	전기 접근성이 있는 인구 비율
		7.1.2	청정연료 및 기술에 주로 의존하는 인구 비율
7.2	2030년까지 재생가능에너지 비중을 상당하게 증가	7.2.1	최종 에너지 소비 중 재생에너지 비율
7.3	2030년까지 에너지 효율성 향상 글로벌 비율을 두 배 증가	7.3.1	1차 에너지와 GDP로 측정되는 에너지 집약도
7.a	2030년까지 청정에너지 연구개발 이행을 위해 국제협력 강화	7.a.1	개도국의 하이브리드 시스템을 포함한 재생 에너지 및 청정에너지 연구 개발과 재생에너지생산을 지원하는 국제 자금 흐름
7.b	2030년까지 개도국에 현대화된 지속가능한 에너지 서비스를 공급하기 위하여 에너지 기반 시설 확장 및 기술 업그레이드	7.b.1	개도국의 재생에너지 설비 용량
8.1	국가별 상황에 맞게 1인당 경제성장을 유지하고 특히 최빈개도국은 최소한 연간 7% GDP 성장률 유지	8.1.1	1인당 실질 GDP 연 성장률

세부목표	세부목표명	지표	지표명
8.2	노동집약적 산업부문 및 고부가가치산업에 포커스를 두고 사업 다각화, 기술 업그레이드 및 혁신으로 생산성 향상	8.2.1	취업자 1인당 실질 GDP 연 성장률
8.3	생산적 활동, 일자리 창출, 기업가 활동, 창의성 및 혁신을 지원하는 개발지향형 정책 촉진; 중소기업 육성	8.3.1	총 고용 중 비공식 고용 비율(부문 및 성별)
8.4	2030년까지 소비 및 생산에서의 국제적 자원 효율을 점진적으로 개선, 선진국의 주도하에 10년 주기 프로그램을 통하여 경제 성장으로 인한 환경훼손 억제	8.4.1	물질발자국, 1인당 물질발자국, GDP당 물질발자국
		8.4.2	국내물질소비량, 1인당 국내물질소비량, GDP당 국내물질소비량
8.5	2030년까지 장애가 있는 젊은 사람을 포함, 모든 남녀의 완전 고용을 달성, 동등한 가치의 업무에 대해 동등한 보수 보장	8.5.1	근로자의 평균 시간당 임금(성, 연령, 직업 및 장애별)
		8.5.2	실업률(성, 연령 및 장애별)
8.6	2020년까지 고용, 교육 또는 훈련상태에 있지 않은 청년 비율을 상당 수준으로 감소	8.6.1	교육, 취업, 혹은 훈련 상태에 있지 않은 청년(15-24세)의 비율
8.7	강제노동 근절, 현대식 노예 및 인신매매 종식, 소년병 동원 및 징집 등 최악의 아동 노동 형태 금지 및 근절, 2025년까지 모든 형태의 아동노동 근절	8.7.1	5-17세 아동노동 인구수와 비율(성 및 연령별)
8.8	고용이 불안정한 노동자 및 이주노동자, 특히 여성의 노동권 보호 및 안전한 작업환경 촉진	8.8.1	근로자 1십만 명당 치명적 및 비치명적 산업 재해 건수(성 및 이주 상태별)
		8.8.2	국제노동기구(ILO) 협약과 국내입법에 기초한 노동권(집회 및 단체교섭의 자유)의 국가별 준수 수준(성 및 이주 상태별)
8.9	2030년까지 일자리를 창출하고, 지역 문화와 제품들을 증진하는 지속가능 관광 촉진을 위한 정책들의 설계 및 시행	8.9.1	총 GDP 및 성장률에 관광분야 직접 기여 비율
8.1	보험업, 금융업 및 금융지원서비스의 접근가능범위를 확대하기 위해 국가 내 금융 기관의 역량 강화 보험업, 금융업 및 금융지원서비스의 접근가능범위를 확대하기 위해 국가 내 금융 기관의 역량 강화	8.10.1	(a) 성인 1십만 명당 시중은행 지점 수와 (b) 성인 1십만 명당 ATM의 개수
		8.10.2	(a) 성인 1십만 명당 시중은행 지점 수와 (b) 성인 1십만 명당 ATM의 개수
8.a	개도국, 특히 최빈개도국에 대한 무역원조의 증가 (최빈개도국을 위한 무역관계 기술지원을 위한 강화된 통합프레임하에서 이루어지는 원조를 포함)	8.a.1	무역원조 약정 및 지불
8.b	2020년까지 청년실업에 대한 글로벌 전략 수립 및 운영, 국제노동기구의 ILO Global Jobs Pact 이행	8.b.1	별도 계획 혹은 국가 계획의 일부로서 청년층 고용에 대한 국가 계획 개발 운영 여부

세부목표	세부목표명	지표	지표명
9.1	경제발전 및 인간의 웰빙을 위한 고품질, 신뢰성 높은, 지속가능한 탄력적 기반시설 구축	9.1.1	사계절 도로 2km 반경 내 거주하는 시골 인구 비율
		9.1.2	승객 및 화물 운송량(운송수단별)
9.2	포괄적이고 지속가능한 산업화 촉진하고, 2030년까지 산업부문의 고용률을 상당 수준으로 증가, 특히 최빈개도국의 경우 2배로 증가	9.2.1	GDP 대비 제조업 부가가치 비율, 1인당 제조업 부가가치 비율
		9.2.2	총 고용 대비 제조업 고용 비율
9.3	소규모 산업체의 가치사슬 및 시장으로의 통합 및 금융서비스 접근가능성 강화(특히 개도국)	9.3.1	총 산업 부가가치 중 소규모 산업 비율
		9.3.2	부채 혹은 대출한도가 있는 소규모 산업 비율
9.4	자원사용 효율 제고와 청정/환경 친화 기술 및 산업공정의 도입을 통해 2030년까지 기반시설과 낙후된 산업시설을 지속가능한 환경으로 개선 및 개조하고 모든 국가들은 각자의 역량에 따라 이를 이행함	9.4.1	부가가치 단위당 이산화탄소 배출량
9.5	2030년까지, 인구 1백만 명당 연구개발 종사자의 수와 공공/민간 연구개발 지출 대폭 증가 및 혁신 장려 등을 통해, 모든 국가, 특히 개도국의 과학 연구 강화, 산업 부문의 기술 역량 향상	9.5.1	GDP 대비 연구개발비 비율
		9.5.2	인구 1백만 명당 (상근상당) 연구원 수
9.a	아프리카 국가들, 최빈개도국들, 소규모 도서 개도국에 대한 강화된 금융, 기술, 전문적 지원을 통해, 개도국들에서 지속 가능하고, 회복탄력성을 갖춘 인프라 개발 촉진	9.a.1	인프라분야에 대한 국제사회의 총 공적지원(ODA와 기타 공적지원)
9.b	산업 다각화, 상품가치를 부가시키는 산업 환경 정책을 보장하여 개도국가의 국내 기술개발, 연구 및 혁신이 이루어지도록 지원	9.b.1	총 부가가치 대비 중고급기술산업 부가가치 비율
9.c	ICT 접근성을 상당 수준으로 증가시키고, 2020년까지 최빈개도국의 보편적인 인터넷 접근성 달성을 위해 노력	9.c.1	무선네트워크 사용 가능 인구 비율(기술별)
10.1	2030년까지 소득하위 40%의 소득성장률을 점진적으로 국가평균보다 높게 달성 및 유지	10.1.1	총인구 및 소득 하위 40% 인구의 1인당 가구 지출 또는 소득 성장률
10.2	2030년까지 연령, 성, 장애, 인종, 종교, 기타 사회경제적 지위를 막론하고 사회, 경제, 정치적 참여 권한 확대 및 촉진	10.2.1	중위소득 50% 미만 인구 비율(성, 연령 및 장애별)
10.3	차별적인 법, 정책 및 관행 등을 철폐하여 동등한 기회를 보장하고 소득 불평등 감소	10.3.1	국제인권법 차별금지기준으로 지난 12개월 동안 차별 또는 괴롭힘 경험을 보고한 인구 비율

세부목표	세부목표명	지표	지표명
10.4	재정정책, 임금정책, 사회보장정책 등을 채택하고 점진적으로 더 나은 평등을 달성	10.4.1	GDP 대비 노동소득 비율
		10.4.2	재정 정책의 재분배 효과
10.5	글로벌 금융시장 및 기관의 규제 및 모니터링 개선 및 이행조치 강화	10.5.1	금융건전성지표
10.6	글로벌 국제경제 및 금융기관의 의사결정과정에서 개도국가의 입장이 반영되도록 강화	10.6.1	국제기구에서 개도국의 회원 및 투표권 비율
10.7	안전하고, 정기적이고, 책임 있는 인구의 이주 및 이동이 가능하도록 잘 관리된 이민정책 수립 및 이행	10.7.1	이주국가에서의 월소득 대비 이주근로자가 부담하는 취업비용 비율
		10.7.2	질서 있고 안전하고 정기적이고 책임있는 이주와 이동성을 촉진하는 이주정책을 갖춘 국가의 수
		10.7.3	국제이주 과정에서 사망하거나 실종된 사람의 수
		10.7.4	난민 인구 비율(출신국별)
10.a	세계무역기구(WTO)협약에 따른 개도국(특히, 최빈개도국) 특별대우 규정 이행	10.a.1	최빈개도국과 개도국으로부터의 수입에 적용되는 무관세 비율
10.b	도움이필요한국가에(최빈개도국, 아프리카국가, 군서도서개발국) ODA, 재원지원, 직접투자권장	10.b.1	개발재원 총액(공여국, 수원국 및 유형별)
10.c	2030년까지 이민자송금 수수료 3% 이하로 감소 및 5%를 초과하는 송금장벽 제거	10.c.1	송금총액 대비 송금비용 비율
11.1	2030년까지 모두에게 충분하고 안전 및 저렴한 주택 및 기본서비스 제공 그리고 빈민가 개선	11.1.1	빈민가, 임시거처 또는 비적정 거처에 거주하는 도시 인구 비율
11.2	2030년까지 모두에게(특히, 취약계층, 여성, 아동, 노인, 장애인) 안전 및 저렴하고 지속가능한 공공 교통시스템 제공	11.2.1	대중교통에 편리하게 접근할 수 있는 인구 비율(연령, 성 및 장애별)
11.3	2030년까지 포괄적이고 지속가능한 도시화와, 참여, 통합 및 지속가능한 거주지 계획 및 관리 역량 강화	11.3.1	인구증가율 대비 토지소모율 비
		11.3.2	정기적이고 민주적으로 운영되는 도시계획 및 관리에 시민사회가 직접 참여하는 구조를 갖춘 있는 도시의 비율
11.4	세계문화 및 자연유산 보호 노력 강화	11.4.1	모든 문화 및 자연유산의 보존, 보호 및 관리에 배정된 1인당 총 지출액(자금원천(공공, 민간), 유산종류(문화, 자연), 정부유형(중앙, 광역, 시군)별)

세부목표	세부목표명	지표	지표명
11.5	2030년까지, 빈곤층과 취약계층 보호에 초점을 맞추어, 수해 등 재난으로 인한 사망자 및 피해자수를 대폭 줄이고 세계 총 GDP 대비 직접적인 경제적 손실을 대폭 감소	11.5.1	인구 1십만 명당 재난으로 인해 사망, 실종, 직접적 피해를 입은 인구 수
		11.5.2	중요 기반시설 피해 및 기본적인 서비스의 중단 등 재난으로 인한 글로벌 GDP 대비 직접적인 경제적 손실
11.6	대기의 질과 지자체 등의 폐기물 특별 관리를 포함하여, 2030년까지 도시화로 인한 부정적인 환경영향(인구 1인당)을 감소	11.6.1	지자체 발생 총 폐기물 중 처리시설에서 수거, 관리되는 고형 폐기물 비율(도시별)
		11.6.2	도시 미세먼지의 연평균수준 (인구수 가중)
11.7	2030년까지 포괄적이고 안전하며 보편적으로 접근 가능한 녹색 및 공공장소 제공(특히, 여성, 아동, 노인, 장애인)	11.7.1	도시에서 공공목적을 위해 개방된 공간이 차지하는 평균비율(성, 연령 및 장애별)
		11.7.2	지난 12개월 동안 신체적 혹은 성적 괴롭힘을 당한 인구 비율(성, 연령, 장애 및 발생 장소별)
11.a	국가 및 지역개발계획을 강화하여 도시, 근교도시 그리고 농촌 간의 긍정적인 경제, 사회 및 환경적 연결고리를 지원	11.a.1	(a) 인구다양성, (b) 토지균형개발, (c) 지방재정강화를 고려한 국가 도시정책 혹은 지역개발계획을 갖춘 국가의 수
11.b	2020년까지 포용, 자원 효율, 기후변화에 대한 완화와 적응, 재난에 대한 회복력을 위한 통합 정책 및 계획을 채택, 시행하는 도시와 거주지의 수를 대폭 확대하고, 2015-2030년 재난위험 감소를 위한 센다이 프레임워크에 맞추어 모든 수준에서의 통합적인 재난 위기관리를 구축하고 시행함	11.b.1	「재난위험감축을 위한 센다이프레임워크 (2015-2030)」에 따라 국가재난위험감축 전략을 채택하고 이행하는 국가의 수
		11.b.2	국가의 재난위험감축전략에 따라 지자체 차원에서 전략을 갖추고 있는 비율
12.1	선진국 주도하에, 개도국들의 역량과 발전을 고려하여, 지속가능한 소비 및 생산에 대한 10년 주기 프로그램 이행	12.1.1	지속가능한 소비 및 생산을 지원하는 정책 수단을 개발, 채택, 이행하고 있는 국가 수
12.2	2030년까지 천연자원의 효율적인 사용 및 지속가능한 관리 달성	12.2.1	물질발자국, 1인당 물질발자국, GDP당 물질발자국
		12.2.2	물질소비량, 1인당 물질소비량, GDP당 물질소비량
12.3	2030년까지 소매 및 소비자 수준에서 1인당 식품폐기물을 1/2로 감소하고 식품 생산 및 유통과정에서 발생하는 식품 손실량 감소	12.3.1	(a)식량손실지수 및 (b)식량폐기지수
12.4	2020년까지, 합의된 국제 프레임워크에 따라 화학물질 및 모든 폐기물에 대해 수명 주기 동안 친환경적인 관리를 달성하고, 이들이 인체 건강 및 환경에 끼치는 부정적 영향을 최소화하기 위해, 공기, 물, 토양으로의 배출을 크게 감소	12.4.1	유해 폐기물과 기타 화학물질에 대한 국제 다자간 환경협약이 요구하는 정보제공에 관한 약속과 의무를 이행하는 당사국 수
		12..4.1	(a) 1인당 발생시키는 유해폐기물 발생량과 (b) 유해폐기물 처리 비율(처리유형별)

세부목표	세부목표명	지표	지표명
12.5	2030년까지 방지, 감축, 재생 및 재사용을 통하여 폐기물 발생 감소	12.5.1	국가 재활용 비율, 물질재활용 톤
12.6	기업들이(특히, 대기업 및 다국적기업) 보고체계에 지속가능성 관련 정보를 반영토록하고 지속가능한 기업활동을 이행하도록 권고	12.6.1	지속가능성 보고서 발간 기업 수
12.7	국가정책 및 우선순위에 따라 지속가능한 공공조달 관행 촉진	12.7.1	지속 가능한 공공 조달 정책과 실행 계획 이행 정도
12.8	2030년까지 모든 곳에서의 사람들이 지속가능발전과 자연과 조화로운 라이프스타일에 대한 의식 및 정보를 가질 수 있게 보장	12.8.1	(i) 세계시민교육 (ii) 지속가능발전교육이 (a) 국가교육정책 (b) 교육과정 (c) 교사교육 (d) 학생평가 영역에서 주류화된 정도
12.a	개도국이 지속가능한 소비 및 생산방향으로 전환할 수 있게 과학기술역량 강화 지원	12.a.1	개도국의 재생에너지 설비 용량
12.b	일자리 창출 및 지역 문화 및 상품을 홍보하는 관광업의 지속가능발전영향을 모니터링 하는 도구 개발 및 이행	12.b.1	경제환경 측면에서 지속가능관광 모니터링을 위한 표준 회계 툴 이행
12.c	조세구조 조정 및 유해 보조금의 단계적 폐지를 통한 시장왜곡 요인 제거를 포함하여 에너지낭비를 부추기는 비효율적인 화석 연료 보조금의 합리화 이행 (이때, 개도국의 특수한 상황과 수요를 충분히 고려하고 취약계층을 보호를 통해 개도국의 발전에 대한 악영향을 최소화함)	12.c.1	GDP 단위당 화석연료보조금액
13.1	기후 관련 위험요소와 자연재해에 대한 적응역량 및 탄력성 강화	13.1.1	인구 1십만 명당 재난으로 인해 사망, 실종, 직접적 피해를 입은 인구 수
		13.1.2	「재난위험감축을 위한 센다이프레임워크(2015-2030)」에 따라 국가재난위험감축 전략을 채택하고 이행하는 국가의 수
		13.1.3	국가의 재난위험감축전략에 따라 지자체 차원에서 전략을 갖추고 있는 비율
13.2	국가정책, 전략 및 계획에 기후변화조치 통합	13.2.1	국가감축기여목표(NDCs), 장기전략, 국가 적응계획 등을 보유한 국가의 수
		13.2.2	연간 온실가스 총 배출량
13.3	기후 변화 완화, 적응, 영향 감소, 조기 경보에 대한 교육, 인식 고취, 인구 및 제도 역량 개선	13.3.1	(i) 세계시민교육 (ii) 지속가능발전교육이 (a) 국가교육정책 (b) 교육과정 (c) 교사교육 (d) 학생평가 영역에서 주류화된 정도
13.a	개발도상 국가들의 기후변화 완화활동의 이행 및 녹색기후펀드의 완전한 운영을 위해 유엔기후변화협약상의 선진국들의 공약인 연간 $1000억 동원 즉각 이행	13.a.1	2025년까지 1천억 달러 재원 조성을 위해 매년 제공 혹은 모금되는 금액

세부목표	세부목표명	지표	지표명
13.b	최빈개도국의 효과적인 기후변화 관련 계획 및 관리 역량 제고 메커니즘 촉진(취약계층, 여성, 청소년 및 소외 집단 포함)	13.b.1	국가감축기여목표(NDCs), 장기전략, 국가적응계획 등을 보유한 최빈국 및 군소도서국 수
14.1	2025년까지 해양 폐기물과 영양분 오염을 포함하여, 모든 형태의 해양오염 방지 및 감소	14.1.1	(a) 연안해역 부영양화지수 및 (b) 부유성 플라스틱 잔해 밀도
14.2	2020년까지 회복력 및 복원활동을 강화하여 해양 및 연안 생태계를 지속가능하게 관리하고 보호 조치 실행	14.2.1	생태계 기반의 접근방식으로 해양지역을 관리하는 국가 수
14.3	모든 수준에서의 과학협력을 포함하여 해양 산성화 최소화 및 그 영향에 대응	14.3.1	합의된 대표 표본 추출 지점들에서 측정되는 평균 해양산도
14.4	2020년까지 효과적인 어업 규제, 불법·비보고·비규제 어업, 남획, 파괴적인 어업 방법 금지; 최단시간에 어획량을 복원하기 위한 과학적 관리 계획 이행	14.4.1	생물학적으로 지속 가능한 수준에서의 어족자원 비율
14.5	2020년까지 가용한 과학적 정보 및 국가법·국제법과 일관되게 최소 연안 및 해양지역의 10% 보호	14.5.1	해양 면적 대비 보호지역 비율
14.6	WTO 어업보조금 협상에 개도국 및 최빈개도국에 대한 효과적인 특별대우가 중요함을 인정하고 2020년까지 생산과잉 및 남획, 불법·비보고·비규제 어업에 기여하는 특정형태의 어업 보조금 금지 그리고 이와 유사한 신규 보조금 도입 자제	14.6.1	불법·비보고·비규제 어업을 근절하기 위한 국제적 수단 이행 정도
14.7	2030년까지 해양자원의 지속가능한 사용 및 관리를 통하여 최빈개도국 및 군소도서 개발국의 경제적 이익 증가	14.7.1	군소도서 개발국, 최빈개도국 그리고 모든 국가의 GDP 중 지속가능한 어업 비율
14.a	해양건강 개선 및 해양 다양성 강화를 통해 개도국가, 특히 군소도서 개발국과 최빈개도국들의 개발에 기여하도록 연구역량 증대 및 과학지식, 선진해양기술 이전(정부 간 해양학위원회의 해양기술이전에 대한 기준과 지침을 고려)	14.a.1	총 연구예산 중 해양기술부문 연구에 할당된 예산비율
14.b	소규모 영세어업자들에 해양자원 및 시장 접근성 제공	14.b.1	소규모 영세어민을 위해 해양자원에 대한 접근을 인정하고 보호하는 법, 규제, 정책, 제도 프레임워크의 국가별 적용 단계에서의 진척도

세부목표	세부목표명	지표	지표명
14.c	우리가 원하는 미래 (The Future We Want) 보고서의 158번째 단락에서 상기된 대양 및 대양자원의 보전 및 지속가능한 이용을 위한 법적 기반을 제시하는 UNCLOS에 반영된 국제법 이행을 통해 대양 및 대양자원의 보전 및 지속가능한 이용을 개선	14.c.1	대양과 그 자원의 보존 및 지속가능한 이용을 위해 법, 정책, 제도를 통해 유엔해양법협약에 반영되어 있는 것과 같이 국제법을 이행하기 위한 대양 관련장치를 비준, 적용하고 이행하는 과정에서 진전을 보이는 국가의 수
15.1	2020년까지, 국제 협약 의무에 따라, 특히 산림, 습지, 산, 건조지 등의 육지 및 내륙 담수 생태계와 그 서비스에 대한 보전, 복원 및 지속가능한 사용을 보장	15.1.1	총 국토면적 중 산림 면적의 비율
		15.1.2	육상 및 담수 생물다양성 중요 지역 중 보호지역으로 지정된 면적 비율(생태계 유형별)
15.2	2020년까지 모든 형태의 산림에 대한 지속가능한 관리를 촉진시키고, 산림 벌채를 중단하고, 황폐화된 산림을 복원하고 전 세계적으로 조림과 재식림을 대폭 확대	15.2.1	지속가능한 산림경영 이행상황
15.3	2030년까지 사막화 퇴치와 사막화, 가뭄, 홍수로 영향을 받은 토지를 포함하여, 황폐화된 토지 및 토양복원, 그리고 토지 황폐화 가 없는 세계 달성을 위해 노력	15.3.1	황폐화된 국토면적 비율
15.4	2030년까지 지속가능발전에 필수적인 이익을 주는 산림생태계의 수용력을 증진하기 위해, 생물다양성을 포함한 산림 생태계 보존을 보장	15.4.1	산악생물다양성 중요 지역 중 보호지역으로 지정된 면적 비율
		15.4.2	산악녹색피복지수
15.5	자연 서식지의 황폐화를 감소시키고 생물다양성의 손실을 중단시키기 위해 시급하고 대대적인 조치를 취하고 2020년까지 멸종위기 종을 보호하고 멸종을 예방	15.5.1	적색목록지수
15.6	국제적으로 합의된 바와 같이, 유전자원의 활용으로부터 발생하는 이익의 공정하고 공평한 분배 보장 및 유전자원에 대한 적절한 접근 증대	15.6.1	공정하고 공평한 혜택 분배를 보장하기 위해 입법, 행정 및 정책 프레임워크를 채택한 국가의 수
15.7	보호동식물의 밀렵과 밀매 근절을 위한 즉각적인 행동을 촉구하고, 불법야생동식물제품의 수요와 공급에 대응	15.7.1	불법 거래 혹은 밀렵된 야생생물 비율
15.8	2020년까지 육상 및 수중 생태계를 교란하는 외래종의 유입을 방지하고, 그로 인한 영향을 현저히 감소시키는 방안을 도입하며, 우선대응 및 대상종을 통제 및 박멸	15.8.1	외래침입종의 유입 예방과 통제를 위해 국가 차원의 법률과 적당한 수단을 채택하고 있는 국가의 비율

세부목표	세부목표명	지표	지표명
15.9	2020년까지 생태계 및 생물다양성 가치를 국가 및 지역 계획·개발 과정 그리고 빈곤퇴치 전략 및 회계에 반영	15.9.1	(a) 생물다양성 증진을 위한 아이치목표 타겟2에 따라 국가 차원의 목표를 수립한 국가의 수와 그 목표에 따른 보고 진전도 (b) 환경경제계정 구현을 위한 국가 회계 및 보고 시스템과 생태다양성의 통합
15.a	생물다양성 및 생태계 보호 및 지속가능한 사용을 위한 재원 동원	15.a.1	(a) 생물다양성의 보존과 지속가능한 이용을 위한 ODA (b) 생물다양성 관련 경제기구로부터 발생한 이윤과 모금 재정
15.b	지속가능한 삼림관리에 대한 재원마련을 위해 모든 수준에서 주요한 자원을 모두 동원하고 개도국이 보존 및 재식림 등을 위한 삼림 관리를 즈진할 수 있도록 충분한 인센티브를 제공	15.b.1	(a) 생물다양성의 보존과 지속가능한 이용을 위한 ODA (b) 생물다양성 관련 경제기구로부터 발생한 이윤과 모금 재정
15.c	지속가능한 생계수단의 추구를 위한 지역사회의 역량 제고를 포함하여 멸종위기종의 밀렵 및 밀매 활동 근절을 위한 글로벌 차원의 노력 강화	15.c.1	불법 거래 혹은 밀렵된 야생생물 비율
16.1	모든 지역에서 일어나는 모든 형태의 폭력과 관련 사망률을 상당 수준으로 감소	16.1.1	인구 1십만 명당 고의에 의한 살인범죄 피해자수(성 및 연령별)
		16.1.2	인구 1십만 명당 분쟁관련 사망자수(성, 연령 및 사유별)
		16.1.3	지난 12개월간 (a) 신체적, (b) 정서적, (c) 성적 폭력에 노출된 인구비율
		16.1.4	살고 있는 동네를 홀로 걸을 때 안전하다고 느끼는 인구 비율
16.2	아동에 대한 학대, 착취, 인신매매 및 모든 형태의 폭력과 고문 종식	16.2.1	지난 1개월간 보호자로부터 체벌이나 심리적 위협을 경험한 적이 있는 1-17세 아동 비율
		16.2.2	인구 1십만 명당 인신매매 피해자수(성, 연령 및 착취형태별)
		16.2.3	18-29세 인구 중 18세 이전에 성폭력을 당한 적이 있는 인구 비율
16.3	국가적 및 국제적 수준에서 법치를 증진하며, 모두에게 평등한 사법 접근권을 보장	16.3.1	지난 12개월간 관할 당국 혹은 기타 공식적인 분쟁해결수단에 피해신고를 한 폭력범죄피해자 비율
		16.3.2	교정시설 수용자 중 형 미선고자 비율
		16.3.3	지난 2년간 분쟁을 경험한 인구비율, 공식 혹은 비공식 분쟁해결기구를 이용한 인구비율(기구 유형별)
16.4	2030년까지 불법 자금 및 무기 거래를 상당 수준으로 감소, 은닉재산 회수 및 환수를 강화하며, 모든 형태의 조직화된 범죄를 방지	16.4.1	국내외 불법금융거래의 총 가액
		16.4.2	압수, 적발, 회수된 무기 중 국제법제에 따라 유관당국에 의해 불법성이 추적, 확인된 비율

세부목표	세부목표명	지표	지표명
16.5	모든 형태의 부정부패 및 뇌물을 대폭 감소	16.5.1	지난 12개월 동안 공무원을 최소한 1회 이상 접촉하여 뇌물을 주었거나, 공무원으로부터 뇌물을 요구 받았던 인구 비율
		16.5.2	지난 12개월 동안 공무원을 최소한 1회 이상 접촉하여 뇌물을 주었거나 공무원으로부터 뇌물을 요구받았던 기업의 비율
16.6	모든 수준에서 효과적이고, 책임 있고, 투명한 제도 개발	16.6.1	최초 승인된 예산 중 정부 주요 지출액 비율(부문 또는 예산코드별)
		16.6.2	가장 최근에 경험한 공공서비스에 대해 만족하는 인구비율
16.7	모든 수준에서 의사결정이 대응적, 포용적, 참여적이며 대표성을 갖출수 있도록 보장	16.7.1	국가전체 대비 공공기관(국가 및 지방 입법부, 행정부, 사법부) 내 보직분포 비율(성, 연령, 장애 및 인구집단별)
		16.7.2	의사결정이 포용적이고 대응적이라고 생각하는 인구 비율(성, 연령, 장애 및 인구집단별)
16.8	글로벌 거버넌스 제도하에서 개도국의 참여를 확대하고 강화	16.8.1	국제기구에서 개도국의 회원 및 투표권 비율
16.9	2030년까지 출생등록을 포함하여 모두에게 법적 신원 제공	16.9.1	5세 미만 중 행정 당국에 출생 등록된 자의 비율(연령별)
16.1	국내법 및 국제조약에 따라 정보에 대한 대중의 접근성을 보장하고 기본적인 자유를 보호	16.10.1	지난 12개월 동안 언론인, 관련 미디어 종사자, 노동조합원 및 인권운동가를 대상으로 한 살인, 납치, 실종, 강제구금 및 고문 건수
		16.10.2	정보에 대한 대중의 접근을 보장하는 헌법, 법률, 정책을 채택하고 이행하는 국가의 수
16.a	폭력예방 및 테러, 범죄 예방 차원에서 모든 수준, 특히 개도국에서 역량강화를 위해 국제협력 등을 포함하여 관련된 국내 제도 강화	16.a.1	파리원칙(Paris Principles)에 따른 독립적인 국가인권기구의 존재
16.b	지속가능발전을 위한 비차별적 법률과 정책의 증진 및 강화	16.b.1	국제인권법 차별금지기준으로 지난 12개월 동안 차별 또는 괴롭힘 경험을 보고한 인구 비율
17.1	조세 및 기타 수입 징수 국내역량개선을 위해 국내재원 동원 강화(개도국에 대한 국제지원 포함)	17.1.1	GDP 중 정부 총수입 비율(항목별)
		17.1.2	정부예산 중 국내 세금으로 충당되는 비율
17.2	선진국은 개도국에 GNI의 0.7%를, 최빈개도국에 GNI의 0.15-0.20%를 ODA로 제공하는 것을 포함한 ODA 공약달성을 완전히 이행해야 하고, ODA 제공 국가는 적어도 GNI의 0.20%를 최빈개도국에 제공하는 것을 목표로 고려할 것을 권장	17.2.1	OECD 개발원조위원회 공여국의 GNI 대비 1) 순ODA의 비율 2) 최빈개도국에 대한 순 ODA 비율

세부목표	세부목표명	지표	지표명
17.3	개도국을 위해 다양한 출처로부터 추가적인 재원 동원	17.3.1	GNI 대비 해외직접투자, ODA 및 남남 협력 비율
		17.3.2	총 GDP 중 송금액 비율
17.4	필요한 경우 부채조달, 부채탕감, 부채조정을 목표로 하는 정책조율을 통해 개도국이 장기적인 부채 상환능력을 갖출 수 있도록 지원; 고채무국의 채무부담을 완화하기 위해 외채문제에 대응	17.4.1	재화 및 서비스 수출 대비 부채상환 비율
17.5	최빈개도국을 위한 투자촉진계획을 채택하고 이행	17.5.1	최빈개도국을 포함한 개도국을 위한 투자촉진제도를 채택하고 이행하는 국가의 수
17.6	과학, 기술, 혁신에 관한 북-남, 남-남, 삼각협력 등의 지역 및 국가 간 협력과 접근을 강화; 글로벌 기술촉진 메커니즘 활용 및 특히 UN 차원에서 마련된 기존 메커니즘 간의 조정을 개선하여 상호합의된 조건에 따른 지식공유 확대	17.6.1	인구 1백 명당 유선 초고속인터넷 가입률 (속도별)
17.7	상호합의에 따라 양허, 특혜 등 유리한 조건으로 개도국에 환경적으로 안전한 기술의 개발, 이전, 전파 및 확산을 증진	17.7.1	개도국에 친환경 기술의 개발과 이전, 보급 및 확산을 촉진하기 위해 지원하는 총 금액
17.8	2017년까지 최빈개도국을 위한 기술은행 및 과학기술혁신 역량구축 메카니즘 운영을 전면 가동하고 정보통신기술(ICT) 위주의 핵심기술사용을 강화	17.8.1	인터넷 이용자 비율
17.9	북남, 남-남, 삼각협력을 통하여, SDGs를 효과적으로 달성하기 위한 국가계획을 지원할 개도국의 효과적, 선별적 역량구축 이행에 대한 국제적 지원을 강화	17.9.1	개도국에 지원하는 (남북, 남남, 삼각협력 포함) 재정 및 기술지원금액
17.10	도하개발의제 협상 타결을 통하여 세계무역기구(WTO)하에서의 보편적, 규칙기반, 개방적, 비차별적, 공평한 다자무역제도 촉진	17.10.1	국제 가중 관세 평균
17.11	2020년까지 전 세계 수출에서 최빈개도국의 비중을 2배 증대하는 것을 목표로 개도국의 수출을 대폭 증대	17.11.1	전 세계 수출에서 개도국 및 최빈개도국 비중
		17.12.1	개도국, 최빈개도국 및 군소도서 개발국에 부과되는 가중 관세 평균
17.13	정책일관성 및 조율을 통하여 글로벌 거시경제 안전성 강화	17.13.1	거시경제 관련 다양한 지표
17.14	지속가능발전을 위한 정책일관성 강화	17.14.1	지속가능발전의 정책일관성 증진 메커니즘을 갖춘 국가의 수
17.15	빈곤퇴치와 지속가능발전을 위한 정책을 수립하고 이행하는데 있어 각국의 정책적 재량과 리더십 존중	17.15.1	개발협력사업 공여자가 개도국 주도 성과체계 및 기획수단을 사용하는 정도

세부목표	세부목표명	지표	지표명
17.16	모든 국가, 특히 개도국에서 SDGs 달성을 지원하기 위해, 지식·전문성·기술·재원을 동원 공유하는 다양한 이해당사자 간 파트너십에 의해 보완되는 지속가능발전을 위한 글로벌 파트너십 강화	17.16.1	SDGs 달성을 지원하기 위한 다자간 개발효과성 모니터링 프레임워크에서 진전을 보고한 국가 수
17.17	파트너십의 경험과 재원조달 전략에 기초하여 효과적인 공공, 민관, 시민사회 간 파트너십 권장 및 촉진	17.17.1	인프라 구축을 위해 민관 파트너십에 약정한 US달러 금액
17.18	2020년까지 고품질의, 시의성 있고 신뢰도 높은 데이터를 소득, 성, 인종, 민족, 이민·이주신분, 장애상태, 지리적 위치, 기타 국가별 상황에 2020년까지 고품질의, 시의성 있고 신뢰도 높은 데이터를 소득, 성, 인종, 민족, 이민·이주신분, 장애상태, 지리적 위치, 기타 국가별 상황에 맞는 특성별로 세분화하여 제공할 수 있도록 개도국의 역량 구축 지원 강화	17.18.1	SDGs 모니터링 위한 통계역량지표
		17.18.2	공식통계 기본원칙을 준수하는 국가통계 법령을 갖춘는 국가의 수
		17.18.3	재원이 충분히 확보되어 이행되고 있는 국가통계계획을 보유한 국가의 수(재정지원 출처별)
17.19	2030년까지 GDP 보완을 위한 지속가능발전 성과 측정치 개발에 대한 현존 이니셔티브를 기반으로 이를 발전시키고, 개도국의 통계역량구축을 지원	17.19.1	개도국에서 통계역량 강화에 사용되는 모든 자원의 달러가치
		17.19.2	지난 10년 동안 a) 최소 한 번의 인구주택총조사를 진행했고, b) 100%의 출생등록과 80%의 사망등록을 달성한 국가의 비율

자료: 진유강, 박영실, "SDGs 데이터 국제기구 제공체계 구축 방안 연구," 통계청 2020, pp. 65-81.

III. 인도적 협력 분야 SDGs 목표와 북한 적용

권구순·서은석·김영민·이영출. 『2020-2021 방글라데시 파투아칼리 재난위험경감사업 기초선조사 보고서』. 서울: 한국해비타트, 2021.

송철종·고혜진·이은솔·조보배·문경연·이지선·정구언·모춘흥·한기호. 『북한의 복지 분야 지속가능발전목표(SDGs) 달성을 위한 남북한 교류협력 방안 연구(연구보고서 2020-31)』. 서울: 한국보건사회연구원, 2020.

Global Protection Cluster. *Strategic Framework 2020-2024*. Geneva: UNHCR, 2019.

UNHCR. *A Guide to International Refugee Protection and Building State Asylum Systems*. Geneva: UNHCR, 2017.

Good Humanitarian Donorship. 24 Principles and Good Practice of Humanitarian Donorship, adopted by GHD Meeting in 2003.

OECD. *Towards Better Humanitarian Donorship*. Paris: OECD/DAC. 2012.

Development Initiatives. *Global Humanitarian Assistance Report 2019*. Bristol: DI, 2020.

Sphere Project. *The Sphere Handbook: Humanitarian Charter and Minimum Standards in Humanitarian Response*. Geneva: Sphere Project, 2018.

IFRC. World Disaster Resport 2004. Geneva: IFRC, 2004.

Manyena, Siambabala B. "The Concept of Resilience Revisited." Disaster 30-4 (December, 2006), pp. 434-450.

DPRK. *Voluntary National Review on the Implementation of the 2030 Agenda*. Pyongyang: DPRK, 2021.

Jeongyoon Kim and Kee B. Park. Water, Sanitation, and Hygiene: Can North Korea Be Washed Free of Disease, released on The Diplomat on Aug.02, 2019, accessed on https://thediplomat.com/2019/08/water-sanitation-and-hygiene-can-north-korea-be-washed-free-of-disease/(검

색일: 2021.11.12.).

Water aid. Gravity-fed Schemes, 2013 accessed on file:///C:/Users/jerem/Downloads/technical-brief-gravity-fed-schemes%20(1).pdf. (검색일: 2021.11.12.).

https://www.redcross.or.kr/redcross_rcmovement/redcross_rcmovement_humanitariallaw_introduce.do

https://www.ohchr.org/EN/HRBodies/Pages/Overview.aspx.

https://www.preventionweb.net/sendai-framework/sendai-framework-indicators

https://sdgs.un.org/goals/goal1.

https://sdgs.un.org/goals/goal4.

https://sdgs.un.org/goals/goal6.

https://www.unicef.org/dprk/water-sanitation-hygiene.

https://www.povertyindex.org/.

IV. 보건의료협력 분야 SDGs 목표와 북한 적용

대북협력민간단체협의.『대북지원 20년 백서』. pp. 95-121.

서울대학교 의과대학 통일의학센터.『북한보건의료백서』2019 개정판. p. 190.

통일부(2014).『대북 보건의료분야 인도적 지원 단계적 확대방안』. p. 194.

최종산. "농업·농촌개발 분야 ODA 사업성과에 대한 수원국 지역주민의 정량적 평가."『한국국제농업개발학회지』32(4) (2020): 415-422.

황나미. "북한 모자보건 현황 및 향후 과제".『한국모자보건학회지』, 20(2) (1994), 103-111.

통계청, 북한통계

https://kosis.kr/bukhan/statisticsList/statisticsListIndex.do?menuId=M_01_01_02&vwcd=MT_BUKHAN&rootId=101_101BUKHANI01&treeId=101_101BUKHANI01/101_

101BUKHANI01_337#SelectStatsBoxDiv (검색일: 2021.4.5.).

Action Against Hunger, Binns Paul & guerrero Saul, "Evaluation of Community-based Management of Acute Malnutrition Programme supported by UNICEF in DPR Korea 2015-2017", Evaluation Report.

Democratic People's Republic of Korea, Voluntary National Review, Annex II The DPRK indicators and values. pp. 58-59.

Demographic People's Republic of Korea Voluntary National Review on the Implementation of the 2030 Agenda. p. 58.

Institute for Health Metrics and Evaluation (IHME). Maternal Health Atlas. Seattle, WA: IHME, University of Washington, 2018. Available from https://maternalhealthatlas.org/. (Accessed [INSERT DATE]) (검색일: 2021.11.9.).

Institute for Health Metrics and Evaluation (IHME), GBD Compare, http://www.healthdata.org/north-korea (검색일:2021.7.1)

Max Roser and Hannah Ritchie (2013) - "Maternal Mortality". Published online at OurWorldInData.org. Retrieved from: 'https://ourworldindata.org/maternal-mortality' (검색일: 2021.11.9.).

OECD/WHO. 2020. HEALTH AT A GLANCE: ASIA/PACIFIC 2020. URL: https://www.oecd-ilibrary.org/docserver/26b007cd-en.pdf?expires=1610869059&id=id&accname=guest&checksum=1C5C865371289500D44521D61489634C (검색일: 2021.11.11.).

RELX SDG Resource Centre, https://sdgresources.relx.com/features/sdg-3-graphic (검색일 2021.11.9.).

UNICEF DPR Korea Country Office. Annual Report for 2018.

UNICEF 2017 DPR Korea MICS, Multiple Indicator Cluster Survey 2017, Survey Findings Report.

UNICEF, http://mics.unicef.org/tool#survey-design.

UN DESA Statistics Division, Indicator "3.8.1: Universal health coverage (UHC) service coverage index." https://unstats-undesa.opendata.arcgis.com/datasets/indicator-3-8-1-universal-health-coverage-uhc-service-coverage-index/explore?location=7.886832%2C1.385045%2C2.91 (검색일: 2021.11.9.).

UN, 2021 Sustainable development report. p. 16, https://s3.amazonaws.com/sustainabledevelopment.report/2021/2021-sustainable-development-report.pdf (검색일 2021.11.9.).

UN, 2021 Sustainable development report. p. 23. https://s3.amazonaws.com/sustainabledevelopment.report/2021/2021-sustainable-development-report.pdf (검색일 2021.11.9.).

UN, Strategic framework for cooperation between the United Nations and the Democratic People's Republic of Korea 2017-2021, https://dprkorea.un.org/en/10156-un-strategic-framework-2017-2021 (검색일: 2021.11.1.).

UN, Indicator 3.5.1: Alcohol use disorders 12-month prevalence (percent) https://unstats-undesa.opendata.arcgis.com/datasets/indicator-3-5-1-alcohol-use-disorders-12-month-prevalence-percent-1/explore?location=8.075899%2C1.735981%2C2.93 (검색일: 2021.11.11.).

UN,https://unstats-undesa.opendata.arcgis.com/datasets/indicator-3-3-3-malaria-incidence-per-1-000-population-at-risk-per-1-000-population/explore?location=5.104732%2C32.276581%2C3.38, (검색일: 2021.11.11.).

UN, SDR(Sustainable Development Report) 2021- https://dashboards.sdgindex.org (검색일: 2021.11.1.).

Van Malderen, C., Amouzou, A., Barros, A. J., Masquelier, B., Van Oyen, H., & Speybroeck, N. (2019). Socioeconomic factors contributing to under-five mortality in sub-Saharan Africa: a decomposition analysis. BMC public health, 19(1), 760.

UN, Indicator 3.5.2: Alcohol consumption per capita (aged 15 years and older) within a calendar year (litres of pure alcohol)https://unstats-undesa.opendata.arcgis.com/datasets/indicator-3-5-2-alcohol-consumption-per-capita-aged-15-years-and-older-within-a-calendar-year-litres-of-pure-alcohol/explore?location=8.137452%2C1.735981%2C2.94 (검색일: 2021.11.11.).

UN, https://unstats-undesa.opendata.arcgis.com/datasets/indicator-3-1-2-proportion-of-births-attended-by-skilled-health-personnel-percent/explore?location=8.176428%2C1.735981%2C2.94 (검색일: 2021.11.9.).

WHO, "Human right and health." https://www.who.int/news-room/fact-sheets/detail/human-rights-and-health (검색일: 2021.11.9.).

WHO, Primary Health care on the road to Universal Health Coverage 2019 Global Monitoring Report, Conference Edition, https://reliefweb.int/sites/reliefweb.int/files/resources/uhc_report_2019.pdf (검색일 2021.11.8.).

WHO, Child mortality and causes of deatlh, https://www.who.int/data/gho/data/themes/topics/topic-details/GHO/child-mortality-and-causes-of-death

WHO, https://www.who.int/data/gho/data/themes/topics/indicator-groups/indicator-group-details/GHO/sdg-target-3.2-newborn-and-child-mortality (검색일 2021.11.9.).

WHO.(2018). Noncommunicable diseases country profiles 2018. World Health Organization. https://apps.who.int/iris/handle/10665/274512. p. 74 (검색일: 2021.10.30.).

WHO, https://www.who.int/health-topics/malaria#tab=tab_1 (검색일: 2021.11.9.).

WHO. (2018). Noncommunicable diseases country profiles 2018. World Health Organization. https://apps.who.int/iris/handle/10665/274512. (검색일: 2021. 10. 30)

WHO. 2020. The top 10 causes of death. URL: https://www.who.int/news-room/fact-sheets/detail/the-top-10-causes-of-death (검색일: 2021.1.20.).

WHO. 2018. Saving lives, spending less A strategic response to noncommunicable diseases. https://apps.who.int/iris/bitstream/handle/10665/272534/WHO-NMH-NVI-18.8-eng.pdf (p. 3) (검색일:

2021.1.20.).

WHO, WHO Model Lists of Essential Medicines, https://www.who.int/groups/expert-committee-on-selection-and-use-of-essential-medicines/essential-medicines-lists (검색일: 2021.11.11.).

WHO, UNICEF, IFRC, "Essential durgs suggested to be used by international agencies in DPRK", https://www.who.int/selection_medicines/country_lists/prk_eml.pdf (검색일: 2021. 11. 11)

WHO, Country Cooperation Strategy at a glance, Democratic People's Republic of Korea, Source of Data: Global Health Observatory May 2017. http://apps.who.int/gho/data/node.cco (검색일: 2021.11.9.).

V. 농업협력 분야 SDGs 목표와 북한 적용

김영훈. 2019. 남북한 경협 재개 국면의 농업교류협력 구상과 추진 방안. 한국농촌경제연구원.

농촌진흥청.『북한, 올해 식량작물 440만 톤 생산-전년 대비 24만 톤 감소』. (2020.12.18.일자 보도자료).

박지연·손혁상·강우철·권율·김성진·김지영·김태균·문경연·박환보·윤인주·이지선·이혜원·이효정·장은하·정은이·최은희·홍제환·홍지영. 2020.『북한개발협력과 지속가능발전목표』. 도서출판 오름.

서진교·이준원·김한호, 2011. "국제곡물가격의 변동성 요인분석과 한국의 정책적 대응." 대외경제정책연구원 연구보고서. 서울: 대외경제정책연구원.

이효정·지성태. 2016. 국제개발협력 심화편: 농림수산. pp. 183-153.

정정현. 2018. 북한의 협동농장 생산체제에 있어 분조관리제의 변화와 농업협력 방안에 관한 연구.『협동조합경제경영연구』48:53-74.

최용호. 2021. "북한 국가경제발전 5개년 계획과 농업부문 시사점",『KREI 현안분석』. 한국농촌경제연구원.

최지현. 2011. "애그플레이션과 국내 식품가격 변동 현황." 식품과학과 산업 44(3):11-19.

허성기. 2121. "북한농업 생산성 향상을 위한 식량작물분야 협력방안"『NH

국한농업리뷰』(2021년 2호)

FAO. 2015. "The State of Food and Agriculture." Rome: FAO.

FAO. 2006. "Food Security." Policy Brief Issue 2. Rome: FAO.

FAO and WFP. 2019. 『Joint Rapid Food Security Assessment』. Rome:FAO and WFP.

FAO, IFAD, UNICEF, WFP and WHO. 2020. 『The State of Food Security and Nutrition in the World 2020 : Transforming food systems for affordable healthy diets』. Rome: FAO.

FAO. 2021. Global information and early warning system on food and agriculture (GIEWS) (접속일: 2021.6.14.).

Government of the Democratic People's Republic of Korea. 2021. 『Voluntary National Review on the Implementation of the 2030 Agenda for the Sustainable Development』.

UNGA. 2013. Agriculture development, "Food security and nutrition: Report of the Secretary-General." Sixty-eighth session Item 25 of the provisional agenda (A/68/150).

UN, 'Provisional Proposed Tiers for Global SDG Indicators, draft as of March 24. 2016' p. 2 〈https://unstats.un.org/sdgs/files/meetings/iaeg-sdgs-meeting-03/Provisional-Proposed-Tiers-for-SDG-Indicators-24-03-16.pdf〉 (검색일: 2021.5.21.); UN(2021) 〈https://unstats.un.org/sdgs/iaeg-sdgs/tier-classification/〉 (검색일: 2021.5.4.)

World Economic Forum. 2018. Innovation with a Purpose: The role of technology innovation in accelerating food systems transformation. WEF.

웹사이트

FAO 세계 식량안보 및 영양 웹사이트

http://www.fao.org/publications/sofi/en/ (검색일: 2021.6.5.)

미 중앙정보국(CIA) World Factbook https://www.cia.gov/the-world-factbook/countries/world/#people-and-society (접속일 : 2021.11.3.)

UN 경제사회국(DESA)

https://www.un.org/development/desa/en/news/population/world-population-prospects-2019.html (접속일: 2021.11.7.)
SDG Dashboard 웹사이트(https://dashboards.sdgindex.org/profiles/prk, 접속일: 2021.10.18.)
국제협동조합연맹 https://www.ica.coop/en/cooperatives/what-is-a-cooperative (접속일: 2021.11.20.)

VI. 산림협력 분야 SDGs 목표와 북한 적용

국립산림과학원(2020). 한반도 산림지도집.
김수영·박소영·박경석(2016). 임농복합경영을 통한 북한의 새로운 산림관리 변화 연구. 통일문제연구 28(2): 127-157.
대한민국정책브리핑, (2021), 제26차 유엔기후변화협약 당사국 총회 '글래스고 정상선언' 취지 관련 논평, 2021, 11.8 산림청. (https://www.korea.kr/news/pressReleaseView.do?newsId=156479492)
양아람·김경민·임중빈·김은희(2020). 위성영상을 이용한 북한의 산림 변화 해석.
정기문, Wicaksono, 강두선(2015), Water-Energy-Food Nexus 기술이란?, 물과 미래 48(4): 45-51.
정성학(2021). 북한산림복구 10개년 전투, 일부 성과 나타나. Daily NK, 2021.5.12. 객원칼럼.
최형순(2021). 북한 SDGs 자발적 국가보고서 분석 및 시사점, 남북협력을 통한 기후변화 공동대응 세미나(9.30.). 대구 호텔라온제나.
환경부(2011). 유엔지속가능발전목표(번역본).
DPRK(2021). Voluntary National Review, Prepared on the Implementation of the 2030 Agenda for the Sustainable Development.
FAO(2020). The State of the World's Forests 2020. Rome, Italy,
Seong-il Kim, Yoonjeong Jeong, and Sunjoo Park (2020). Why is inter-forestry cooperation hard to accomplish? Asian Journal of PEACEBUILDING 8(2): 309-331.

홈페이지

Global forest watch(https://www.globalforestwatch.org).

The Global Goals(www.globalgoals.org).

통일부 남북회담본부(https://dialogue.unikorea.go.kr/).

지속가능발전포털(http://ncsd.go.kr/).

산악피복지수(http://www.openforis.org/).

FAO(http://www.fao.org/fileadmin/templates/mountain_partnership/MGCI_for_validation/Methodological_notes/Methodological_note___metadata_-__Mountain_Green_Cover_Index.pdf).

National Red List(www.nationalredlist.org).

IUCN(https://www.iucnredlist.org).

집필

문경연 교수

전북대학교 국제인문사회학부 부교수

(전) 한국수출입은행 북한연구센터 부연구위원

권구순 교수

서울사이버대 국제협력-북한전공 교수

KOICA 평화/인도적 지원 전문위원

(전) 국제협력민간단체협의회 인도적 지원 사업위원

양영란 교수

전북대학교 간호학과 교수

(전) KOICA 해외봉사단원(캄보디아)

이효정 박사

E&S 컨설팅 대표

서울대학교 국제농업개발협력센터 객원연구원

(전) 한국농촌경제연구원 부연구위원

(전) 한국국제협력단 과장

구자춘 박사

한국농촌경제연구원

산림정책연구부 연구위원

(전) 서울대학교 농업생명과학연구원 연구원

북한 개발협력과 SDGs
– SDGs 프레임워크의 북한 개발협력 적용 방안 모색

발행일 1쇄 2022년 5월 30일

지은이 대북협력민간단체협의회
펴낸이 여국동

펴낸곳 도서출판 인간사랑
출판등록 1983. 1. 26. 제일-3호
주소 경기도 고양시 일산동구 백석로 108번길 60-5 2층
물류센타 경기도 고양시 일산동구 문원길 13-34(문봉동)
전화 031)901-8144(대표) | 031)907-2003(영업부)
팩스 031)905-5815
전자우편 igsr@naver.com
페이스북 http://www.facebook.com/igsrpub
블로그 http://blog.naver.com/igsr
인쇄 인성인쇄 **출력** 현대미디어 **종이** 세원지업사

ISBN 978-89-7418-427-8 93340

* 책값은 뒤표지에 있습니다. * 잘못된 책은 바꿔드립니다.

이 책은 한국국제기아대책기구의 후원을 받아 제작되었습니다.